대박나는 스타트업을 위한
82가지 창업 아이템

이 책을 선택한 당신은
부(富)의 일차 관문을 통과한 사람이다.

대박나는 스타트업을 위한

82가지 창업 아이템

김영호 지음

매일경제신문사

들어가면서

오프라인 스토어들이 무너지고 있다,
문 닫는 식당 수가 IMF 때의 2배

세상이 완전히 변해가고 있다. 커다란 메가트렌드의 흐름을 제대로 알지 못하는 소상공인, 자영업자들이 골목에서 퇴출당하고 있다. 코로나로 인해 그 속도가 더욱 빨라지는 중이다. 과연 지금과 같은 위기상황은 언제까지 진행될 것이며, 이를 해결할 해법은 무엇일까?

2년이 넘도록 대한민국은 집합금지와 영업 제한 조치로 인해 자영업자들이 무너지고 있다. 1998년 IMF 때보다 2배 이상 더 많은 업체가 문을 닫고 있다. 심각한 정도를 넘어선 상태다. 특히 음식점이나 카페와 같은 먹거리 장사를 하는 업종에서 폐업이 속출 중이다. 음식점의 경우, IMF 외환위기가 터진 1998년 폐업 수(1만 2,492개)보다도 2배 이상 많다. 정부가 마련하려는 중소상인을 위한 세제 혜택 및 대출연기 등의 조치는 언 발에 오줌 누는 식이어서 전혀 도움이 안 되는 형국이다.

또한, 무분별한 프랜차이즈 난립으로 인해 유행 아이템을 불나방처럼 무작정 들어가 3년 내 망하는 사례가 너무 늘어나고 있다. 하지만 아직도 '미투' 창업을 포함해 현재 전국에 있는 프랜차이즈 브랜드는 7,000여 개, 가맹점은 25만여 곳으로 파악된다. 특히 외식업 프랜차이즈 업체는 해가 갈수록 늘고 있는데, 공정거래위원회에 따르면 외식업 가맹본부 수는 2017년 3,457곳에서 2018년 3,617곳, 2019년에는 3,861곳으로 꾸준히 증가하는 중이다.

이 책은 내가 2006년에 발표했던 《3년 뒤, 뭐해 먹고살지》의 버전 2.0이라고 보면 좋겠다. 지금으로부터 16년 전에 먹거리 창업 말고 소액으로 사업을 할 수 있는 아이템을 찾아 소상공인에게 알려주면 좋겠다는 생각으로 출간한 책이었다. 그 당시 상당히 많은 분에게서 칭찬을 받았던 책인데, 이젠 더더욱 디지털 세상 아닌가! 먹거리 창업 말고 아이디어가 출중해서 분명 빈틈이 있는 사업거리를 더 모아서 새롭게 책으로 출간하게 됐다.

유통9단인 필자가 30여 년간 전 세계를 돌고 돌아서 찾은 뉴 비즈니스 모음집이라고 보면 좋겠다. 필자가 세계여행을 하면서 찾아내거나, 수많은 책에서 찾아내거나, 각종 뉴스에서 찾아내거나, 필자가 나중에 사업을 하려고 남모르게 꼭꼭 숨겨 놓았던 뉴 비즈니스 중에서 성공 창업의 가능성이 큰 아이템들만을 엄선해서 집필했다. 그야말로 필자가 숨겨 놓은 창업 아이템을 대방출하는 콘텐츠다.

우선 전 세계를 도도히 흐르는 메가트렌드를 살펴보고, 내가 하려는 사업이 언제쯤 제대로 시장에 자리매김할 것인지, 그리고 새로운 사업 아이템에 대한 시장의 반응은 어떨지를 미리 가늠해보는 시간을 가지려 한다.

이 세상은 아이폰이 탄생한 이후부터 세 가지 메가트렌드가 지배하고 있다.

① 디지털 전환(Digital Transformation, DX)
앞으로 10여 년 더 진행될 가장 강력한 메가트렌드다. 지금까지 아날로그에 머물던 모든 비즈니스가 디지털 기술을 적용해 전통적인 사회 구조가 완전히 바뀌는 중이다. 일반적으로 사물인터넷(IoT), 클라우드 컴퓨팅, 인공지능(AI), VR, AR, 빅데이터 솔루션 등 정보통신기술(ICT)을 플랫폼으로 구축·활용해 기존 전통적인 운영방식과 서비스 등을 혁신하는 것을 의미하는데, 소상공인들이 가장 취약한 분야이기도 하다. 하지만 이를 제대로 잘만 활용하면 상당히 커다란 사업적 기회가 올 것이며, 기존 아날로그 중심의 사업에 상당

한 탄력을 받을 수 있다. 동시에 앞으로 닥칠 메타버스 세상에 관한 미래지형을 잘 연구해야 할 것이다.

② 고령화·1인 가구 증가

전 세계의 고령 인구가 점점 늘어나고 있다. 특히, 우리나라 인구구조의 특성이 제일 많이 변하는 중이다. 전체 인구 구성 중 아동, 청소년 비율은 감소하고 노인 비율은 급격하게 늘고 있다. 65세 이상 노인은 2025년에는 약 1,000만 명까지 늘어날 것으로 예상한다. 아주 심각한 저출산, 고령화 현상 때문인데, 이런 현상은 당분간 지속할 전망이고, 이런 현상 속에서 새로운 비즈니스가 당신을 기다리는 중이다.

③ 지구환경을 위협하는 도시화와 기후문제

하나밖에 없는 지구가 몸살을 앓고 있다. 코로나로 인해 살아가는 일상이 더욱 힘이 든다. 사람들은 도시로 몰려들고 있다. 조만간 70억 인구의 70%가 도시에 집중해서 살 것이다. 당연히 사건, 사고가 끊이지 않고 발생할 것이고, 에너지가 모자랄지도 모른다. 당연히 지구 각국은 그린에너지와 지속 가능한 경영을 위한 ESG 경영이 대세로 전개되고 있다. 점점 커지는 비거니즘과 친환경 비즈니스, 그리고 공유경제 속에서 새로운 비즈니스도 계속 탄생 중이다.

메가트렌드가 아주 크게 움직이고 있고, 마이크로트렌드가 계속 새로운 형태로 나타나는 중이다. 머리가 좀 복잡해진다. 이 많은 변화를 언제 다 이해하지? 하지만 이 책을 통해 당신의 복잡한 머릿속을 어느 정도 정리해드리고 싶다.

그렇다면 미래 메가트렌드인 '인구구조 변화', '도시화', '기후문제' 그리고 '1인 가구' 증가에 숨어 있는 아주 커다란 기회를 예측해보는 것이다. 훨씬 크고 강력한 비즈니스 기회를 붙잡을 수 있는 셈이다. 더군다나 지금은 코로나 시대 아닌가! 재택근무자가 늘어나고 있고, 비대면 상태에서 디지털을 이용한 비즈니스를 만들어가야만 한다. 당연히 새로운 비즈니스가 계속 탄생하지 않겠는가!

그래서 이 책에서는 1인 가구에 맞춘 뉴 비즈니스와 IT 기술의 발전과 함께 디지털을 이용한 융복합형 비즈니스, 세대별 맞춤형 비즈니스, 산업별·테마별로 달리 접근하는 비즈니스, 그리고 마지막으로 아이디어가 풍성하지만, 현실감을 더해야 더 큰 빛을 낼 뉴 비즈니스를 한곳에 모두 모았다.

제행무상(諸行無常)의 세상이다.
세상은 끊임없이 변한다.
이 세상에서 변하지 않는 것은 하나도 없다.
변하는 세상에는 새로운 부가 숨어 있기 마련이다.
남들과 다른 눈으로 이 세상을 쳐다보자.

이 책을 선택한 당신은 부(富)의 일차 관문을 통과한 사람이다.
이제부터 이 책에 나온 새로운 비즈니스 아이템을 자세히 보고, 그대로 벤치마킹하거나 두세 개의 창업 아이템을 융복합하거나 아니면 조금 비틀어서 나만의 새로운 사업, 나만의 1인 창업을 바로 준비하고, 시작해보기 바란다.
이제부터 당신은 부자의 반열에 들어가기 시작한 것이다. 3년 뒤를 예측하고, 거꾸로 지금부터 준비하는 것이다.

그럼 언제부터 시작할까?

지금 당장 시작하라!
3년 뒤 멋진 부자 대열에 있고 싶다면 말이다.

고양시 화정동에서
유통9단 김영호

들어가면서 4
오프라인 스토어들이 무너지고 있다,
문 닫는 식당 수가 IMF 때의 2배

Part 1. 새로운 세상이 달려온다

1-1. 물 들어오기 시작하는 '메타버스'에서 노를 저어라

1-2. 업(業)의 개념을 다시 쓰면 신사업이 보인다

1-3. 융복합적 사고의 전환

Part 2. 뉴 제너레이션 & 뉴 마켓

2-1. 솔로 싱글족

2-2. 위풍당당 여성

유통9단 김영호의 트렌드 창업교실 308

새로운 세상이
달려온다

OING
RICH

1-1

물 들어오기 시작하는
'메타버스'에서 노를 저어라

전기차가 대세인
세상이 되면

요즘 매일같이 신문 지면을 가득 채우는 뉴스가 있다. 바로 '전기차' 관련 뉴스다. 국내 전기차 개발현황 및 외국 전기차 부속품 개발현황 등 전기차 소식은 거의 매일 신문 지면을 채운다. 지금 전기차를 운행 중인 분도 있을 것이다. 앞으로 전기차를 운행하는 소비자가 늘어날 것임은 틀림없어 보인다. 그렇다면 이렇게 전기차 중심으로 변하는 세상에 탄생할 뉴 비즈니스가 많이 보이는 듯하지 않은가?

영화 <아이언맨> 주인공의 실제 모델로 알려지며 얻게 된 친숙한 이미지에 대중과 활발히 소통하는 일론 머스크(Elon Musk)의 전기차가 탄생한 지도 벌써 10여 년이 지나간다. 그는 벌써 1,000조 원의 사나이가 됐다. 그가 운영하는 전기차 제조업체인 '테슬라'가 시가총액 1조 달러를 돌파했다(2021년 10월 26일 기준).

전 세계에 전기차가 점점 늘어나고 있다. 대한민국 환경부는 친환경 미래 모빌리티 보급 확대를 위한 재정 투자와 제도 개선을 통해 자동차 부문의 녹색 전환을 완성하겠다고 밝혔다. 친환경 미래 모빌리티 확대에 2025년까지 20조를 들여 15만 개의 일자리를 창출하겠다는 계획이다. 2025년까지 전기자동차는 승용·버스·화물차 누적 113만 대를 보급하고, 충전 기반시설은 누적

4만 5,000기를 확충한다는 계획이다. 그렇다면 전기차 보급과 함께 새로운 비즈니스가 계속 탄생하리라 예측되지 않는가?

하나의 산업이 부흥하면 어느 하나는 사라질 것이다. 전기차가 늘어나면 자연적으로 휘발유를 사용하는 자동차들이 줄어들 것이다. 즉, 기존 기름을 넣는 주유소는 어떻게 될까? 당연히 사라지거나 대체 업무를 제공하는 공간으로 업의 개념을 새롭게 만들어놓아야 할 것이다. 전기차 충전소 역할을 하던지, 물류 대행 공간으로 수익을 발생해야 할 것이다.

최근에 바뀐 대한민국 주유소의 역할이다. 예를 들어, 가구업체인 '이케아'에서는 주문한 제품을 소비자 주거지 인근 주유소에서 찾아갈 수 있도록 시스템을 수정했다. 이처럼 기존 주유소는 물류 대행 업무를 해주는 방식으로 업의 개념이 수정되는 중이다.

또는 개인 물품을 보관해주는 개인 창고, 공간대여 사업도 추진 중이다. 세로 길이가 2미터가 넘는 큰 사물함엔 집에 두기 어려운 다양한 물건을 보관 대행해줄 수 있는 것이다. 주로 침구, 선풍기 등의 계절용 가전, 그리고 레저용품 보관도 가능하겠다. 의뢰인이 사는 집 근처에 있는 주유소에 있는 창고 공간이므로 날짜에 구애 없이 사용이 가능한 이점을 가지고 있다.

이렇듯 기존 주유소가 새로운 형태로 변신하는 것이 가능하다. 벌써 두 가지의 새로운 비즈니스가 탄생하지 않았는가!

자, 본론으로 다시 들어가보자. 전기차 보급이 점점 늘어나면 무엇이 당장 필요할까? 그렇다! 당연히 전기차 정비업소도 늘어나야 할 것 아닌가? 물론 전기차 충전소도 필요하다. 하지만 전기차 충전소 사업 이외에도 또 다른 새로운 사업이 계속 탄생할 것이다. 즉, 전기차의 대중화 속도는 붙고 있지만, 전기차를 정비해줄 정비소가 아직 마땅히 보이지 않고 있다. 전기차는 내연기관차와 설계와 부품이 판이하다. 당연히 이에 맞는 정비를 위해선 전기차에 특화한 기술을 가진 정비인력과 정비소가 필요하다.

알다시피 현재 국내 정비업계는 그만한 정비 역량을 갖추지 못한 상태다. 여기에 새로운 뉴 비즈니스의 빈틈이 있는 것이다. 이제부터 전기차 보급에 따른 파생사업이 계속 나타날 것이다. 필자가 추천하는 전기차 관련 뉴 비즈니스는 일단 두 가지다.

① 전기차 전용 맞춤 정비인력을 양성하는 학원이 필요하게 된다

현재 국내에는 전기차 전문인력을 양성할 만한 교육기관이 턱없이 부족하다. 그나마 자동차 정비인력을 배출했던 대학들조차 전혀 준비가 안 된 상태로 보인다. 그 이유는 상당수의 자동차 관련 학과 교수들이 기존 내연기관차 연구에 정통한 사람들이기 때문이다. 미래 차 기술을 가르칠 수 있는 사람이 절대 부족한 상태다. 당연히 전기차 전용 맞춤 정비인력을 양성하는 학원이 절대 필요한 것이다. 마치 공인중개사가 되려면 부동산 전문학원을 통하는 것과 마찬가지다. 전기차 전문인력 양산은 학교가 아니라 전문학원일 것이다.

② 전기차 전용 정비소가 필요하게 된다

전기차 전용 정비소 비즈니스를 가장 먼저 마켓 포지셔닝 하는 기업이 거의 독식할 가능성도 있어 보인다. 국내에서 인공지능(AI), 고성능 센서, 빅데이터 등 최첨단 IT 기술의 로직을 연구한 자율주행 분야에서는 정비 분야 인력을 가장 많이 보유한 정비기업만이 가능한 비즈니스일 것이다. 이제부터 서둘러야 한다. 가장 먼저 전기차 수리하면 떠오르는 브랜드가 시장을 장악할 것이다.

그러니까 전기차 전용 맞춤 정비인력을 양성해서 바로 전기차 전용 정비소에 취업할 수 있도록 시스템을 설계하면 된다. 인력양성과 취업이 바로 가능한 일터를 연결해주는 사업이야말로 안정적인 수익 창출이 가능한 사업모델이다.

월 1억 원 버는 이모티콘 작가가
탄생하려면

요즘에 유행하는 말이 있다. 바로 "잘 만든 이모티콘 하나, 열 사업 안 부럽다"이다. 어느 순간부터 우리네 주변에는 말보다 이모티콘으로 자신의 말을 대신하는 사람들이 늘어나고 있다. 몇 개의 이모티콘 히트작을 시리즈로 낼 수 있다면 '중소기업' 수준의 매출을 달성할 수 있다고 한다. 하지만 첫 관문인 스토어 심사 통과조차 피 튀기는 전쟁이다. 이런 시장 환경에서 필요한 뉴 비즈니스는 뭘까? 바로 '이모티콘' 비즈니스다.

지금까지 국내 이모티콘 시장에 관한 정보를 정리하면 다음과 같다.

전체 시장 규모는 2020년 현재, 약 3,000억 원이지만, 이 시장 규모가 점점 커지는 중이다. 그리고 지금까지 2,400만 명이 이모티콘을 다운 받은 경험이 있다고 한다. 그야말로 국민 2명 중 1명은 한 번쯤 돈을 내고 유료 이모티콘을 다운 받았다는 결론에 이르게 된다. 앞으로 이 시장이 더 커질 확률을 예고하는 숫자라고 보인다.

그리고 더 중요한 팩트는 이 시장에 참가한 이모티콘 작가 중에서 월 1억 원 이상의 수입이 있는 작가의 수가 1,300명 정도라고 하니 여러분도 이 시장을 그냥 지나칠 수가 없는 것이다.

지금까지 국내 이모티콘 시장의 개요를 봤는데, 사실 이 시장의 미래는 해외에 있다. '네이버'와 '카카오'가 해외 사업을 넓히면서 자연스럽게 이모티콘 시장도 국내를 넘어 해외로 외연이 넓어지고 있다.

해당 국가의 언어를 잘 몰라도 만국 공통어인 표정이나 그림을 통한 의사 소통이 가능하므로 시장 규모가 생각보다 더 커질 수 있는 셈이다. 당연히 이 모티콘 시장에 진입하려는 예비후보들을 위한 사업이 꿈틀거리는 것은 당연 한 것 아닌가!

그렇다면 국내 이모티콘의 인기작가들이 기자들과 만나 자신의 의견을 밝 혔던 언론 인터뷰 내용을 정리해서 사업의 방향성을 알려 드리고자 한다.

① 이모티콘 비즈니스 업의 개념 : '그림 언어'이면서 '시각 언어'다

이모티콘은 '언어'라는 점을 기억하길 바란다. 동물이나 식물에는 없지만, 인간에게만 주어진 기능은 바로 '말하기'와 '글쓰기' 그리고 '그리기' 능력이다. 동물이나 식물에 없는 오직 모든 인간에게만 있는 소통의 능력이 있다.

다시 정리하자면, 말로 하거나 글로 하거나, 또는 그림으로 자신의 의사를 전달할 수가 있는 것이다. 그러므로 소통의 도구로 이모티콘을 사용한다는 점을 기억해야 한다. 당연히 국내뿐만 아니라 해외에서도 해당 이모티콘을 이 해할 수 있게 된다는 의미다. 시장을 국내에 한정할 필요가 없다는 이야기다. 국내뿐만 아니라 해외 시장에서 초 단위로 팔리는 당신의 자식 같은 이모티 콘을 상상해보라. 상상만으로도 즐겁지 않은가!

② 이모티콘의 주제는 무엇으로 주로 하는 게 좋을까?

아무래도 작가의 주변 이야기를 주로 하게 된다. 작가가 키우는 강아지 또 는 고양이 등 반려동물을 주제로 하기도 하고, 아니면 작가 가족을 주제로 하기도 한다. 예를 들어 작가가 가장 사랑하는 딸 또는 아들을 주제로 삼기 도 한다. 아무래도 작가 주변에 가장 가까이 있는 존재를 주제로 채택하기 쉽 다. 그렇지만 전 세계를 상대로 하는 사업인 만큼 전 세계인이 모두 좋아할 동물이나 식물을 주제로 삼는 것도 좋겠다. 예를 들어 동물로 치자면 호랑이,

곰은 어느 나라나 좋아할 것이고, 식물로 치자면 장미나 해바라기 등은 어느 나라에서도 좋아할 것이다. 아니면 전 세계인이 좋아하는 음식을 주제로 만드는 방법도 좋겠다. 만국 공통어인 그림(움직이는 그림 포함)으로 먹는 즐거움은 상당한 장점인 경우가 많아 보인다.

③ 이모티콘 작가는 꼭 그림을 잘 그려야만 하는가 하는 문제에 봉착한다

결론만 말씀드린다면 그렇지 않다. 다시 한번 이모티콘 업의 개념을 이해하기 바란다. 작가의 의사를 대신 전달해주기만 하면 된다. 즉, 그림의 완성도보다는 '상황'을 잘 전달해주면 된다는 이야기다. 그래서 그런지 요즘에는 초등학교 학생 중에서 이모티콘 작가가 계속 탄생 중이라고 한다. 초등학교에 다니는 자제 중에 그림에 실력이 있다면 빨리 이모티콘 그리기를 취미생활로 하도록 길을 열어주는 현명한 부모가 많이 나오리라 본다.

④ 이모티콘 주제선정과 관련해서 더 알아야 할 사항은 무엇일까?

이모티콘은 일단 재미있으면 된다. 아무래도 작가 자신의 연령대 이야기를 하다 보면 독자와 공감대 형성에 쉬우리라 본다. 그리고 이모티콘 제작을 처음 시도하는 분들이라면 먼저 네이버 '라인'을 공략해보는 것이 좋은 경험이 될 것이라고 조언해주는 유명 작가도 있다. '라인'은 누구나 비교적 쉽게 이모티콘을 등록할 수 있고, 전 세계에 판매할 수 있어서 인지도를 쌓는 데 도움이 된다는 것이다. 그리고 전 세계인을 상대로 하는 것이므로 작가 이름은 영어 이름으로 지으면 좋겠다. 쉽게 기억나도록 영어 이름으로 작가 이름을 대체하는 것이다. 미리미리 세계적인 퍼스널브랜딩을 해놓아야 할 것이다.

아무리 IT 기술이 발달하더라도 이모티콘은 콘텐츠적인 성향이 강하기 때문에 즉각적으로 느낌을 전달해주기만 하면 된다. 당연히 재미난 스토리텔링이나 이야깃거리들이 있으면 얼마든지 지속해서 확장이 가능한 영역의 사업

이다. 원소스멀티유즈(one source multi use)가 가능하다는 이야기다.

　그러므로 이렇게 발전하고 있는 이모티콘 시장에 들어가려는 예비작가를 양성하는 곳이 필요하지 않을까? 마치 취학 아동에게 미술학원이 필요하듯 말이다. 기존 미술학원을 운영하던 사업주 또는 미술학원과 관련 있던 분이 사업을 시작하면 쉽게 진행할 수 있을 것으로 보인다. 미술학원의 주요 속성을 사업에 끌어오고 동시에 디지털 환경이기 때문에 이모티콘 작가 등용문 역할에 충실한 학원이라면 많은 학원생으로 몸살을 앓지 않을까 예측해본다.

　백 마디 말이 필요 없다. 깜찍한 이모티콘 하나면 충분하다. 디지털 시대, 모바일 세상에서 또 다른 언어가 된 이모티콘 시장이 급성장하면서 억대 매출을 올리는 전업 작가 대열에 들어갈 예비작가 발굴 학원사업을 적극적으로 추천한다. 학원사업을 하면서 동시에 미래 예비작가를 발굴해서 미리 전속계약을 하는 사업도 가능성이 커 보인다. 마치 엔터테인먼트 회사가 10대 예비 가수들을 양성하듯이 말이다. 이모티콘을 잘 그리는 예비작가를 발굴해서 일정 회사에 소속되게 한 다음 더 큰 사업으로 만들 수도 있음을 기억하자. 동네 미술학원에서 시작한 학원사업이 나중에는 엔터 회사처럼 글로벌 기업으로 충분히 발전할 수 있는 시장임을 강조하고 싶다.

제페토에 나만의 사업을
펼친다면

메타버스가 대세 중의 대세다. 분명 이곳에 새로운 사업모델이 충분히 존재하고도 넘친다. 우리나라에서 진행 중인 메타버스 플랫폼 중에는 네이버Z의 제페토(ZEPETO), SK텔레콤의 이프랜드(ifland), 게더타운(Gather-town) 등이 있다. 순천향대학교에서는 제페토를 통해 대학교 입학식을 치렀고, 전국의 대학교에서 다양한 행사와 세미나가 열리고 있으며, 기업의 각종 홍보 그리고 엔터테인먼트 비즈니스 등 다양한 행사와 비즈니스가 태동하고 있다. 이처럼 기업이나 지자체, 협회, 단체와 개인에 이르기까지 다양한 분야에서 메타버스 플랫폼이 활용되고 있다.

이제부터 국내에서 쉽게 접근이 가능한 '제페토'로부터 새로운 사업거리를 열심히 찾아보자. 제페토는 전 세계적으로 이용자가 2억 명(2020년 12월 기준)이다. 제페토 스튜디오에는 약 70만 명에 달하는 크리에이터가 활동 중이고, 누적 아이템 제출 개수가 약 200만 개, 크리에이터 판매 아이템 개수가 약 2,500만 개에 이른다. 일례로 제페토 크리에이터로서 엄청난 수익을 창출한 사람들이 계속 생겨나는 중이다.

어느 제페토 크리에이터는 아바타 의상 판매로 월평균 1,500만 원의 매출을 올리고 있다는 기사도 있었다. 제페토에 나오는 수많은 가상공간과 의상들을 보게 된다. 이런 가상의 공간에 보이는 모든 아바타에게 필요한 액세서리, 양말, 가방, 코트 등의 아이템을 내가 직접 디자인해서 전 세계 제페토 이용자에게 팔아보자. 한 달에 300만 원 이상의 수익을 올리는 크리에이터들도 생겨나고 있다. 제페토 크리에이터가 되는 길이 열린 것이다.

또한, 제페토 빌드잇을 통해 '맵'을 만들 수도 있다. 누구나 PC나 '맥'에서 빌드잇 프로그램을 다운 받아 다양한 맵을 만들어 네이버 제페토 심사를 통과하면 유료로 팔 수 있는 것이다.

현실 세계로 따지면 패션 디자이너 역할을 하게 된다. 정확히 말하자면 네이버의 메타버스 플랫폼 '제페토'에서 아바타들이 입을 의상 아이템을 만드는 크리에이터 역할이다.

우선 메타버스 크리에이터가 되려면 구체적으로 어느 분야에서 일하고 싶은지 선택해야 한다. 현재 제페토 크리에이터는 아이템 크리에이터, 월드맵 크리에이터, 제페토 피드 콘텐츠 분야로 나뉠 수 있다. 그래서 아이템을 제작하고 싶다면 시각디자인이나 3D 모델링 분야의 공부를 해야 할 것이고, 월드맵 크리에이터가 되고 싶다면 공간디자인이나 3D 캐드 분야를 공부하는 것이 좋다.

제페토에서 활동 중인 어느 크리에이터가 말한 바로는 월평균 300만 원 정도의 수입은 가능하다고 하니 관심을 가져보기 바란다. 앞으로 제페토 안에서 활동 가능한 전문 디자이너 또는 맵디자이너가 새로운 크리에이터로서 자리매김할 수도 있기 때문이다. 그야말로 내가 일하고 싶을 때 일하고, 쉬고 싶을 때 쉴 수 있는 1인 창작가가 되는 셈이다.

가상 걸그룹을 만들어 완구 시장을 노크하라

신한금융 그룹의 새로운 사이버 가상모델인 '로지'를 TV에서 한 번쯤은 봤을 것이다. '가상인간' 또는 '인공인간(Artificial Human)'이라고 부른다. 신한 은행과 삼성전자가 인공지능(AI) 기술 활용을 두고 손을 잡아서 만든 가상의 인물이다. 기존 AI 수준에서 사람 형태로 한 단계 더 진화한 '인공인간(Artificial Human)'을 혁신 금융 서비스에 도입해서 성공한 사례다.

가상의 존재지만 실제 사람과 구별하기 어려울 정도로 인간 같은 표정과 몸짓을 한다. 이 가상 인간은 실제 인간처럼 자신의 감정을 표현하도록 학습하기 때문에 가능한 몸동작들이다.

이와 마찬가지로 가상의 아이돌그룹을 만들어 출시하는 새로운 비즈니스가 진행하고 있다. 지금까지 전 세계 최대 완구 회사인 '레고' 또는 '건담의 추억' 반다이나 '바비 인형' 마텔에 도전하는 신생 완구회사가 진행 중인 가상 걸그룹 프로젝트다. 3D 애니메이션으로 가상의 걸그룹을 만들어 뮤직비디오를 만들어 유튜브 등에 등장시키는 방식이다.

이제부터 손에 잡히지 않는 콘텐츠가 손에 잡히는 완구 시장을 선도하는 세상으로 변신할 것이다. 알다시피 초등학생, 중학생들의 우상은 아이돌그룹이다. 이런 아이돌그룹을 온라인상에서만 존재하는 우상으로 만드는 비즈니스다. 당연히 탄탄한 스토리텔링 방식으로 기획되어야 한다. 3D 애니메이션으로 공연도 하고, 메타버스 공간에서 팬들과 직접 만나 팬 사인회도 한다. 오프라인 장난감 전문매장에서 이들의 이미지로 만든 피규어나 카드를 구입할 수 있게 한다. 자세히 보면 이 사업은 캐릭터 완구 비즈니스이면서 애니메이션형 엔터테인먼트 비즈니스다. 이렇게 되면 온라인과 오프라인에서 동시에 제품과 서비스를 팔게 되는 셈이다. 가상의 걸그룹을 가상공간에서 만들어 노래를 부르고, 춤을 추게 만들어 수많은 팬층을 만들면 된다. 그런 후에 오프라인 장난감 코너에 이들을 주제로 한 피규어나 장난감을 만들어 출시하면 바로 구매할 수 있도록 시스템을 구축하면 되는 셈이다. 가능성이 정말 큰 사업 아이템 아닌가!

NFT 거래마켓에서
나만의 NFT를 만든다면

여러분은 아마 블록체인에 대해 많이 들어봤을 것이다. 이젠 NFT도 알아야 할 세상이다. NFT(Non-Fungible Token)는 '대체 불가능한 토큰'이라는 뜻으로, 희소성을 갖는 디지털 자산을 대표하는 토큰을 말한다. NFT는 블록체인 기술을 활용하지만, 기존의 가상자산과 달리 디지털 자산에 별도의 고유한 인식 값을 부여하고 있어 상호교환이 불가능하다는 특징이 있다(네이버 지식백과에서 발췌).

여기서 좀 더 쉬운 설명을 하자면, 대체 불가능하다는 것은 고유한 자산이라는 뜻이다. '토큰'이라 함은 블록체인상에 저장된 디지털 파일로, 특정 재산의 소유권을 의미한다. 정리하면, NFT는 블록체인상에 대체 불가능한 자산의 소유권을 기록해놓은 장치라고 할 수 있다.

그래서 NFT는 복사가 손쉽게 일어나는 디지털 세상에서 특정 자산에 소유권을 만들 수 있다는 장점 때문에 디지털 예술품 비즈니스에 많이 채택된다. 최근에는 예술작품뿐만 아니라 온라인 스포츠, 게임 아이템 거래 분야 등으로 점점 외연을 확대하는 중이다. NFT는 가상자산에 희소성과 유일성이란 가치를 부여할 수 있어서 메타버스 세상과 궁합이 최고다.

이를 증명하는 사례가 바로 2021년 3월 11일, 미국 크리스티 경매장에서 일어났다. '비플'이라는 작가(본명 : Michael Joseph Winkelmann)의 디지털 미술작품이 820억 원에 낙찰됐다. 이는 디지털 작품이 현물 작품처럼 높은 가치를 인정받았다는 역사적인 순간이면서 우리에게 NFT의 새로운 비즈니스를 알게 해준 사건이다. 미술계에서 진행되고 있는 NFT는 '디지털 인증기술'이라고 할 수 있는데, NFT를 적용한 디지털 자산은 유일성을 인정받게 된다.

당연히 국내 대표적인 게임업체들이 이 시장을 그냥 보고만 있지 않고 있다. 위메이드가 '미르4' 글로벌 버전 흥행으로 P2E(Play to Earn) 열풍을 불러일으켰고, 원조 모바일 게임사 게임빌과 컴투스도 최근 NFT 시장에 본격적으로 뛰어들었다. 일단 미술계와 게임업계가 NFT 시장에 가장 적극적으로 뛰어든 셈이다. NFT를 통해 우리는 인터넷 역사상 처음으로 디지털 자산에 원본과 희소성의 가치를 부여할 수 있게 된 것이다. 이를 통해 창작자들은 디지털 창작물에 대한 정당한 보상을 추구하는 게 가능해졌고, 투자자들에게도 새로운 투자처가 생기게 된 셈이다. 그야말로 새로운 비즈니스가 계속 탄생할수 있는 영역이 탄생한 셈이다.

그렇다면 가장 쉽게 NFT 시장에서 돈 벌 수 있는 작은 비즈니스를 알려드리고 싶다. NFT 시장에서 가장 접근이 쉬운 시장이 바로 '오픈씨'라는 공간이다.

'오픈씨(OpenSea)'는 대체가능 토큰(fungible token) 또는 대체불가 토큰(NFT) 등 다양한 게임 아이템을 경매 등 여러 가지 방식으로 거래할 수 있는 사이트를 운영하는 회사 이름이다. 여기에서는 크립토 소장품, 불가 대체코인(Non Fungible Token) 게임 아이템, 그리고 기타 이더리움 블록체인 기반의 아이템을 포함한 디지털 자산의 거래를 지원하는 P2P 방식의 마켓이다. 그래서 이곳에 나만의 NFT를 만들어 판매를 할 수가 있는 것이다.

세계에서 가장 큰 시장으로서 200종 이상의 카테고리와 400만 개 이상의 아이템들이 상장되어 있다. 오픈씨는 자체적으로 운영하는 마켓 외 다른 개발자들이 오픈씨 플랫폼에 스스로 마켓을 구축하고 독특한 UI를 구축하는 것도 허용한다.

즉, 오픈씨에 나만의 NFT를 만들어 가격을 결정해서 올리면 된다. 한 번만 하게 되면 아주 간단한 과정임을 알 수 있다. 사용방법을 순서대로 알려드린다.

1단계 : 우선 '오픈씨(opensea.io)' 회원으로 가입한다.
2단계 : 가상화폐인 '이더리움'을 구입한다. 0.1~0.2ETH를 산다.
3단계 : 메타마스크(가상화폐 지갑)를 설치한다. 크롬 브라우저를 이용해야 한다.
4단계 : 거래소에서 메타마스크로 이더리움을 송금한다.
5단계 : 오픈씨에 접속한다.
6단계 : 나만의 작품을 등록한다.
7단계 : NFT를 판매한다.

처음이 어렵지, 한 번 하게 되면 아주 쉽다는 것을 알게 될 것이다. 오늘, 바로 시작해보길 바란다. 그야말로 메타버스 세상에서는 새롭게 탄생할 비즈니스가 차고 넘친다. 기획만 탄탄하다면 어린이 팬들을 만들어 온라인과 오프라인을 넘나드는 비즈니스를 종횡무진할 수 있는 세상이 됐다. 단, 조심해야 할 부분도 있다. NFT는 사진이나 페인팅처럼 하나의 가치를 드러내는 방법론일 뿐 작품을 표현하는 양식은 아니라는 사실이다.

그리고 이 시장은 소유권과 저작권이 분리되어 있다는 점을 기억해야 한다. 일반적으로 NFT 매매 당시 저작권까지 양도받기로 하는 합의가 없었다면 구매자는 NFT에 대한 소유권만을 취득하게 된다는 사실을 기억하라. 즉, 저작권은 작가에게 남는 방식일 수 있다. 그러므로 NFT 구매 시 계약조건을 잘 만들어야 하고, 구매자는 해당 문구를 잘 살펴봐야 한다. NFT 마켓은 코로나19와 맞물리면서 변화의 흐름이 빨라지고 있지만, 이를 악용해서 사기를 칠 수 있는 영역이기에 주의가 필요하다.

쉼터

2030년에는 무슨 일이
전개되고 있을까?

페이스북이 사명을 바꿨다, 왜?

페이스북이 2021년 10월 28일, 사명을 바꿨다. 새로운 사업체 이름은
Meta(메타)다. 이들이 주장하는 메타(Meta)는 3D 세상에서 함께 즐기는 메타
버스 세상이라고 하고, 이런 세상을 세워나가는 일을 돕겠다고 언론에 밝혔
다. 사회적 연결(Social connection)의 새로운 장에 오도록 기존 페이스북이 운
영하는 앱들인 페이스북, 인스타그램, 메신저, 왓츠앱 등을 이용할 것이라고
한다.

페북뿐만 아니라 실리콘밸리에 있는 대형기업들은 모두 메타버스로 달려
가고 있다고 봐도 과언이 아니다. 애플과 구글 역시 3차원으로 연결된 가상
의 인터넷 세상인 메타버스를 준비하고 있고, 마이크로소프트(MS)가 본격적
으로 메타버스를 향해 달려나가겠다고 선언했다. 앞으로 대세 중의 대세로
자리매김 중인 '메타버스' 세상에는 어떤 새로운 비즈니스가 우리를 기다리고
있을까?

테슬라가 1,000조 원 기업이 됐다

미국 전기차 업체 테슬라가 '시가총액 1조 달러', 우리나라 돈으로 환산하면 1,000조 원이 넘어섰다. 참고로 우리나라 현대자동차의 시가총액은 50조 원, 일본의 도요타자동차의 시가총액은 360조 원이다. 1년에 50만 대 정도 양산하는 테슬라가 1년에 1,000만 대를 생산하는 도요타보다 시가총액이 3배가 넘다니 말이 되는가? 이것이 바로 업의 개념을 새롭게 해석하면 새로운 세상이 열린다는 것을 뚜렷이 보여주는 사례다. 즉, 테슬라는 자동차를 만들어 파는 회사가 아니라 테크 기업이면서 플랫폼 기업이라고 해석하고 사업을 집행했기 때문에 이런 결과가 나온 것이다. 이제 이해되는가?

이런 메가트렌드가 우리가 알던지, 모르던지 부지불식간에 세계를 점령해버렸다. 여기에 메타버스라는 새로운 세상이 열리는 중이다. 그야말로 새로운 사업거리가 넘쳐나기 시작한다. 당신이 그 새로운 사업의 핵심에 눈을 뜨게 되면 말이다.

2030년에는 무슨 일이 벌어질까?

2030년에는 어떤 일이 벌어질 것인지 알아보자. 글로벌 자산관리 운영사인 '슈로더'는 2020년에 '2030년에 일어날 수 있는 열 가지 예측'을 다음과 같이 밝힌 바 있다.

① 석유 소비는 30% 줄어들 것이다.
② 새로 나온 차 중 70%는 전기차이고, 전면 자율주행도 등장할 것이다.
③ 국가 간 갈등으로 GDP 대비 무역 규모가 1970년대로 후퇴할 것이다.
④ 무형자산이 사업 투자의 절반을 차지하고, 제조업 비중은 축소될 것이다.
⑤ 코로나가 끝나더라도 기업들의 해외 출장은 줄어들 것이다.

⑥ 사무직 근로자는 근무시간 50%를 재택근무로 보낼 것이다.

⑦ 소매판매 중 40%는 온라인을 통해 이뤄질 것이다.

⑧ 지상파와 종이 신문이 사라질 것이다.

⑨ 죄악세(담배세, 주류세, 설탕세, 플라스틱세 등) 등이 정부의 주요 재원이 될 것이다.

⑩ 선진국을 중심으로 부채 문제가 심각해지면서 이를 축소하기 위해 현대 화폐 이론을 채택하고 사회주의로 돌아갈 것이다.

자, 이런 미래에 대한 여러분의 생각은 어떤가? 이 중에 어느 것은 맞을 것이고 어느 것은 틀릴 것이다. 여러분 스스로 미래를 예측하는 훈련을 하기 바란다.

그렇다면 이제부터 큰돈을 번 사람들은 언제 어떻게 벌었는지 과거 사례를 다시 공부해보자. 잠시만 눈을 과거로 돌려보면, 앞으로 닥칠 미래 부의 빈틈과 안 보이는 부분이 보이기 시작할 것이다. 우리가 역사를 배우는 이유가 바로 이런 경우다.

우리가 알고 있는 부자들은 대부분 시대의 격변기에서 돈을 아주 많이 벌었다. '삼성'이 그랬고, '현대'가 그랬다. 즉, 부자만의 차별화된 관점과 세상을 새롭게 해석함으로써 그들은 일반 사람들이 보지 못했던 숨겨진 부를 먼저 보고 캐기 시작했다는 점을 기억하자. 주식 시장에서도 그랬고, 부동산 시장에서도 그랬고, 가상화폐 시장에서도 그랬다. 일반인들이 당연하다고 믿었던 것들이 빗나갔지만, 그들의 촉은 일반인들과 달랐다. 달라도 한참 달랐다. 지나치기 쉬운 변화 속에 세상을 바꾸는 모멘텀과 새로운 사업 기회가 있음을 다시 한번 상기하기 바란다.

예를 들어보자. 맨 처음 자동차가 발명됐을 때 모든 사람은 자동차 관련 산업에 열광했다. 그래서 사람들은 관련 산업 중에 투자 가능한 사업을 찾아

나섰다. 자동차 안에 들어가는 수많은 부품군, 타이어 시장, 나아가 석유 관련 투자 등 자동차를 둘러싼 모든 가치 사슬(value chain)이 투자 대상이 된다.

하지만 남들이 자동차라는 대상에만 집중할 때, 부자가 될 사람은 남달랐다. '자동차가 많아지면 뭐가 필요할까?'라고 생각한 것이다. 문제의 접근방식부터 달랐다.

당연히 자동차가 달릴 도로가 필요할 것이고, 도로가 난 지역을 중심으로 사람들이 모이게 될 것이다. 그동안 소외됐던 오지(奧地)라도 괜찮은 도로가 건설되면 당연히 사람들이 몰릴 것이고, 그곳에는 유통시설과 위락시설이 건설될 것이니 미리 해당 부동산에 투자해 돈을 정말 많이 번 사례가 있다. 미국 플로리다주 부동산 개발을 통해 거대한 부를 축적한 부동산 재벌 이야기다.

마찬가지로 앞으로 메타버스 세상이 많이 주목받는다면 뭐가 필요할까? 고민에 고민을 해보기 바란다. 그 해답이 당신이 가야 할 길이다.

그야말로 새로운 세상이 열리고 있다.
이곳에 나만의 창업 아이템이 분명 있으니 잘 고민해보자.

업(業)의 개념을 다시 쓰면
신사업이 보인다

색다른 글로벌 프리미엄
김밥 비즈니스란?

미국에 한 번쯤 가본 사람이라면 미국 사람들이 '코카콜라'를 물 마시듯 마시는 광경을 많이 봤을 것이다. 그래서 내가 적극적으로 추천하는 것이 김밥 사업이다. 갑자기 웬 김밥 사업인지 고개를 갸우뚱하는 사람도 있을 것이다.

미국에 이민 가거나 새로운 사업거리를 찾으러 가려는 분이 있다면 지금부터 이 콘텐츠를 자세히 보기 바란다. 미국에서 전개할 소규모 1인 사업, 뉴 비즈니스로 김밥 사업을 추천한다. 그런데 왜 많은 사업 중에 '김밥'일까?

그 이유는 간단하다. 김밥과 콜라 매칭은 최고의 궁합 아이템이기 때문이다.

특히 미국인에게 김밥은 특별한 건강식이다. 일하면서도 먹을 수 있는 듀얼워크(Dual Work)가 가능한 식품이기 때문이다. 한국의 대표상품 '김밥'은 미국의 뉴 비즈니스 아이템 중 하나다. 미국 소비자를 사로잡을 사업 아이템이라는 이야기다. 필자가 알기로는 미국뿐만 아니라 전 세계 소비자 중에서 '김밥'에 대해 거부반응을 일으켰다는 뉴스를 들은 적이 없다.

서양의 외국인에게 김밥은 날씬한 동양인이 먹는 특별한 건강식이다. 기름기 많은 중국 음식에 비하면 김밥은 간단하면서도 뒷맛이 깔끔하다. 일본의 대표 음식인 '스시'와는 비교가 안 된다. 가격도 경제적이고, 먹기도 너무 간편하다. 그래서 미국에 뉴 비즈니스로 진출하려는 창업가가 있다면 김밥 사업을 추천하는 것이다. 한편 국내에서도 김밥 사업을 21세기형으로 재해석이 필요해 보이는 시점이다. 마치 '스타벅스'가 국내 시장에 들어와 프리미엄 커피의 정석을 보여주었듯이 말이다. 그 당시에도 수많은 카페가 국내에 있었지만, 스타벅스의 커피문화를 막아내지 못했던 과거 경험을 기억하자. 현재 국내에는 수많은 김밥 업체가 난립 중이다. 필자가 보기에는 이런 어지러운 양적 중심 김밥 시장에 새로운 질적 시장이 존재한다고 보는 이유다.

미국에서 김밥으로 성공한 한인교포 사업가가 생각보다 많다. 대형쇼핑몰에 어렵게 입점한 어느 한국 사업가는 색다른 마케팅을 펼쳐서 성공했다. 맨처음 겨우겨우 대형쇼핑몰에 입점해서 매출을 많이 올리리라 예상했지만 바로 실패한다. 왜냐하면, 김밥이 뭔지 미국 소비자들이 알 리가 만무했기 때문이다. 그래서 그는 다른 전략을 세운다. 매장 위치를 고객이 움직이는 동선 앞자락으로 옮기고 난 후, 수많은 종류의 김밥을 직접 만드는 모습을 시연한 것이다. 즉 '김밥 만들기 쇼'를 통해 미국인 소비자에게 어필했다.

이런 이벤트는 바로 통했다. 고객에게 앞치마를 입혀 밖에서도 볼 수 있는 투명한 부엌으로 함께 들어간다. 그러고는 고객이 직접 김밥을 만들도록 유도한다. 고객이 직접 만든 김밥을 가져가도록 배려도 한다. 시식용 김밥도 아끼지 않고 마구 제공한다. 그야말로 체험형 마케팅으로 대성공한 것이다.

김밥 비즈니스는 체험형 비즈니스임을 알려준다.

알다시피 미국인들은 이탈리아에서 탄생한 피자를 좋아한다. 이유는 간단하다. 일하면서도 얼마든지 식사를 할 수 있는 듀얼워크 식품이기 때문이다. 김밥은 더더욱 듀얼워크가 가능하다.

피자보다 손에 묻지도 않고 먹기가 더 쉽고 편하다. 여기서 한 가지 더 주목할 게 있다. 바로 김밥과 콜라를 곁들여 먹으면 맛이 배가 된다는 점이다. 음식 궁합이 잘 맞는 것이다.

'피자와 콜라'처럼 '김밥과 콜라'는 배달음식으로도 충분히 시장성이 있는 조합이다. 또 고객이 직접 김밥을 만들게 하는 체험 마케팅을 전개하면 입소문이 쉽게 퍼질 수 있다. 미국 및 해외 시장에서 히트할 가능성이 아주 큰 상품인 셈이다. 패스트푸드가 대세인 미국이나 유럽에 커다란 도전자로 등극할 수 있다. 햄버거나 피자와 패스트푸드 시장을 놓고 싸움을 벌일 수도 있다고 보인다.

그런데, 이제부터 명심해야 할 것은 새로운 김밥 시장을 열고 싶다면, 김밥 시장의 고급화 전략을 추진할 것을 권해 드리고 싶다. 지금까지 김밥 시장은 저렴한 김밥이 대세였다. 하지만 이제는 프리미엄 김밥을 내놓는다면 지금과는 다른 양상의 김밥 시장이 전개될 수 있다.

필자가 김밥의 프리미엄 전략을 권하는 이유가 있다. 미국 시장 등 선진국 시장에서 통할 가능성이 크기 때문이다. 미국을 비롯해 선진국은 '가치 소비'가 자리 잡은 시장이기 때문이다. 몸에 좋은 재료를 넣은 김밥이 간편하게 먹을 수 있는 음식이라는 사실이 제대로 알려진다면, 미국 중류층 소비자의 주머니를 공략할 수 있다고 생각한다. '건강'과 '맛' 그리고 '시간'을 모두 만족하는 김밥에 미국 및 선진국 소비자들이 호응하지 않을 리가 없다고 나는 확신한다.

글로벌 김밥 비즈니스에서 성공하려면 프리미엄 김밥 시장을 공략해야 할 것이다. 5무(사카린·인공조미료·합성보존제·표백제·빙초산 없음) 원칙을 철저히 지키는 경영전략은 물론이고, 무농약 햅쌀과 무항생제 달걀 사용, 그리고 암반수 물을 이용해 밥을 짓는 등 최고급 원료와 정성을 다하는 전략이다. 비슷한 사례로 히트한 사례가 있다.

경북 안동에서 가져온 우엉과 전남 무안에서 뽑아온 양파, 충남 보령에서 공수한 오이에 경북 청송 사과까지 넣어 만든다. 여기에 구운 1등급 한우와 튀긴 블랙 타이거 새우로 속을 채우고 전남 완도산 김으로 감싼다. 간으로 친 소금은 전남 신안 천일염을 이용한다. 이 김밥 한 줄을 얼마에 팔았는지 아는가? 1만 5,000원이다. 비싸 보이는가? 그렇다면 이 뉴스는 어떤가? 최근(2022년 1월)에 영국에서 온 '고든램지 버거' 값이 무려 14만 원이다. 햄버거 하나 값이 14만 원이다! 글로벌 외식 업체들이 우리나라에 들어오면서 공략한 전략이 바로 '프리미엄'이다. '비쌀수록 잘되는 대한민국 시장'이라는 분석도 나온다.

다시 정리한다.

김밥은 콜라와 음식 궁합이 뛰어나게 훌륭한 패스트푸드이기 때문에 해외 시장 공략에 적극적으로 추천하고 싶다. 대신에 저가형 김밥이 아니라 프리미엄급 김밥이 되어야 한다. 당연히 한식 세계화의 첨병 노릇을 할 것이다.

여기에 두 가지 더 팁을 드린다면, 김밥은 잔반이 하나도 나오지 않고, 음식물 쓰레기도 전혀 없는 그야말로 친환경 푸드라는 점을 홍보하기 바란다.

전 세계가 관심 있는 저탄소, 친환경 푸드라는 점을 기억하자.

그리고 김밥은 패스트푸드처럼 휴대가 간편할뿐더러 무엇보다 전 세계 모든 음식을 속 재료로 쓸 수 있는 구조적 특성을 가진 엄청난 가능성을 지닌 음식이라는 점을 기억하라. 전 세계 어느 지역에 가더라도 해당 지역의 재료를 사용해서 랩핑을 하면 된다는 팩트를 절대 잊어먹지 말기 바란다. 현지식으로 변신이 자유자재로 가능한 대한민국에서 탄생한 김밥을 글로벌 푸드로 만들어보자.

한정판 신발 사업이
뜨는 이유는?

명품 리셀링 시장이 얼마나 커갈지에 대해 필자의 사례를 들어 이야기해본다. 결론만 말한다면, 대한민국도 미국처럼 한정판 제품, 특히 한정판 패션 스니커즈 시장은 상당히 커질 것으로 예측되기에 여러분들도 관심을 두고 이 시장을 눈여겨보길 바란다. 2022년 1월, 대구 어느 백화점이 개점하자마자 에스컬레이터를 역주행하는 한정판 나이키 골프화 구매자들의 동영상을 봤다면 필자의 이야기를 100% 수긍할 것이다.

지금으로부터 10여 년 전, 필자가 아들과 미국 LA를 방문했던 때 일이다. 아들의 부탁으로 나이키 조던 시리즈만을 판매하는 스토어를 찾아갔다. 알다시피 나이키의 '조던' 시리즈는 농구선수 마이클 조던 백넘버 23번을 기념하기 위해 1번부터 23번까지 내놓은 농구화 시리즈다. 출고 가격은 15만~20만 원 이내였지만, 한정판 스니커즈만을 재판매하는 스토어의 판매 가격은 전혀 다른 세상이었다. 그야말로 부르는 것이 구매 가격이 된다. 이곳은 세상이 바뀌어 고객이 왕인 세상이 절대 아니다. 공급자 중심의 마켓인 것이다. 유통 측면에서 보면 '갑'과 '을'이 바뀐 세상이다. 이런 현상은 미국에서 벌써 10여 년 전에 자리매김이 완료된 상태였다는 점을 기억하자.

이처럼 마니아층만을 위한 마케팅은 이들이 만들어가는 SNS 활동으로 인해 자동으로 상품 홍보가 될 뿐만 아니라, 제품 이미지에도 도움이 되고, 연관 구매로 매출도 올리는 일석삼조의 효과를 노릴 수 있다.

필자는 10여 년 전 미국 LA의 시내 근처에 있는 '리틀 도쿄'에 있는 '조던 나이키 에어' 판매점을 방문한 이후부터 한정판 스니커즈 시장의 위력을 알게 됐다. 전반적으로 어두운 매장 분위기임에도 불구하고, 정말 많은 고객이 매장 안에 가득하다. 이 색다른 형태의 스토어에는 이곳만의 구매 절차가 있어서 현지인 도움이 없이 관광객이 구매하는 것은 상당히 어렵다. 이 매장에서는 한 짝만 비닐로 랩핑해 전시, 판매한다. 사고자 하는 디자인을 발견하면, 신발 밑면에 있는 정보를 탐색한다. 여기에는 구매가 가능한 사이즈 정보가 스티커 형태로 있다. 자신이 원하는 디자인과 사이즈가 있음을 안 구매 희망자는 카운터에 가서 현금을 주고, 나머지 한 짝을 받게 되면 구매 프로세스가 끝이 난다.

구체적인 프로세스는 우선 이곳에서 원하는 아이템을 선정해야 한다. 조던 시리즈 중에 어떤 시리즈인지, 그리고 사이즈는 얼마인지 사전에 의사 결정을 하고 있어야 한다. 즉, 자신의 신발 사이즈를 미리 알고 있어야 한다. 또 자신이 원하는 시리즈 아이템의 유무를 문의해야 한다. 만약 해당 아이템이 있다면 카운터에서 나머지 한 짝을 받게 된다. 이때 유의할 점이 있는데, 절대 착용하고 걸어 다니면 안 된다. 그 이유는 바닥에 흙이 묻으면 안 되기 때문이다.

제품이 마음에 들면 카운터에 가격을 문의한다. 가격 흥정은 절대 안 된다. 사겠다는 사람이 줄을 서 있어서 지금 사든지, 아니면 포기하든지 둘 중 하나다.

이런 희귀품은 구매하는 것도 힘들고, 사려는 사람들이 많아서 소비자가 원하는 한정판 제품이 있다면 바로 그 자리에서 사야만 한다. 내가 원하는 아이템이 있다면 황송하게 고마워(?)해야 하는 형편이다. 과연 지구상에 이런 배짱 좋은 장사가 어디 있을까 하는 생각이 들 정도다.

정말 나이키 조던 신발은 시리즈의 위력이 대단해서 그런지 세월이 아무리 흘러도 시중에서 사기가 너무 힘이 든다. 한정판으로 제품을 만들기 때문에 마니아층은 날밤을 새워 줄 서라도 사고 싶은 아주 귀중한 보물이다.

이것이 이런 형태의 오프라인 점포가 탄생한 이유다. 미국에만 있는 독특한 한정판 매장의 위력을 체험한 순간이지만, 우리나라에도 조만간 비슷한 형태로 나타날 것으로 예측된다. 이런 희귀 아이템만을 판매하고 구매하는 마켓이 현재는 온라인 중심으로 사업이 전개되겠지만, 구매 과정에서의 재미와 참여를 유발하는 오프라인 방식의 새로운 비즈니스가 우리나라에서도 열리는 중이다. 당연히 관심을 가져야 할 시장임이 틀림없다. 우리나라에서도 미국과 같은 방식으로 한정판 슈즈만을 판매하는 오프라인 매장을 개장하는 방법도 가능성이 커 보인다.

또 다른 사례가 하나 더 있다. 바로 한정판 브랜드, 슈프림(Supreme)의 약진이다. 2018년 8월 13일 월요일 아침, 미국 뉴욕의 가판대는 <뉴욕포스트(Newyork Post)>를 사려는 사람들로 인해 인산인해였다고 한다. 하루 23만 부 인쇄되는 신문이 출근길에 완판됐다. 이날 <뉴욕포스트>가 동난 이유가 바로 '한정판의 위력'을 보여주는 사례다. 바로 '슈프림(Supreme)' 때문이었다.

신문 1면 제목 아래엔 하얀 전면에 '슈프림'이란 패션 브랜드의 로고만 덩그러니 찍혀 있었는데, 이 때문에 사람들은 앞다퉈 구매를 했다. 신문 앞면에 실린 빨간색 직사각형에 흰색의 푸투라(Futura) 폰트로 쓰인 'Supreme' 때문이다.

'슈프림'의 팬들은 이 신문을 사기 위해 '이베이' 등을 통해 신문 가격(1달러)의 7배에서 20배가 넘는 가격으로 사려 했지만 실패했다고 한다. 이번 '슈프림'과 <뉴욕포스트>의 콜라보레이션은 2018년에서 가장 뛰어난 사례라고 평가하는 시사평론가가 나타날 정도였다. 당연히 <뉴욕포스트>는 '슈프림'의 팬심을 겨냥해 젊은 독자층을 늘리려 했을 것이고, '슈프림'은 나이 많은 기성세대를 향한 브랜드 홍보 효과를 위해 손을 잡았을 것이다.

1994년 뉴욕에서 스케이트 보더용 의류와 액세서리를 만들기 시작한 패션업체인 '슈프림(Supreme)'은 '한정판'이라는 마케팅 전략에 힘입어 이 회사의 로고가 박힌 벽돌도 살 정도로 소비자층이 두텁다. 대부분 한 번 만들 때 400점만 만들고, 다 팔리면 다시 출시하지 않는 전략을 고수한다. 그래서 신상품이 나오자마자 품절이 된다. 당연히 중고 사이트인 '이베이'에서는 최초 소비자가격의 몇 배의 가격으로 거래되는 실정이다.

　　이처럼 한정판 대박 상품의 성공 법칙을 보면 간단해 보인다.
　　한정판 상품의 마케팅 효과는 대부분 다른 사람들의 동향에 관심이 높아서 일명 '사회적 비교지수'가 상대적으로 높은 문화에서 열광하는 경향이 크다. 그래서 '덕후' 집단에서 이런 현상을 주로 발견할 수 있다.
　　어떤 아이템이나 문화에 열광하는 집단에 속한 소비자는 해당 집단에 속한 사람들이 가진 같은 관심거리에 가장 신경 쓰기 마련이다. 여기에 '사회적 이슈'까지 더해준다면 한정판 상품의 가치는 더욱더 높아질 것이고, 당연히 이들만이 가질 수 있는 상징적인 필수품은 대박 상품이 될 수밖에 없다.
　　정말 이런 장사 아이템을 찾기만 한다면 참으로 돈 벌기 쉽다고 생각될 정도다.

　　세상이 바뀌었다. 새 제품보다 비싸게 팔리는 한정판 중고제품이 더 인기인 세상이다. 불황과 상관없이 꾸준히 커지는 마켓이 있다. 이 시장은 불황일수록 더 성업이다. 바로 '희귀 한정판 브랜드 제품'만을 판매하는 스니커테크 스토어 비즈니스다.
　　MZ세대(밀레니얼+Z세대)의 색다른 쇼핑 트렌드인 스니커테크가 진행 중이다. 요즘 가장 핫한 리셀 시장은 스니커즈다. 이 시장은 가수 지드래곤과 나이키가 2020년 봄에 협업해 신발 한 켤레를 내놓으면서 대중에 알려지기 시작했다. 특정 아이템에 꽂힌 마니아들을 위한 이색 마켓이 있다.
　　MZ세대는 한정판이나 희귀 아이템이 나오면 오프라인이나 온라인을 불문하고, 가격이 비싸거나 구매 절차가 까다로워도 날밤을 새우는 것에 조금의 망설임도 없다. 그야말로 차세대 소비자인 MZ세대의 쇼핑 트렌드를 보여주는 단면이다. 짧은 기간에 주식, 부동산보다 훨씬 높은 수익률을 낼 수 있으니 신종 재테크라 불릴 만하다.

이런 제품류는 거의 판매 시점과 판매 개수를 미리 알려주는 마케팅을 전개한다. 이 마니아층 사람들은 오랜 시간 기다리는 수고를 정말 즐기는 듯해 보인다. 특히 날씨가 안 좋거나 추운 겨울 날씨임에도 불구하고 몇 날 며칠을 먼저 와서 줄 서서 기다리는 사람들을 보면 보통 사람들은 이해하지 못한다. 그래서 불황기에 접어든 세계 유통업체들은 한정 상품 마케팅에 어울리는 아이템 찾기에 혈안이 된다. 대부분 이런 진귀한 한정판 아이템은 우선 '신발'이라는 아이템에서 전개되는 경향이다.

미국 투자 은행 코웬앤드컴퍼니가 밝힌 세계 운동화 리셀 시장은 2020년 20억 달러(약 2조 4,130억 원)를 기록했다고 밝힌 바 있다. 2025년엔 지금의 3배인 60억 달러(약 7조 2,390억 원)로 커질 전망이라고 한다.

그런데 지금까지 리셀 시장을 이끌었던 스니커즈에서 이제는 명품 브랜드로 옮겨지고 있는 양상이다. 대표적인 사례가 바로 샤넬이다. 2021년 5월, 샤넬 측이 국내 판매 가격을 20% 인상하겠다는 발표와 함께 유명 백화점 앞은 구매하려는 젊은이들로 긴 줄이 이어졌다. 앞으로 명품 브랜드도 리셀 시장의 한 축을 이어가리라 예상된다.

그리고 이 시장의 장래를 밝게 본 국내 IT 회사들이 뛰어드는 중이다. 가장 먼저 들어온 회사는 바로 네이버다. 자회사 '스노우'를 통해 한정판 스니커즈 거래 플랫폼인 '크림'을 출시했다. 여기에 패션브랜드 플랫폼인 '무신사'도 2021년 7월, '솔드아웃'이라는 브랜드로 한정판 리셀 시장에 합류했다. 모회사인 무신사가 보유한 840만 명의 회원 파워를 최대한 이용할 것으로 보인다. 또한, 롯데쇼핑도 리셀 거래 플랫폼인 '아웃오브스탁'과 손잡고 리셀 제품 판매에 돌입하면서 우리나라에도 리셀 시장이 자리를 잡아 가는 중이다.

필자 생각으로는 '한정판' 제품의 특성상 시간이 흐를수록 가치가 높아지고 리셀 시장 규모는 커질 수밖에 없다. 또 지금은 한두 브랜드가 주류를 이루지만 거래되는 브랜드나 모델도 좀 더 다양해질 것이다. 그만큼 다양한 '플레이어'에게 기회가 돌아갈 것이라고 본다.

인터넷 대기업들이 온라인에 집중하는 동안 오프라인을 먼저 치고 들어가는 방법을 적극적으로 추천한다. 당신에게도 기회는 있다. 단, 먼저 쟁취해야만 그 기회가 당신 것이 될 것이다.

1인 헤어샵이
헤쳐 모인다면

이제는 공유경제가 대세다. 집, 차량, 사무실도 공유한다. 여기에 더해서 미용실도 공유하는 세상으로 변했다.

알다시피 미용 업계의 경쟁이 너무 치열하고, 창업비용은 개인에게는 너무 높다는 시장의 한계를 파악하자. 그렇다면 미용 기술을 가진 예비 개인 창업자에게 창업의 기회를 경제적인 가격으로 제공한다면 새로운 시장이 열릴 것이다. 공유, 공생의 비즈니스가 계속 탄생하고 있다. 그중 하나가 바로 공유 미용실이다.

실제 국내 미용업 시장을 살펴보자. 전국에 있는 미용실 수는 12만 개(통계청 발표, 2018년 기준)이고, 이미용업에 종사하는 분들이 거의 18만 명에 이른다. 매년 1만 2,000여 개의 미용실이 개점하지만, 창업 1년 내 11%의 미용실이 폐업한다는 통계가 있다. 개점 이후 실패율이 상당히 높은 상황이다. 마치 음식점 창업 이후에 생존확률이 낮듯이 이미용업 생존율도 비슷해 보인다. 대부분 매장 임대료, 인테리어 등 높은 초기비용에도 불구하고 충분히 수익을 내지 못하는 점을 폐업 원인으로 꼽는다.

공유미용실은 이런 과도한 초기 투자 비용의 맹점을 파고든 사업이다. 과도한 초기비용을 공유로 줄여 미용실의 생존 가능성을 높일 수 있도록 설계한 셈이다. 초기 과도한 시설비용 대신 300~600만 원 안팎의 보증금을 제외하면 초기비용이 거의 들지 않는 장점이 있다.

그래서 이미용 시설 투자자와 이미 마련된 미용실 환경에서 실력 발휘만 잘하면 되는 프로 미용사가 서로의 니즈를 결합할 수만 있다면 서로에게 도움을 주는 그야말로 윈-윈 경영 구조 아닌가!

시설 투자자는 미용실 공간과 시설을 제대로 갖추는 작업과 함께 성공하고자 하는 사업주의 마음가짐만 가지면 될 듯 보인다. 입주한 헤어디자이너에게 일할 공간과 파마 기계, 거울, 테이블, 집기 등을 제공해 창업비용을 대폭 줄여준다. 또한, 본부로서는 홍보와 마케팅을 대행해줘야 한다. 당연히 SNS 마케팅과 PPL 마케팅 등 영업 활성화를 위한 일련의 경영 대행을 필요로 한다.

그야말로 30~40년 전 구두 닦는 과정과 거의 비슷하다. 한 사람은 닦을 구두만 가져오면, 한 사람은 신나게 구두를 닦는 역할분담으로 시스템을 구축하는 것이다. 아직 전국에는 재야에 묻힌 미용계의 고수가 상당히 많다. 이 분들을 발굴해서 공동비즈니스를 만드는 방안을 제안하고 싶다.

현재 유명 미용실에 근무하는 헤어디자이너의 수익구조가 열악하므로 개인 창업을 하려는 분들이 상당히 많다. 하지만 아는 선배들이 창업 전선에 나섰다가 망한 실패 사례를 누구보다 많이 봤기에 주저하는 실정이다. 일반적으로 헤어디자이너 1명이 한 달에 500만~700만 원의 매출을 올린다면, 이 중 본인이 가져가는 수입은 30%가량이라 한다. 즉, 한 달에 200만 원 안팎에 불과한 수익만 가져가는 것이다.

하지만 공유미용실에 입점한다면, 상황은 달라질 것이다. 공유미용실을 경영 대행하는 업체가 할 일은 간단하다. 자체 개발한 모바일앱 기반의 고객 관리솔루션(CRM)을 제대로 구축해서 운영하면 된다.

공유미용실업의 개념을 잘 정리해서, 하나씩 준비하면 될 것이다. 헤어디자이너는 일정액 수수료만 내고 미용 활동에만 전념하면 되고, 나머지 마케팅과 위생관리, 자체 아카데미 운영, 약품 관리와 부대시설 제공 등은 공유미용실 주관사가 해결해주는 시스템을 구축하면 된다. 즉, 수준 높은 플레이어와 경영마인드 및 자본을 지닌 코치가 제대로 만나기만 하면 사업은 상당히 발전할 확률이 높아진다. 마치 엔터테인먼트 회사를 경영하듯 유망한 실력 있는 미용사와 공동비즈니스를 전개하는 방식이다.

이런 비즈니스의 빈틈을 가장 먼저 간파한 업체가 국내에 선을 보였다. 서울 강남역 옆에 있는 국내 첫 공유미용실인 '팔레트에이치'가 그 대표적인 사례다. 이곳에서 일하는 16명의 헤어디자이너가 모두 각자 독립된 사업자로 이곳에서 일한다. 이전까지 1개의 미용실에는 반드시 1명의 미용사가 사업자로 등록해야 한다는 규제가 있었는데, 정부는 한 미용실에서 2명 이상의 미용사가 영업 공간의 분리 없이 공동 사용할 수 있도록 2021년 6월 관련 법을 개정했다.

가장 첨단의 경영은 자본을 어느 정도 융통할 수 있는 측에서 진행하면서 가장 중요한 브랜딩과 홍보 마케팅을 전개한다면 충분히 승산이 있는 게임이 될 듯 보인다. 당연히 이 사업은 국내에 한정하는 것이 아니라 해외 진출을 목표로 해서 차근차근 진행하면 성공할 확률이 높아 보인다. 우리나라 사람들의 손 기술이 세계 최고인 것은 해외 사람들도 잘 알고 있으니 브랜딩 전략만 잘 수립해서 전개한다면 이 또한 K-헤어 사업이 될 것이다.

있는 지식을 나누면서
돈도 번다고?

우리가 지금까지 알고 있던 창업이라는 개념에는 반드시 오프라인 매장이 있거나 온라인에 매장을 개설해야 한다는 생각을 지닌 경우가 많았다. 하지만 이런 생각은 이제 구시대적 발상이다. 나만 가진 지식을 돈을 받고 팔 수 있는 세상이기 때문이다. 특히 베이비붐 세대 등 은퇴한 사람들이 자신이 사회생활 속에서 겪었던 경험이나 기술을 팔 수 있게 됐다.

영국 런던에서 2012년 5월, 은퇴자를 중심으로 그들의 사회생활, 경험, 기술 등을 공유하고자 탄생한 뉴 비즈니스가 있다.

이 온라인 사이트(https://theamazings.com)에는 헬스리빙(Health Living), 홈디자인(Home Design) 등 6개의 카테고리로 구성되어 있는데, 그룹 활동을 통해 다른 사람들에게 경험을 전수하는 프로그램도 병행한다. 물론 인생 후배들에게 자신만의 경험과 기술을 전수하기도 하지만, 동년배인 시니어층에게도 기술을 전수해 제2의 직업으로 발전하도록 단기 및 장기 과정으로 나누어진다. 즉, 액티브 시니어가 집 안, 사무실, 직장 등에서 배운 경험을 후배에게 공유하거나 동년배들에게 전달함으로써 자존감과 부수입을 올릴 기회를 제공하고 있다.

그래서 각자가 가진 재능인 춤 실력, 노래 실력, 뜨개질 실력, 완벽한 벽돌

벽 쌓기, 목공 실력, 역사 실력, 천문학 지식 등 모든 기술, 재능 또는 지식을 함께하는 사람들과 공유할 수 있게 된다.

이 비즈니스를 통해 실의에 빠진 은퇴자들에게 생활의 활력과 사회의 일원임을 다시 각성하게 만드는 계기도 주었다. 이 회사는 춤, 뜨개질, 완벽한 벽돌 벽 놓기, 나무를 잘 다루는 목공예, 지역 역사, 천문학 등 모든 기술, 재능 또는 지식을 갖춘 은퇴한 사람에게 수업료의 70%를 제공한다.

나머지 30%는 회사 운용비와 예약하는 데 사용되는 웹사이트에 투자한다. 즉, 회사생활에서 또는 살아오면서 쌓아온 나만의 지식과 경험을 지닌 액티브 시니어가 자신의 지식을 공유해 수익을 창출하는 서비스 비즈니스다.

살아오면서 쌓아온 지식과 경험을 다른 사람들과 공유하는 도움 플랫폼을 구축해보자. 즉, 기술 및 노하우를 알고 싶은 2040세대를 위해 해당 기술과 노하우를 지닌 5060 선배를 연결해주는 '노하우' 플랫폼 비즈니스라고 할 수 있다. 그런데 이를 성공시키려면 수직적 산업을 구축해야 한다. 즉, 콘텐츠 + 커뮤니티 + 완성품 커머스 마켓을 잘 만들어야 한다.

그래서 5단계로 사업 진행을 준비하면 될 듯 보인다.

1단계

일정 지역에서 필요로 하는 서비스와 자신만이 잘 아는 지식의 내용을 웹에 올리는 과정이 필요하다. 즉, 수요자와 공급자가 만날 수 있도록 장을 열어주는 과정이다.

① 일정 지역(주거지 중심 또는 전국 단위에서 선택) 내에서 본인이 제공 가능한 서비스를 알리는 단계다(예 : 목공, 도배, 요리, 미술, 피아노, 헬스, 걷기, IT 관련 기술, 브랜딩, 영업 대행, 글쓰기, 앱 관련 등). 이는 해당 서비스가 필요한 수요자에게 일종의 해결사 역할을 해준다.

② 일정 지역(주거지 중심 또는 전국 단위에서 선택) 내에서 무형의 서비스를 요청한다(예 : 운동하는 방법, 자전거 타기, 걷기, 함께 걷기, 아기 봐주기, 앱 개발, 인테리어

보강작업, 청소 & 빨래, 부엌일, 같이 밥 먹기, 함께 주식 연구, 함께 부동산 연구 등).

→ 이번 단계의 사례로는 MBC <놀면 뭐하니>라는 프로그램에서 유재석이 누군가와 식사를 함께하거나, 누군가와 주식을 함께 연구하거나, 누군가에게 자전거 타는 법을 가르쳐 주는 장면을 연상하면 이해하기 쉽다.

2단계

오프라인 미팅 없이 진행 가능한 서비스를 개발한다. 줌(Zoom) 등으로 직접 오프라인에서 만나지 않더라도 쌍방향 실시간 의사소통이 가능하도록 시스템을 구축해야 한다.

3단계

온라인 교육사업으로 발전(단기, 중기, 장기)시킨다. 사이버대학교에서 진행하는 온라인 교육을 연상하면 된다.

4단계

온라인 쇼핑몰 사업으로 발전(완성품 및 반제품 커머스)시킨다. 수강생들이 만든 작품을 온라인 쇼핑몰에서 판매도 가능하도록 판매의 장을 마련해준다. 당연히 매출에 대한 수수료도 일부 수익으로 발생할 수 있다.

5단계

5060 여성을 위한 구독형 잡지 비즈니스(예 : 일본 <하루메꾸> 잡지)도 진행한다. 수강생과 강사진이 모두 참여해서 만드는 오프라인 잡지 비즈니스다. 강의 프로그램에 대한 소개는 물론이고, 각자의 라이프스타일 전반부에 대한 콘텐츠가 대부분이다. 구독 비즈니스이므로 안정적인 수익이 발생 가능하다.

이 사업의 목표는 30여 년간 갈고 닦은 나만의 사회 노하우를 제대로 발휘하고픈 5060 시니어들이 제2의 인생을 제대로 살도록 도움을 주는 뉴 비즈니스다. 은퇴자에게는 일거리 제공과 재택근무가 가능하도록 해준다. 랜선 세상에서 자신만의 특기를 가진 자에게는 발표할 수 있는 장을 제공함으로써 타고난 자신만의 장점을 자본으로 교환시킬 수 있는 장(場)과 기회 제공 플랫폼이다.

이 사업의 주 고객은 5060 은퇴(예정)자로서 회사에서 배운 노하우를 공유 희망자를 주축으로 구성한다. 주요 수익모델은 '노하우' 판매 후 건당 매매액의 ○○%(수수료) 시스템을 구축한다. 서비스 완료 후 구매자의 별점 및 구매 후기를 받은 후에 결제대금 송금 방식을 취한다. 그리고 단계별 사업 진행에 따라 상당히 규모 있는 사업으로 발전할 가능성도 높은 비즈니스다.

이 비즈니스의 탄생 의의로는 경험과 지혜가 충만한 시니어 계층에게 새로운 인생을 살도록 도움을 준다는 것이다. 사실 지금까지 5060 은퇴(예정)자들은 건물 경비원, 택시 운전사, 택배원 또는 미화원 등 자신의 경험과 관련이 전혀 없었던 분야에서 제2의 인생을 출발하는 경우가 많았다. 하지만 이제부터 이런 낭비적인 경제구조가 아니라 지금까지 30여 년간 배운 자신만의 업무 관련 노하우를 공유하면서 공유경제의 일원으로서 제2의 인생을 출발하고자 하는 분들에게 희망과 열정을 제안한다.

지난날 과오를 온라인에서
세탁하고 싶다면

요즘 대기업에 입사하려는 취업희망자들의 면접 과정 중에 해당 취업희망자의 소셜네트워크 내용을 미리 알아보는 회사가 나오고 있다. 즉, 취업희망자의 SNS에서의 평판, 그리고 그가 가지고 있는 기본적인 생활관과 가치관을 엿볼 수 있는 정보를 소셜네트워크를 통해 얻고 있으므로 평소에 온라인을 통한 자신의 평판 관리에 지극히 신경을 써야 하는 세상으로 진입한 것이다. 우리나라같이 넓지 않은 국토면적에, 몇 다리 건너면 다 알게 되는 인맥 중심 사회에서는 직격탄이 될 가능성이 높다. 그러므로 온라인상에 있는 자신의 기록을 지우고 싶을 때 필요한 서비스인 '온라인 명성(평판) 세탁업'과 그리고 '디지털 장의사' 비즈니스는 새로운 신종 비즈니스로서 고수익 사업으로 전개할 수 있어 보인다.

온라인 명성(평판) 세탁업

미국에서 의뢰인의 부정적 소식을 찾아주고 원하면 삭제까지 해주는 신종 비즈니스가 탄생했다. 다시 말해, 온라인에서 명성(평판)을 관리해주는 서비스가 출시되고 있다. 고객에게 돈을 받고 인터넷에 올라오는 고객과 관련된 부정적인 소식을 수정해주는 일명 '평판 관리 회사'가 성업 중이다.

'딜리트미(deleteme)'라는 회사는 구글이나 빙, 야후 등 온라인 검색 사이트별로 수수료를 받고 해당 사이트(https://joindeleteme.com)에 올라온 고객 관련 정보를 모두 찾아내준다. 추가 수수료를 내면 원하는 내용을 지워주기까지 한다. 그러니까 검색 리스트를 만들어주는 서비스 따로, 지워주는 작업 서비스 별도로 수수료를 받는 이중 수익구조로 진행함으로써 꽤 짭짤한 수익을 만들어내고 있다.

디지털 장의사

독일에서는 살인죄로 형기를 모두 마치고 나온 시민들이 온라인 백과사전인 위키피디아(Wikipedia)를 상대로 소송을 제기했다. 자신의 이름이 들어간 기사를 삭제해달라는 것이다. 독일 법정은 "원고들은 이미 죗값을 치렀으며 범죄자에게도 프라이버시와 혼자 남겨질 권리(a right to be left alone)가 있다"라며 원고의 손을 들어주었다.

즉, '잊혀질 권리'를 제도에 반영하기 위한 움직임은 미국보다는 유럽에서 더 활발하다. 유럽연합(EU)은 '잊혀질 권리'를 법으로 보장하는 정보 보호법 개정안이 통과됐다. 예를 들어, 프랑스 정보보호 기관인 정보자유국가위원회(CNIL)는 지난 2015년, 개인의 인터넷 검색 기록을 삭제할 수 있는 '잊혀질 권리'를 EU 외 지역의 사이트에서도 보장할 것을 명령한 바 있다.

미국에서도 "온라인 인생을 지워 드린다"라는 정보의 장례식을 치르는 이른바 '디지털 장의' 업체가 성업 중이다. 세상을 떠난 사람들이 생전 인터넷에 남긴 흔적들을 청소하면서 돈을 벌기도 한다.

가입비를 내고 가입한 회원이 죽으면 '인터넷 장례 절차'에 들어간다. 회원의 사망신고가 접수되면 인터넷 정보를 어떻게 처리할지에 대해 적은 유언을 확인한 후 해당 회원의 흔적 지우기에 돌입한다. 페이스북 등에 올려둔 사진을 삭제하는 것은 물론, 회원이 다른 사람 페이지에 남긴 댓글까지도 일일이 찾아 지운다. 표현의 자유라는 기본권을 중시하는 미국의 문화와 '잊혀질 권리'에 대한 시민들의 인권 의식이 찾아낸 일종의 타협책인 셈인데, 상당히 시의적절한 서비스라 생각이 든다.

우리나라도 이와 비슷한 경우가 많이 생기고 있다. 온라인 세계를 떠도는 괴물 같은 기억을 삭제하는 일을 하는 '디지털 장의사'라는 직종이 탄생한 것이 벌써 10여 년이 지났다. 홧김에 올렸다가 꼬리표처럼 따라붙는 게시글, 본인도 모르는 사이 촬영된 성 폭력성 사진 등을 지워주는 업무를 수행하고 있다.

그리고 자살하는 분들이 늘어나면서 죽음을 맞이한 분들의 가족 또는 자손들은 돌아가신 분이 남긴 인터넷상의 모든 기록을 지우고 싶어 한다. 또한, 철모르는 어린 나이에 이성 친구와 찍어 온라인에 올렸던 사진 한 장 때문에 성인이 되어 곤혹스러운 일을 당하기도 한다. 여기에 술 먹고 이성을 잃고 마구 써서 올린 글이 나도 모르는 사이트에 남아서 내 평판에 치명적인 흠을 낸다. 스마트폰, PC, 패드 등 무수한 디지털 기기들을 사용하면서 우리는 흔적을 남기게 된다. 그 흔적이 어디에 남아 있는지 어떻게 알 수 있겠는가!

이상 두 가지 경우의 뉴 비즈니스를 보면서 온라인 세상에 제대로 살아가는 것이 쉽지 않음을 알게 해준다. 선진국에서 진행되고 있는 '잊혀질 권리'가 우리나라에서는 아직 법제화되지는 않았지만, 분명 존재하는 시장이 있다. 개인정보 보호법이 강해지면서 개인 평판을 제대로 관리해주거나 거꾸로 개인이 온라인상에 남긴 자국을 지워야 할 필요성을 사업으로 엮어내야 할 시간이다.

'체스 복싱'은 서양에서,
그렇다면 동양에서는?

    새로운 신상품을 만들 때 주로 사용하는 방법이 '더하기' 또는 '빼기' 방식이다. 기존에 출시된 제품의 기능을 더하거나 빼는 방식이다. '더하기' 방식의 대표적인 사례를 든다면, 우리가 늘 사용하는 스마트폰을 들 수 있다. '융합상품'이라고도 하고, 컨버전스 상품이라고도 한다. 컨버전스 상품이 모두 히트하는 것은 아니지만, 세간에 새로운 화제와 뉴스를 가져다주는 것은 확실하다. 그렇지만 눈에 보이는 제품과 보이지 않는 서비스를 결합해 성공한 대표적인 사례도 있다. 바로 애플의 '아이팟'이다.

    이렇듯 새로운 히트상품은 비단 유통업계에서만 탄생하는 것이 아니다. 스포츠에서도 새로운 이종경기가 탄생하게 된다. 이는 마치 스키를 타면서 사격을 하는 '바이애슬론'과 같은 개념의 스포츠인 셈이다.

    필자가 늘 주장하듯이 21세기형 히트상품은 유형의 상품과 무형의 서비스 상품이 결합했을 때다. 그런 의미에서 여러분은 '체스 복싱'을 들어보셨는가?

    체스 복싱은 체스와 복싱을 번갈아 11라운드를 하는 신종경기로, 체스 6라운드(각 4분)와 복싱 5라운드(각 3분)의 총 11라운드로 진행된다. 1라운드의 체스 경기로 시작해 복싱과 번갈아 진행되며, 체스 중에는 관중의 훈수를 받지 못하게 선수들은 헤드폰을 낀다. 이 신종경기는 만화에서 힌트를 얻은 네덜란드의 예술가 이에페 루빙(Iepe Rubingh)이 2003년 처음 창안했다. 현재 서양 장기인 체스와 복싱을 결합한 신종 스포츠인 '체스 복싱(chessboxing)'은 2003년 첫 경기 이후 유럽에서 큰 인기를 끌고 있다.

알다시피 복싱을 하게 되면 상대방의 펀치로 인해 정신이 없는 경우가 다반사인데, 쉬지도 못하고 바로 체스를 계속 두어야 하는 경기 진행방식이 정말 기발하다. 물론 젊음과 지혜 모두를 갖춰야 챔피언에 오를 것이다. 그야말로 문(文)과 무(武)를 겸비한 동량을 선발하기 위한 관문으로 활용할 수 있지 않을까 생각해본다.

우리가 여기서 주목할 점이 바로 이 점이다. 이 스포츠는 개인의 지적능력과 체력을 동시에 키우는 방향으로 활용할 수 있다는 점이다.

이런 신종 스포츠를 통해 컴퓨터와 게임 그리고 과외학습 등으로 지칠 대로 지친 대한민국 청소년들을 위한 새로운 스트레스 돌파구이면서 두뇌를 활용할 수 있는 새로운 스포츠로 창조해보는 방안을 제안한다.

두뇌 스포츠를 즐기는 민족 중 하나가 일본인이라고 생각한다. 왜 일본인들은 두뇌 단련 상품에 매료된 것일까. 그 이유는 '재미'나 '즐거움' 때문이다.

닌텐도DS와 같은 쉬운 게임을 통해 자기 두뇌 나이를 알 수 있다는 '호기심', 그리고 화면을 만지거나 펜으로 입력하면서 게임을 즐길 수 있는 만큼 중년층이나 고령자들도 부담 없이 시작할 수 있다는 점으로 인해 두뇌 스포츠가 폭발적인 인기를 누리게 된 것이다.

그렇다면 점점 고령화 사회로 가고 있는 우리나라에서도 체력을 겸비한 두뇌 스포츠를 도입해보자. 우리나라 전통무예인 택견을 기본으로 해서 장기를 두는 스포츠를 만들어보자. 이것이 필자가 제안하는 새로운 대한민국형 두뇌 스포츠다.

우선 아시아 국가부터 시작해보고 점점 대상 국가를 넓히는 방안을 정식으로 제안하고 싶다. '장기 택견'을 우리나라를 주최국으로 해서 시작해봤으면 한다. 젊은이를 중심으로 '장기 택견'을 개발해 정착시켜 보자.

개인적인 의견으로는 이 신종 스포츠를 통해 진정 대한민국 동량을 발굴하는 기회로도 활용 가능하다고 본다. 택견은 우리나라 전통무예인 만큼 현대적으로 바꾼 태권도를 대체할 수도 있다고 본다. 택견이든 태권도든 우리나라를 대표하는 전통 스포츠를 3라운드 하고 장기를 두는 이종 스포츠를 통해 달러벌이에 나서보자.

물론 나이 드신 어르신을 위한 신종 스포츠도 함께 개발되어야 한다. 예를 들어, 나이 드신 어르신들은 '장기경보'는 어떨까 싶다. 경보는 일반 걸음걸이의 속도를 높이는 스포츠이므로 큰 무리는 없으리라 보인다. 이런 새로운 개념의 신상품 개발을 통해 얼마든지 새로운 사업을 시작할 수 있는 것이다.

21세기는 새로운 세상, 사용자 중심의 뉴비즈, 신상품을 말만 번지르르하게 잘하는 행정가나 정치가가 만드는 것이 아니라, 상상력과 창의력을 지닌 창업가만이 만들 수 있는 세상이라는 점, 그리고 그런 세상이 점점 빨리 다가오고 있다는 점을 기억하자! 이 책을 열심히 읽고 있는 당신부터 도전하라!

택시를 이용해서
움직이는 매장을 만든다고?

　세상은 참으로 모빌리티가 대세다. 모빌리티를 대표하는 객체는 '택시'다. 택시는 이동수단이지만 이동수단 이외의 기능으로 바뀔 수 있고, 새로운 사업의 플랫폼이 될 수도 있다.

　모바일 세상의 대표 키워드를 합하면 하나의 새로운 비즈니스가 탄생하게 된다. 바로 택시를 이용한 무점포 카탈로그 판매방식이다.
　1987년, 일본 교토의 MK 택시는 택시를 탄 손님이 차에 비치해둔 카탈로그를 보고 마음에 드는 상품이 있으면 운전 기사에게 주문하는 시스템을 시행한 적이 있었다. 그 당시 MK 택시 대수는 450대, 운전기사는 1,000명이었다. 제품의 공급은 이토추상사로부터 공급받았다. 그 당시 2개월간 약 5,000만 엔의 매출을 올렸다고 한다. 작은 매출은 아닌 셈이다.

　필자는 이 사례를 보면서 21세기형으로 다시 승화시키면 대단한 비즈니스가 될 가능성도 있어 보여서 소개한다. 모바일이 정말 많이 발달한 우리나라는 특히 5G 등으로 통신속도가 전 세계 1위인 만큼 택시를 플랫폼으로 하는 새로운 온라인쇼핑이 가능해 보인다. 차내 통신 판매 방식인 셈이다. 당신이 비행기를 타면 비행기 안에 비치된 카탈로그로 명품을 사는 것과 같은 개념의 비즈니스라고 생각하면 쉽게 이해될 것이다.

상품이 팔리면 운전기사는 이익의 일부를 받는 방식이 된다. 무선 인터넷, 디지털 기기의 발달로 기존 방식을 업그레이드시켜 바로 시행할 수 있다고 본다. 최근 택시 운전자가 많이 모자라 택시 경영에 많은 차질을 빚고 있다는데, 운전자에게 새로운 수익이 나오는 비즈니스를 채택한다면 많은 운전기사가 몰려들지 않을까 싶다.

차 안의 카탈로그 비치 방식과 단독 앱으로도 가능해 보이고, 또는 앱과 카탈로그 등 두 가지를 동시에 전개해도 된다. 특화된 상품 중에서 바로 본인의 핸드폰으로 신청을 하면 된다. 물론 배송은 즉각 바로 될 수도 있다. 택시 트렁크에 일부 상품의 재고를 바로 구매할 수 있게 만들면 되기 때문이다. 물론 소형 아이템이면서 스테디 히트상품이어야 한다.

특히, 상품의 우수성을 확인해준다는 전제조건에서는 21세기형 통신 판매 방식으로 적극적으로 활용할 만하다. 서울 시내 250여 개 택시 회사를 대표하는 서울 택시운송조합 또는 서울 개인택시운송조합과 협의를 하면 가능한 비즈니스라고 생각된다.

이 사업의 성공은 택시 이용객들의 충동 구매를 얼마나 올리는 상품을 머천다이징 하느냐에 달려 있다. 객단가가 1~3만 원 선이 좋으리라 본다. 예를 들어 친구에게 선물하는 것을 깜빡한 손님이 본인의 도착지 전에 구매를 신청하면 된다. 객단가의 부담이 적으면서 평상시 사기 힘든 제품 또는 평상시 가격보다 훨씬 못 미치는 할인가일 경우에는 히트상품으로 운명이 바뀔 수도 있겠다.

당연히 사후 애프터서비스는 기본이어야 한다. 또한, 운영방식의 차별성을 두기 위해서는 한정품목, 한정판매를 우선 시행하는 전략도 유효해 보인다. 어느 사이트에서나 판매하는 상품을 갖고 대결할 수는 없다고 본다. 카탈로그 지면 또는 앱을 통한 빅데이터를 잘 활용하면, 한번 이용해서 만족을 느낀 고객은 더욱 빈번하게 이용하리라 본다.

그리고 사용해본 고객 중에 만족한 고객을 선발해 모델로 등장시킨 광고를 만들어 홍보에 치중하게 된다면 초기 광고전략으로 괜찮아 보인다. 그리고 사용해봤던 경험자의 체험형 소개이기 때문에 문구를 작성하기도 편하다. 같은 소비자이기에 더욱 친밀도가 높아진다.

그리고 택시를 이용한 또 다른 방식으로는 공유 차량에 여러 상품이 아닌 딱 한 개의 상품을 통신 판매하는 1일 1 아이템 통신 판매 방식으로도 전개할 수 있어 보인다. 이제 관심이 많이 가지 않는가?

스트레스 해소를 위한
방이 있다면

'방, 방 무슨 방, 대박 나는 돈 버는 방'은 무엇일까?

노래방, 피시방, 비디오방, 전화방, 찜질방, 황토방 등 수많은 방 비즈니스가 우리 주위에서 선을 보였다가 사라지기도 했다. 우리나라만큼 '방' 비즈니스가 발달한 나라도 없어 보인다. 아직도 노래방의 위력은 남아 있지만, 코로나 사태로 인해 대부분의 '방' 비즈니스가 힘을 잃고 있다. 이 시점에서 과연 사업을 접어야만 하는지, 아니면 다른 방도는 없을까 고민 중일 것이다. 그렇다면 다시 한번 역발상을 해보는 방법을 채택해보라.

각종 스트레스 등 말 못 할 속앓이를 하는 사람들이 마음 놓고 울 수 있는 '눈물방'이 중국에서 성업 중이다. 2004년 7월에 난징(南京)시에서 첫선을 보였다. 1시간당 50위안(약 9,500원, 2004년 기준)을 내면 속상한 마음이 풀릴 때까지 실컷 울고 갈 수 있는 게 특징이다. 특히 전체 손님의 80% 이상이 여성인데, 하루 평균 10명이 넘는 손님이 찾아와 제반 경비를 모두 제하고도 방 한 개에 매월 순수입이 최소 5,000위안(약 95만 원)이 넘는 유망 산업으로 떠오르고 있다고 한다.

시간당 100위안(약 1만 9,000원)짜리 개인전용 특실 눈물방까지 등장했다. 이

특실에는 고춧가루와 마늘 등 눈물이 쉽게 나오도록 돕는 최루 촉진제와 울다가 감정이 솟구칠 때 손님들이 마음대로 집어 던질 수 있도록 인형·유리컵 등도 비치되어 있다고 한다.

노래방, 피시방, 전화방, 비디오방, 달림방(달리기를 할 수 있는 시설을 갖추어 놓은 방) 등 우리나라에서 발달한 '방 문화에 또 하나가 추가시키고 싶은 것이 '눈물방'이다. 이제까지 울고 싶으면 홀로 코인노래방에 들어가 노래를 크게 틀어놓고 실컷 울고 나온 고객들이 이젠 '눈물방'을 이용할 날이 머지않았구나 싶다.

더구나 이런 눈물방은 울려고 가는 것이기 때문에 자연스럽게 동화되어 카타르시스 차원에서 눈물 한 바가지를 흘리고 나올 수 있는 셈이다. 인간에게 억압된 감정을 자연스럽게 폭발시킴으로써 카타르시스를 느낄 수 있고, 이를 통해 감정이 정상화된다면 짧은 시간 내에 많은 고객을 확보할 수 있으리라고 본다.

'눈물'이 사업의 키워드다. 스트레스를 확 날려 버릴 수 있도록 깨지지 않는 인형이나 물건들이 손 가까이 있도록 해 드리고, 마구 던지면서 동시에 울면서 노래도 하면서 가슴 깊이 숨겨진 억울함을 밖으로 내보낼 수 있는 것이 이 사업의 존재 의의라고 생각한다.

이 사업의 키워드는 눈물이기 때문에 가장 멋진 눈물 흘리기 등의 이벤트를 개최하면서 초기 고객을 모으는 방법도 좋을 것 같다.

'눈물 노래방'을 국내 최초로 개설해서 언론의 스포트라이트를 받아 보는 것은 어떨까? 눈물을 흘리면서 노래를 부르고, 플라스틱 잔을 벽에다 던지면서 욕을 마구 할 수 있는 나만의 공간사업이면서 스트레스를 날려 버리는 스트레스 해소사업이기도 하다. 현대인의 욕구를 분출하는 역할로 업의 개념을 가지고 가보자.

방이란 방을 다 모아서 종합 방을 만들어보는 것을
적극적으로 제안하고 싶다

노래방, 피시방, 비디오방, 달림방, 눈물방, 수다방, 요리방, 바둑방, 장기방 등을 모두 한곳에 모은 비즈니스다. 방마다 테마를 정해 놓고 고객이 원하는 방에 예약하는 시스템을 하면 재미있을 듯싶다. 모든 성격의 방들을 백화점식으로 마련해놓으면 고객이 알아서 선택하고, 해당 방에 들어가 해당 서비스를 이용하는 방식이다. 말하자면 백화점형 테마방 비즈니스다.

가령 손님 여럿이 이 백화점형 테마방에 가게 되어 노래를 부르고 싶으면 노래방, 눈물을 흘리면서 노래를 하고 싶으면 눈물 노래방, PC게임을 하고 싶은 사람은 게임방, 바둑을 두고 싶은 사람은 바둑방, 영화를 보고 싶으면 비디오방으로 들어가서 놀다가 몇 시간 후에 다시 만나면 되지 않을까? 굳이 노래하기 싫다는 사람을 끌고 노래방에 데려가 꿰다 놓은 보릿자루처럼 앉혀 놓을 필요는 없다.

복합형 멀티형 사업이 인기를 얻고 있는 것이 최근 트렌드 중 하나다. 아직 국내에 선보인 적 없는 모듬방 비즈니스는 초기 투자 자금이 어느 정도 투입이 되어야 할 듯싶다. 하지만 이 또한 임대방식으로 입점을 시키면 되기 때문에 초기 투입 자금이 생각보다 많이 들지 않을 수도 있다.

이 복합 멀티방 비즈니스의 선두 브랜드는 복합쇼핑몰이 대한민국 유통의 대세가 됐듯이 동네 입구에 가장 큰 규모의 복합 모듬방 비즈니스 브랜드가 석권하리라 예측된다.

그래서 필자는 대한민국에 소개된 방 문화를 모두 모아서 백화점식 '모듬방' 비즈니스를 코로나 시대를 개척하는 최적안으로 적극적으로 추천하고 싶다.

함께 눈물 흘리는
모임이 있다고?

현대인들의 쌓이는 스트레스를 과연 무엇으로 풀 수 있을까? 혹 울어야 할 때 울지 못하면 병이 된다는 말을 들어 본 적이 있는가? 나이를 먹으면 자연히 눈물도 많아진다고 하던데 말이다. 실제로 눈물을 흘리는 행위는 마음의 응어리나 스트레스를 해소하는 데 제법 큰 역할을 한다는 것이 의학적으로 판명됐다. 울고 싶을 때, 제때 운다면 이것만으로도 감정이 해소될 뿐만 아니라 건강에도 긍정적인 영향을 줄 것이다.

우리는 로이 리히텐슈타인(Roy Lichtenstein)의 <행복한 눈물>이라는 작품을 본 적이 있다. 마치 만화 같은 작품 속의 여인은 행복한 눈물을 아름답게 흘리고 있다. 우리는 기쁠 때도 그리고 슬플 때도 눈물을 흘린다. 그런데 이 눈물을 누군가와 함께 흘리고, 함께 치유 받을 수 있다고 하면 당연히 사람들이 모일 것이다.

좀처럼 타인에게 감정 드러내기를 꺼리는 일본에서 함께 눈물을 흘리는 사업이 탄생했다. 일본 도쿄에서 최근 시작된 함께 울면서 이야기를 나누는 모임 이야기다. 이 사업의 캐치프레이즈는 간단하다.

'당신이 마지막으로 눈물을 흘린 것은 언제인가?'

한번 생각해보자. 여러분이 눈물을 흘린 적이 언제였는지 기억나는가?

일본 도쿄에는 함께 한곳에 모여 눈물 흘리는 활동인 '루이카쓰(涙活)' 사업이 성업 중이다. 오후 6시, 도쿄 니시 신주쿠의 5층짜리 건물 꼭대기에 있는 50㎡(15평) 남짓한 공간에 간이 의자 25개가 놓인 사무실에 20여 명의 사람이 모인다. 이 사람들은 바로 눈물을 흘리고 싶어 이곳을 찾는 '루이카쓰' 참가자들이다. 연령대는 20대 중반 연인부터 77세 노(老)신사까지 정말 다양하다.

이 모임의 방법을 알려드리도록 하겠다.

1단계

감동을 주는 영상이나 단편영화를 상영한다. 닫힌 마음, 울고 싶었던 준비된 감정을 건드리는 시간을 갖는 것이다(10분에서 15분간 상영한다).

구체적으로 사례를 들어보자. 오후 6시 정각, 조명이 꺼지고 정면에 설치된 스크린에서 비디오 영상이 나오기 시작한다. 내용은 한평생 삯바느질로 홀로 자식을 키우다 돌아가신 어머니의 이야기가 잔잔한 피아노 선율과 함께 흘러나온다. 제목은 '나를 지탱해준 어머니의 말씀'이다. 자식이 방황하며 사고를 칠 때마다 늘 "괜찮아. 넌 훌륭한 아이니까"라며 용기를 북돋아줬던 어머니. 그 어머니가 세상을 떠나 장례식을 치른 후에야 친어머니가 아님을 알게 됐다는 이 이야기는 '피를 나눈 모자가 아니라고 해도 나의 진정한 어머니. 감사합니다'라는 메시지로 끝난다.

2단계

비디오 상영 후에는 감동적인 결혼 사연을 낭독하거나, 인기 가수의 라이브 공연을 한다(1시간 정도).

3단계

프로그램이 끝난 뒤, 남은 사람들이 삼삼오오 둘러앉아 이야기를 나누는 친교의 시간을 갖는다(30분 정도).

총 2시간 이내로 프로그램을 마친다. 자신만의 치부로 생각했던 눈물을 전혀 모르는 사람에게 보임으로써 일종의 카타르시스를 느끼게 된다. 한 달에 단 2~3분이라도 눈물을 흘리면 스트레스를 잊고 마음을 치유할 수 있다고 사업 창시자는 주장한다.

'루이카쓰'는 일본 내에서도 일종의 이벤트로 인식됐지만, 2014년 봄을 기점으로 도쿄뿐 아니라 다른 지역으로도 퍼져 나가고 있다. 도쿄와 그 인근 지바현·가나가와현·나가노현의 일부 학교가 과외 활동 중 하나로 채택했고, 양로원이나 병원에서도 루이카쓰를 심리치료 프로그램으로 활용하고 있다. 또 히말라야산맥 동쪽에 있는 부탄의 수도 팀푸에서 루이카쓰 이벤트가 열리기도 했다.

해당 사례 내용은 스트레스 해소를 위한 '눈물방'이란 공간사업이 바로 연상된다. 이용자가 홀로 '눈물방'에 들어가 눈물이 잘 나기 위해 준비된 고춧가루, 양파 등을 이용하기도 하고, 던져도 깨지지 않는 인형 등을 마구 던지는 등 펑펑 울고 나올 수 있도록 만든 사례 말이다.

중국의 눈물방 사례와 일본의 눈물모임 사례를 보면서 인간에게는 자유롭게 눈물을 흘릴 장소가 필요하다는 공통점을 발견하게 된다. 우리나라에서도 뉴 비즈니스로 충분히 가능성이 커 보인다. 공통 키워드는 '눈물'이다.

14

신혼부부가 함께
요리하고 싶다면

인생에 가장 행복하고 자유로운 시절은 언제일까? 바로 신혼의 달콤한 시절, 깨가 한 바가지 쏟아지는 시절이 아닐까 싶다. 이렇게 한시도 떨어지기 싫어하는 맞벌이 신혼부부를 위해 주방을 빌려주고 음식을 만들도록 하면 어떨까? 즉 미국에서 탄생한 공유주방을 최대한 이용하는 방법이다. 그럼 미국의 오리지널 요리방 비즈니스를 한번 엿보자.

미국 뉴저지주 이스트하노버의 한 쇼핑몰에 자리 잡은 '슈퍼 서퍼스(Super Suppers)'에서는 요리사 복장을 한 주인이 손님들이 요리하는 것을 돕고 있다. 노란색 벽지를 발라 아늑한 분위기로 꾸민 이곳은 미국에서 한창 뜨고 있는 '요리방'이다. 이곳은 시간에 쫓겨 식사 준비를 할 수 없는 맞벌이 직장인들을 위해 마련한 신개념의 부엌이다.

퇴근길에 손님들은 손을 씻고 요리방에서 준비한 재료와 양념으로 각자의 입맛에 맞는 음식을 만든다. 30평 남짓한 홀 가장자리에 6개의 깨끗한 스테인리스 조리대가 번쩍인다. 조리대엔 각각 다른 두 가지 음식을 만들 수 있는 재료와 양념이 준비되어 있다. 모두 열두 가지 음식을 만들 수 있는 것이다.

가장 큰 매력은 음식을 만들기 위해 따로 장을 보지 않아도 된다는 점이다. 상추, 닭고기, 감자 등 모든 재료는 껍질을 벗기거나 깨끗이 씻고 알맞게 썰어둔 상태라 칼을 잡을 필요도 없다. 각자 기호에 따라 적당히 재료를 집어넣기만 하면 된다. 그 덕분에 요리 하나를 만드는 데 평균 10분이면 된다. 참가자들은 만든 음식을 집이나 사무실로 가져가 바로 먹거나 냉장고에 넣어뒀다가 끼니때 데워먹으면 된다.

'슈퍼 서퍼스'는 열두 가지 메뉴를 매달 몽땅 바꾼다. 참가자들에게 다양한 음식을 제공하기 위한 것이다. 비용도 저렴하다. 대략 1인분 요리 한 접시를 만드는 데 평균 3.5달러면 된다고 한다. 패스트푸드의 장점인 낮은 가격과 신속성에, 가정 요리의 신선함과 영양분을 접합시킨 것이다. 퇴근하는 남편과 아내가 요리방에서 만나 대화하면서 함께 요리를 만들다 보면 정이 더욱 새록새록 생기지 않겠는가!

원래 요리방이 처음 등장한 건 미국 서부의 시애틀이다. 지인끼리 모여 배우던 요리 강좌가 출발점이 됐다. 한 여성이 요리학원에서 준비한 재료를 이용해 저녁 식사를 차리면 훨씬 시간을 아낄 수 있다고 판단한 것이다. 원조인 '드림 디너스(Dream Dinners)'의 성공에 자극받아 '슈퍼 서퍼스'가 체인점으로 등장한 셈이다. 현재 미국에선 700개 이상의 요리방이 성업 중이라고 한다. 요리방의 성공 비결엔 바쁜 직장여성들에게 가족을 위해 자신이 직접 요리한다는 정신적 만족감을 심어준 게 크게 작용했다. '슈퍼 서퍼스'의 선전 문구는 '요리방을 이용하면 잃어버렸던 단란한 저녁 식사 분위기를 되찾을 수 있습니다'로 간단하면서도 멋지다.

시애틀에 사는 여성 회사원은 매달 한 번씩 DIY 조리업체인 '드림 디너스'의 웹사이트에 들어가 열두 가지 메뉴를 고른다. 스파게티, 스테이크, 샐러드 등 다양한 종류가 준비되어 있다. 그리고 한가한 주말 시간을 이용해 집 근처 매장에 사전 약속을 한 뒤 방문해 요리한다. 깨끗하고 아늑한 분위기의 대형 주방에는 배추, 감자, 쇠고기 등 요리 재료가 미리 적당한 크기로 잘려서 준비되어 있다. 벽에 붙은 조리법과 요리 사진을 보면서 요리를 하면 된다. 요리가 끝나면 업체 직원이 원하는 분량으로 끼니별 진공 포장을 해준다. 집에 가져가서 냉동실에 넣어 둔 뒤 전자레인지에 데워 먹으면 식사는 끝이다.

맞벌이 부부에게 식사 준비는 고민스러운 과제다. 맞벌이 부부를 위해 주방을 빌려주고 밥을 직접 만들게 한 뒤 포장해주는 DIY(Do It Yourself) 음식 조리업체들이 미국에서 인기를 끌고 있듯이 우리나라에서도 뉴 비즈니스로 가능성이 커 보인다. 맞벌이 가족이나 싱글족을 위해 이런 사업이 잘되리라 본다. 최근 서울을 중심으로 탄생한 공유주방을 최대한 이용하는 방법도 있을 것이다.

싱글족들은 요리하는 것이 싫어서라기보다 한번 음식을 만들면 상해서 못 먹고 버리는 양이 너무 많아서 요리를 꺼리는 면도 있다. 그러므로 이런 계층을 위해 충분히 1회 먹을 양만 만들어 가져가도록 한다면 음식 재료비도 적게 들고, 또한 처음 본 다른 사람들과 어울려 음식을 만들며 도란도란 이야기도 나눌 수 있고 해서 정감 있는 사업거리임이 틀림없다. 우리나라에서도 프렌차이즈로 사업을 하기에 적당한 사업이라는 생각이 든다.

쉼터

지속 가능한 구독서비스가
대세라고?

    공유경제가 이 세상에 나타난 지 벌써 20여 년이 지나간다. 우리네 삶에 공유경제가 끼친 영향력은 정말 지대했고, 앞으로도 더 가열찰 것이다. 거의 모든 기업은 영리를 추구한다. 지속해서 새로운 기술을 도입하기 위해 노력하고, 더 높은 생산성을 극대화하기 위해 동분서주한다. 또한, 생산 및 유통의 한계비용을 낮추기 위해 노력한다.

    하지만 공유경제가 탄생함으로써 한계비용이 '제로'가 되는 세상으로 가고 있다. 한계비용이란 재화나 서비스를 한 단위 더 생산하는 데 들어가는 추가 비용을 뜻한다. 미래학자 제레미 리프킨(Jeremy Rifkin)은 사물인터넷의 발달과 기술집약적인 환경에 힘입어 한계비용이 제로에 가까운 사회가 탄생할 수 있다고 주장했다. 인터넷을 활용해 공산품과 서비스의 가격을 낮추고, 농업 분야에서도 유통구조의 개편이 이뤄지면 생산 비용이 절감되어 삶의 질이 높아진다는 것이다(위키백과 참조).

    향후 낮은 한계비용이나 제로 수준의 한계비용으로 소셜 미디어 사이트나 대여 및 재배포를 통해 서로 자동차와 집 심지어 옷까지 공유할 것이다.

    공유경제를 대표하는 브랜드는 뭐니 뭐니 해도 '에어비앤비'와 '우버'다. 우리는 공유경제를 통해 부의 불평등을 어느 정도 해결할 수도 있을 것이다. 예전에는 돈이 없으면 갖고 싶은 상품을 소유하지 못했다. 하지만 이젠 소유의 개념이 점점 희미해져 가고 있다. 최근에는 돈이 없더라도 그보다 훨씬 더 적은 비용으로 해당 상품이나 서비스를 이용할 수 있다.

예를 들어 타고 싶은 자동차 기종을 선택해서 매월 바꿔 탈 수도 있다. 차를 굳이 사야 할 이유도, 차를 유지하기 위해 막대한 비용이 들어가는 것도 원하지 않는 MZ세대도 많다. 공간을 빌리고, 차를 빌린다. 옷이라고 빌리지 못할 이유가 없다.

최근에 스타트업 업계를 중심으로 기업용 구독경제가 확산 중이다. 지금까지 B2C 구독경제가 대세였다면, 이제부터는 B2B 구독경제가 새로운 비즈니스로 주목받고 있다. 예를 들어 직원용 노트북, 구내식당, 간식부터 총무 회계 전문가 같은 관리 인력까지 전부 구독형으로 대체되는 중이다.

여기서 흥미로운 점이 구내식당이다. 스타트업 사무실을 찾아가서 점심 식사를 차려주는 서비스도 탄생했다. 그야말로 찾아가는 점심 서비스다. 물론 저녁 식사도 가능하다. 기업체나 단체가 필요로 하는 행사 관련 식사 또는 상차림도 가능하다. 1인 창업자가 눈여겨봐야 할 뉴 비즈니스다.

간식과 음료 같은 직원 복지용 구독서비스도 탄생했다. 스타트업 사무실 직원들이 직접 이용할 수 있도록 간이 카페를 만들어주고, 이곳에 원두커피를 공급하고 커피머신을 대여해주는 서비스다. 쿠키 같은 간식류는 수시로 재고를 보충해주면 된다. 이런 기업체 고객을 열 군데만 잡고 있어도 사업은 돌아갈 것이다.

패션 관련 산업 중에서 패션의류는 굳이 살 필요성이 점점 떨어지는 산업 중 하나다. 보관 공간도 부족한 1인 가구의 집 구조상 렌탈 시장 이용자가 점점 늘어날 가능성이 크다. 한 벌에 수백만 원 하는 명품 브랜드 옷을 굳이 사지 않고도 입어볼 수 있다.

앞으로 패션의류는 더는 옷장 안에 보관하는 귀중품이 아니다. 언제든지 색다른 디자인과 패턴을 이용할 수 있다. 마치 넷플릭스 회원이 되면 영화를 언제, 어디서든지 볼 수 있듯이 패션의류 이용도 바뀔 것이다.

이를 위해 패션의류 렌탈 비즈니스를 준비해보자.

당연히 한번 이용한 제품의 위생세탁과 보관은 기본 중 기본이다. 여기에 이용자가 원하는 시간과 장소에 제때 도착할 수 있는 물류시스템이 구축만 된다면 상당히 오랫동안 사랑받는 서비스가 될 듯싶다.

한 가지 더 사업적으로 추가한다면, 패션의류와 어울리는 고급 핸드백이나 패션 액세서리 대여도 함께 진행하기를 권하고 싶다.

앞으로 패션의류는 사는 아이템이 아니라 대여 주문해서 입고, 벗은 뒤 반납 버튼만 누르면 알아서 찾아가는 제품이라는 개념으로 바뀔 것이다.

디지털 경제는 분명 아날로그 경제와 다르다.

'소유'가 아닌 '공유'로, '구매'가 아닌 '가입'으로 진화하는 중이다. 월정액을 받는 '구독서비스' 사업은 아주 효과적인 결제수단으로 부상해 앞으로도 지속해서 발전할 경영의 한 축임이 틀림없다. 구독서비스 사업으로 적당한 나만의 사업 아이템을 찾기 바란다.

사업이란 어떻게 보느냐에 따라 달리 해석된다.
당신만의 기획력으로 기존 사업을 달리 해석해보자.

1-3

융복합적 사고의 전환

보이지 않는 서비스와
보이는 상품을 결합하면

일본 이세탄백화점은 AIU보험사와 넥타이 제조사 NSN사와 공동으로 아버지의 날(6월 21일) 기획 넥타이를 개발했다. 상품 이름은 비인슈어드(Be Insured). 보험의 종류로는 골프보험, 안심보험(교통사고, 화재 등에 대비) 등 간단히 두 가지로 나뉜다. 상품의 이용도 간편하다. 선물을 받은 아버지가 넥타이에 부착된 신고서에 주소 등을 써서 우편 또는 팩스로 부치면 1년짜리 보험에 가입하게 되는 것이다. 넥타이의 가격은 7,000엔이고, 디자인은 30여 가지다.

무형의 상품인 보험이라는 상품에 유형의 상품을 결합한 새로운 상품이다. 유형의 상품에 무형의 상품을 넣었다는 점이 발상의 전환이라고 생각된다. 이 사례와 같이 넥타이뿐만 아니라 신발, 구두에도 적용할 수 있다. 보험든 신발을 신고 가다가 불의의 사고를 당하면 보험에서 보상해주는 보험상품을 만들면 된다. 우리나라에서도 제조사와 판매사, 보험사 3자가 만나면 얼마든지 새로운 보험상품이 개발되리라 본다.

누구나 아는 공산품 그리고 쉽게 개발 가능한 상품, 예를 들어 화장지, 티슈류, 소품류 등을 개발하려 하지 말고 이처럼 부가가치를 듬뿍 담은 PB 상품을 개발하는 지혜가 필요하지 않을까 싶다.

보험사가 개발한 상품으로는 현재까지는 날씨보험(날씨로 인한 피해나 손실을 보상해주는 보험) 등이 있는데, 이는 보험사 단독 개발인 경우이므로 이종업태 간의 합종연횡이 필요한 신상품 개발을 요구하고 싶다. 물론 1인 개인사업자도 이런 상품개발이 가능하다. 보험사와 제조사에 제안하기만 하면 된다. 개발된 상품은 보험사 또는 제조사의 판로를 통해 판매될 것이므로 상품개발만 제대로 하면 된다.

먹거리 사업을 하든 유통, 서비스 사업을 하든 남들이 하지 않는 기발한 마케팅 방식을 나름대로 개발해보자. 그것이 1인 창업자가 찾아낼 수 있는 새로운 사업의 영역인 것이다.

역사가 지금까지 그랬듯이 급변하는 사회 속에는 많은 수요가 잠들어 있을 가능성도 크다. 특히 인구구조의 변화(고령화와 저출산)는 상당한 뉴 비즈니스를 가져올 것이다. 1인 창업자들은 새로운 비즈니스 모델을 구축해 잠재수요를 독점할 좋은 기회로 삼아야 할 것이다. 예를 들어 저출산 상황에서는 자녀 1명에게 투여하는 총금액이 증가하는 추세이므로 단가 높은 유아용품이 시장에서 인기다. 지금까지는 경험한 적 없는 '인구감소' 사회에서 완전히 새로운 사업을 구축할 수 있다면, 앞으로 저출산·고령화가 진행될 해외로 비즈니스 모델을 수출할 수도 있다.

지금까지 늘 그랬듯이 사물을 봤다면, 이제는 거꾸로도 보고, 뒤집어도 보자. 그리고 눈에 보이지 않는 서비스와 눈에 보이는 제품을 융복합해보자. 뭔가 새로운 상품이나 서비스가 탄생할 것이다.

한 가지 더, 이젠 모든 상품(유형, 무형상품)에는 어느 정도 엔터테인먼트가 가미되어야 대박은 아니더라도 어느 정도 수익이 발생하는 비즈니스가 된다는 사실을 알아야 한다. 너무 대박만을 좇는 삶은 이젠 그만하고, 적지 않은 수익을 지속할 수 있게 만들면 된다. 지속 가능한 것이 더 중요하다는 사실을 잊지 말자.

프리랜서 라이프 매니저의
직무는?

한국식 파출부를 미국에서는 '리빙 헬퍼'라고 부른다. 일하기 편한 펑퍼짐한 차림으로 집 안을 쓸고 닦는 아줌마가 아니라, 블랙 앤드 화이트로 딱 떨어지게 차려입은 전문직 여성이 등장한다. 스타일에 죽고 살고, 돈이면 뭐든지 해결되는 미국 뉴욕에서는 이미 신종 '라이프 매니지먼트' 업체들이 속속 생겨나고 있다고 한다.

'라이프 매니저'라는 새로운 직종은 우리가 추측하는 파출부 개념에서 한참 벗어난다. 왜냐하면, 우리로 치면 '가사 도우미＋퀵서비스＋비서＋지식검색＋심부름센터'를 합쳐놓은 형태의 업무를 수행하기 때문이다.

고객은 늘 시간에 쫓기거나 출장이 잦은 고연봉 직장인들이나 연예인들이다. 이들 '매니저'의 역할은 청소, 빨래, 설거지가 아니다. 대신 인기 있는 레스토랑을 예약하거나 완전히 매진된 유명 공연, 스포츠 경기의 표를 구해주거나 동물병원에서 애완견을 데려오는 일을 한다. 고객이 선물로 받은 옷 사이즈를 바꿔오는 일은 기꺼이 해도 나이 드신 분을 병원에 모시고 가지는 않는다. 괜히 넘어져 다치기라도 한다면 소송에 걸릴 수 있기 때문이다.

영국의 한 '집사' 서비스 업체는 회원제로 운영되는데, 24시간 핫라인을 열어놓고 '6시간 이내에 라마 한 마리를 사무실로 배달해달라', '몬테카를로에 정박해놓은 요트로 드럼을 보내 달라'는 황당한 일도 모두 들어준다. 또 다른 업체는 고객을 모시고 속옷 쇼핑에 나서기도 했고, 여성 고객의 부탁으로 자동차를 예쁘게 포장해 남자 친구 앞으로 보내기도 한다.

이런 업체는 아무리 바빠도 '아무거나'란 말을 제일 싫어하는 신세대들 덕분에 호황이다. 특정 빵집의 케이크, 특정 꽃집의 꽃바구니를 주문해야 직성이 풀리는 세대, 가장 앞선 웰빙 상품을 소비하면서 웰빙을 실천하려는 세대를 상대로 장사하려면 살림에 능한 튼튼한 팔다리 대신 안목과 인맥이 중요하다.

이제 비서 역할을 하는 여성(또는 남성)을 직접 고용하는 것이 아니라 프리미엄 심부름센터를 이용할 수 있는 세상이 된 것이다. 그야말로 아웃소싱의 천국인 미국에서 시작된 이 비즈니스를 보면서 앞으로 우리나라에 들어와 전개될 상황을 상상한다.

아무리 AI 기술이 발전하고 클라우드 기반의 빅데이터 분석과 머신러닝 등이 활발하게 이뤄지면서 '개인비서'를 대행하는 로봇이 발달한다고 해도, 사람의 영역에서 개인비서 역할까지 충실히 해낼 수는 없으리라고 본다.

지금까지 단순, 노무직에 가까운 임시직원을 조달해주는 인력회사의 성격도 많은 변화가 올 것이다. 앞으로는 고급화되고 숙련된 프로페셔널 인력을 누가 많이 보유하고 있느냐가 관건이 되는 시대가 된 것이다. 이런 일을 할 수 있는 인력은 퇴직 인력을 최대한 이용하면 되기 때문에 시장 자체가 성장형 시장이라고 할 수 있다.

고급인력은 어디에 매여 일하는 것이 서툴 수 있으므로 인력회사와 연계해서 단기간 고급비서 역할+인생 컨설턴트까지 할 수 있다면 지금까지 단순 보조업무를 훨씬 뛰어넘는 기능이 가능한 것이다. 다만 파견 인력에 대한 신원보증을 인력회사가 져야 하므로 인력선발에 가장 힘이 들어가리라 본다. 전 직장에서의 평판 관리 상태라던지, 해선 안 될 행위를 했던 경험이 있었는지 등 과거 이력 체크의 관리시스템 구축에 성공한 인력 파견 회사만이 그 명성을 이어갈 것이다.

이동식 화풀이
공간 비즈니스란?

우리는 가정, 직장, 학교 등 다양한 생활 속 여러 인간관계에서 자의 반 타의 반 받게 되는 스트레스가 참 많다. 현대인들이 모두 가지고 있는 대표적 스트레스인 '화(火)'를 사업의 테마로 삼았다.

사람들은 화가 나면 그 화를 참지 못하고 잘 알지도 못하는 사람(들)에게 마구 퍼부어대곤 한다. 즉, 분노 조절 장애인들이 상당히 늘고 있다. 최근에는 많은 감정노동자들이 자신이 억눌러 왔던 감정을 주체하지 못해 정신과 등을 찾곤 한다.

우리나라 전체 노동자 가운데 10명 중 4명은 자신이 느끼는 감정과 무관하게 일해야 하는 감정노동자라고 한다. 우리나라를 비롯한 많은 나라에는 감정노동자들이 참 많다. 이분들뿐만 아니라 현대인들이 가진 분노 게이지는 나날이 높아지는 듯하다. 그러니 묻지 마 살인이나 묻지 마 폭행이 일어나는 것 아닌가 싶다.

현대인들의 분노 감정을 풀 수 있도록 화풀이방을 사업으로 만든 일본의 사례. 이 사업의 CEO는 대학에서 심리학을 전공했고, 대학 재학 중 간호헬퍼 2급 자격을 취득했다. 졸업 후, 자신의 집에 스트레스 해소를 위한 공간을 개설했다고 한다. 일반 회사원을 대상으로 스트레스 해소에 도움을 줄 수 있는 일을 계속 모색하던 중, 아이디어가 떠올랐다. 대부분 회사원은 스트레스를 푸는 방법으로 술을 마시거나 노래를 하거나 운동을 하는 등의 방법을 택한다. 그런데 문득 학부 시절에 가정 내 폭력 아동 치료를 돕는 봉사활동에서 배운 방식이 떠오른 것이다.

즉, "안 보는 잡지를 찢어봐"라고 문제 아동에게 조언했더니, 행동으로 옮긴 뒤부터 실제로 폭력 횟수가 줄었다. 그래서 이 경험으로부터 '화풀이할 수 있는 비즈니스'를 고안했고, 도심 속의 화풀이 장소를 만들면서 이 사업이 탄생하게 된다.

처음에는 화풀이 대상의 물건을 계속 바꿔가면서 사업의 핵심에 다가갔다고 한다. 예를 들어 고장 난 가전 기구를 갖다 놓았더니 부수는 데 오히려 힘이 들어 스트레스를 더욱 높이는 역효과가 났다. 다시 아이템을 깨지기 쉬운 접시를 선택했다고 한다. 폐기되는 접시류를 취급하는 폐기업자와 깨뜨린 후 100% 재이용할 수 있도록 함께할 협력업체를 선별해놓은 이후부터는 고객들로부터 호응을 얻게 된다.

다른 사례도 있다.

1.4×1.8m 규모 1인실을 2~3개 만들고 방음시설을 완벽하게 갖춘 공간 안에서 마음껏 소리를 지르거나 울 수도 있게 만든다. 샌드백과 권투 글러브 등을 비치해 부부 싸움이나 육아 등으로 받은 스트레스를 풀 수 있도록 준비한다. 내부도 아늑한 느낌을 주고 기분을 전환할 수 있는 색상과 패턴으로 디자인되고 매무새를 정리할 수 있는 거울 등도 마련한 스트레스 해소용 화풀이방 비즈니스가 진행된 적도 있다.

그런데 이런 유형의 회사가 칭찬받을 일은 하나 더 있다. 바로 한곳에 가게를 차리기보다 이동 방식을 선택했다는 점이다. 이렇게 스트레스가 많아 풀기를 희망하는 고객층이 많은 곳으로 화풀이 공간을 이동시키는 전략이다. 또한, 전국에 같은 사업을 희망하는 사람들을 모아 프렌차이즈 사업으로 성장시키게 됐다.

　창업 아이템 소개 중에 앞서 나온 중국의 '눈물방' 비즈니스와 일본 도쿄의 '눈물모임' 비즈니스가 생각나리라 본다. 이번 사례를 포함해서 세 가지(이동식 화풀이 장소, 눈물방, 눈물모임 등) 비즈니스 모델의 키워드는 '화'다.

　현대인들이라면 누구나 가진 스트레스는 해소 방식이 다양해야 한다. 분노를 어떻게 해소할 것인지에 대한 색다른 각각의 해법이 21세기 뉴 비즈니스라고 판단을 내려본다. 이번 비즈니스는 기존 방식과 다른 것이 움직이는 공간 형태라는 점이 특이하다. 모바일 세상에 딱 맞는 사업 아이템이라고 생각되어 추천한다.

음식값이
손님 마음대로라고?

연말연시가 되면, 여러 가지 이벤트가 열린다. 결식아동과 소년·소녀 가장을 돕는 이벤트뿐만 아니라 인기 가수들은 무료 콘서트를 열기도 한다. 세계 각국에선 자선 행렬이 끊임없이 이어지고 있다. 이런 뜻깊은 날, 지금까지 자신만을 생각하고 자신 이외에 다른 사람은 안중에도 없었던 삶을 다시 한번 뒤돌아볼 수 있는 좋은 시간이 바로 지금이다. 나를 둘러싼 다른 사람을 한 번이라도 더 생각할 수 있는 소비자의 감성을 울리는 색다른 비즈니스에는 어떤 것이 있는지 알아보자.

영국 런던의 '저스트 어라운드 더 코너(Just around the corner)'라는 레스토랑은 독특한 마케팅 전략으로 짭짤한 재미를 보고 있다. 이 레스토랑의 메뉴판에는 가격이 적혀 있지 않다. 값을 손님이 스스로 정하기 때문이다. 식사가 끝난 후 손님은 빈 영수증을 건네받는다. 그리고 지급하고 싶은 만큼만 적어내면 된다.

식당 주인은 이 독특한 가격전략으로 더 큰 수입을 올리고 있다고 한다. 일반적으로 손님들이 음식값보다 평균 20%를 더 지급하고 있기 때문이다. 가끔 터무니없이 낮은 가격을 적어내는 손님도 있지만 업소 측은 자신 있어 한다.

만약 음식값을 주인이 정하는 것이 아니라 고객이 정하는 식당이 생긴다면 얼마나 많은 손님이 올까?

이와 같은 가격제도는 인터넷 모바일 시대에 꼭 맞는 구매자 중심 사고에 의한 마케팅 전략으로써 적극적으로 추천하고 싶다. 즉, 식당이 자율적으로 오픈 프라이스 제도를 채택한 셈이다. 같은 메뉴라고 하더라도 그날의 분위기, 고객의 심적 상태에 따라 가격이 달리 매겨지는 현실이 너무 재미있고, 음식점을 널리 알릴 수 있는 기발한 가격정책이라 생각된다. 요즘 식도락가들의 모임도 많고 대부분 고객에게는 나름의 음식 맛 측정 기준이 있다.

그래서 이런 음식점이 있다면 메뉴의 값어치를 현실가로 환산해서 그날의 분위기를 합산, 즉석에서 계산하리라고 본다. 특히 데이트를 하는 젊은 남녀에게는 더없이 재미있는 데이트코스가 될 것이다. 기분 내키면 팁까지도 더 내기 때문에 식당 측에서는 아마 정액제 식당보다 더 큰 이윤이 날 것이라고 본다. 나아가 어떤 날에는 가게 주인장이 선심을 쓰는 날이 있을 수도 있다. 일정 시간에만 할인 가격이 적용되는 해피아워(Happy Hour) 또는 일정 날짜만 할인되는 해피데이(Happy Day) 이벤트와 접목할 수 있는 색다른 시스템이라고 생각한다.

빛이 없는 식당에서
식사를 하라고?

프랑스 파리에 재미있는 식당이 있다. 이름도 '암흑 식당'이다. 우리나라를 비롯해 전 세계에 많이 소개된 식당이다. 아마 영화 <어바웃 타임>을 잘 보신 독자라면 기억이 어렴풋이 날 수도 있으리라. 주인공 남녀가 처음 만나는 음식점이 바로 '암흑 식당'이기 때문이다.

한 번 식사하는 데 우리나라 돈으로 약 3만 8,000원 정도로 비싼 편인 이 식당이 파리의 명소로 이름을 날리고 있는 이유는 무엇일까? 이유는 간단하다. 색다른 음식 맛과 먹는 과정 때문이다.

처음 음식을 섭취할 때는 눈으로 맛을 느낀다. 그런데 눈을 감고 음식을 먹으면 과연 그 맛이 똑같을까? 아마 다르리라 본다. 그것도 아주 다를 것이다.

이곳 식당 안은 암흑이다. 조금의 빛도 허용하지 않는다. 암흑에 겨우 앉은 고객들이 테이블에 음식이 오면 시각을 배제한 후각, 미각, 촉각, 청각으로 음식의 맛을 느끼도록 하는 식당이다. 그러므로 입실할 때 모든 고객은 발광하는 소지품을 다 사물함에 놓고 들어가야 한다. 일렬종대로 서서 앞 사람의 어깨에 손을 얹고 한 줄로 입실을 하게 된다.

그런데 이 식당이 칭찬받아야 하는 이유가 따로 있다.

첫째, 서빙하는 종업원들이 모두 시각장애인이다. 암흑에서 서빙을 해야 하므로 시각장애인을 모두 고용했다는 것이 첫 번째 칭찬받아야 하는 이유다.

둘째, 주방에서 일하는 모든 조리원은 손님들이 컴컴한 곳에서 식사를 하므로 음식을 대충대충 만들 수도 있지만, 정성을 다해 만들고 데코레이션까지 해서 아주 멋진 음식을 내보낸다는 사실이다. 이 암흑 식당에서는 보기 좋은 음식이 필요하지 않은데도 음식을 대하는 조리원의 마음가짐이 존경스럽다.

이 식당은 새로운 맛을 체험하기 위한 예약 손님이 많아 10일 전에 예약해야 가능하다고 한다. 하루 두 차례(오후 8시, 10시) 음식을 대접한다. 여러 종류의 식당이 있다지만, 눈을 감고 들어가 불빛이라고는 한 점도 없는 암흑 속에서 먹는 음식 맛은 어떨까?

새로운 체험을 요구하는 현대인, 특히 MZ세대들에게 화제가 될 만한 식당이란 생각이 든다. 특히, 그 도시를 처음 찾는 관광객들에게는 아주 색다른 체험이 될 것이고, 고국에 돌아가서라도 두고두고 주위 사람들에게 소문을 낼 것으로 예상한다. 무엇보다도 이곳 식당 주인의 깊은 속내가 더 유명하다. 이런 식당을 열게 된 이유는 간접체험을 통해 식당을 찾아온 손님들에게 장애를 경험하게 하려는 선한 의도였다고 한다. 그의 선한 경영마인드가 존경스럽지 않은가? 우리나라에도 최초 '암흑 식당'이 개설됐다는 뉴스를 듣고 싶다.

1년 회원제로 가능한 사업이
많아진다고?

    1년 중 선물한 경우가 점점 늘어나는 것을 보면 우리네 살림도 점점 풍요로워지는 것 같다. 한 끼 먹기도 힘들어 전전긍긍하던 시절이 언제였는지 모르겠다.

    미국의 경우 가족끼리 또는 직장에서 선물을 주고받는 문화가 보편적이다. 그런데 이때 선물 바구니가 특별하다면 좀 더 선물의 강도가 더해지지 않을까 싶다. 각 기업체가 원하는 스타일로 바구니를 만들어 특별한 날에 사용하도록 대행해주는 회사가 있다. 미국은 선물 포장에 신경을 많이 쓰는 것은 잘 아시리라 본다.

    우리네 삶에서 선물을 주고받는 경우의 수를 세 보라. 얼마나 많은지 말이다. 만난 지 100일인 날, 아기 돌, 아기 탄생 100일 등 1년 내내 사업이 풍성해질 것으로 보인다. 이처럼 기업(단체 포함)이나 개인의 1년 중 선물을 필요로 하는 모든 날을 기억했다가 해당일에 선물을 대행해주는 서비스를 해야 하는 세상이 됐다.

    사실 일에 치이다 보면 언제 결혼기념일인지, 자녀의 생일인지, 만난 지 200일인지 알 수가 없다. 바쁜 도시 사무직이라면 더더욱 정신이 없으므로 1년간 회원이 되어 자신이 미리 정해 놓은 날에 선물을 대신 보내주는 선물 대행 회사가 필요하다.

선물을 주고받는 풍습이 점점 생활화되고 있는 현상을 더 알아보자.

우리나라의 경우 유통업에는 4대 행사가 있다. 물론 설날과 추석, 크리스마스는 당연히 들어간다. 그렇다면 편의점 업태에서 1년 중 선물을 주고받는 매출이 가장 높은 시기는 언제일까? 정답은 '빼빼로데이'다.

빼빼로는 평소에도 편의점 효자상품인데, 이날은 훨씬 더 많이 팔린다. 몇 년 전만 해도 남성이 여성에게 선물을 주는 화이트데이 매출이 가장 높았지만, 최근에는 직장 동료들끼리 선물을 주는 빼빼로데이에 가장 많은 물건이 팔린다. 화려한 포장지로 싼 커다란 사탕 바구니를 여성에게 안기는 게 과거 화이트데이의 풍속이었지만, 요즘엔 고가 초콜릿이나 명품 가방으로 대신하는 일도 많아졌다고 한다.

일본도 마찬가지다. 일본 최대 명절 중 하나인 '오봉(お盆·양력 8월 15일)'을 겨냥해 미쓰코시(三越) 백화점이 내놓은 선물 가이드 북에는 '특선조합세트'라는 게 있다. 구매자가 과자·케이크·젤리·푸딩·새우과자 또는 훈제장어·계절 생선·연어 알·명란 등 다섯 가지 중에서 세 가지를 고르면, 약 5,000~7,000엔짜리(약 5만~7만 원대) 선물세트를 만들어주는 것이다. 개인 고객 또는 기업체 고객이 원하는 대로 선물 바구니를 별도로 만들어주는 서비스인 셈이다.

그리고 이 백화점에서 진행하는 '선물하는 시간'이란 시스템도 특별하다. '트리플 배송'이란 서비스인데, 결제는 한 번에 치르지만, 선물은 7~9월까지 한 달에 하나씩 나눠 전달할 수 있도록 시차를 둔 선물 주기를 대행해주는 서비스다. 참 편리한 제도라고 생각된다. 우리나라도 이런 서비스가 필요하다.

1년 중 선물을 꼭 해야 하는 날을 대행 회사가 기억했다가 해당일에 아주 귀한 선물을 회원 대신 보내주는 서비스는 당장 가입하고 싶은 뉴 비즈니스라고 생각한다. 이렇게 1년간 회원(법인회원 포함)의 선물 일정을 대행해주는 서비스를 제공해주는 업체가 필요하다. 개인뿐만 아니라 기업체나 단체도 마찬가지다. 이런 서비스가 탄생한다면 연간 고정회원 몇 팀만으로도 회사는 운영될 수 있으리라고 보인다.

참고로 필자가 운영하는 '김앤커머스'에서도 기업체나 단체에 속한 직원의 생일을 1년 내내 대신 챙겨주는 직원선물 대행 서비스를 진행하고 있다. 필요로 하는 업체는 개별적으로 연락 주시기 바란다.

뭐, 이혼이 즐겁다고?

대한민국 통계청에 의하면 처음 결혼하는 사람들의 평균연령은 1990년 남자 28세, 여자 25세였으나 2017년에는 남자 33세, 여자 30세로 조사됐다. 초혼의 연령대가 점점 높아지고 있다. 그뿐만 아니라 이혼자의 비율도 점점 늘어가고 있다. 그런데 이런 이혼을 멋있게 돕는 뉴 비즈니스가 네덜란드와 일본에서 개발됐다. 이혼을 주제로 하는 뉴 비즈니스를 소개한다.

우리나라의 이혼율이 해마다 늘어나는 추세다. 그런데 미국이나 유럽은 우리보다 훨씬 이혼이 많은 편이다.

그래서 이런 이혼이 다반사로 전개되는 사회현상이기에 이에 따른 서비스가 개발되어 전개되는 것이 놀라운 일은 아닐 듯 보인다. 그런데 네덜란드의 어느 CEO가 이혼을 결심한 부부가 스타일이 구겨지지 않게 멋있게 이혼하도록 돕는 사업을 열었다. 그에 따르면 불행한 부부를 최대한 빠르게 이혼하도록 돕는 일을 하고 싶어 '이혼호텔'을 개장했다고 한다. 그야말로 스마트하게 이혼을 도와주는 모든 서비스가 진행되는 호텔 서비스가 이 사업의 핵심이다.

이 사업을 시작하게 된 계기가 특이하다. 한 대학 친구가 이혼하는 데 큰 어려움을 겪는 것을 보고 이혼호텔을 만들 아이디어를 얻었다고 한다. 그 친구는 날이 갈수록 말라가고 삶에 더는 기쁨이 없어 보였다. 그 친구가 이혼하는 데 5개월이나 걸렸는데, 옆에서 지켜보던 친구로서 더 쉽고 편한 이혼방법을 생각하게 되어서 이런 뉴 비즈니스가 탄생하게 됐다.

'이혼호텔'의 숙박 과정은 간단하다. 먼저 이혼을 원하는 커플은 호텔 사무실에서 자신들의 상황을 충분히 설명한다. 이후 이혼 패키지를 접수해도 되고, 생각이 바뀌었다면 주저 없이 떠나도 된다. 일단 호텔에 체크인하면 이혼 서류는 물론, 변호사 선임 등 복잡한 이혼 과정 일체를 호텔 측이 전담한다. 티격태격 싸우는 부부는 이혼을 진행해주지 않고, 아직 이혼에 확신이 없는 부부에게는 심리 상담을 통해 관계를 회복할 수 있도록 도와주기도 한다.

이 호텔의 주말 '이혼 패키지'의 가격은 2,500달러(약 301만 원)부터 1만 달러(약 1,206만 원)까지 다양하다. 커플의 자산 정도와 호텔 측이 준비하는 이혼 과정에 드는 비용, 양육권 분쟁 여부 등에 따라 가격이 달라진다. 가격이 만만치 않은 것을 보면 그래도 어느 정도 돈이 있는 가정에서 이용이 가능한 서비스임이 틀림없다.

그래서 이 회사의 CEO는 앞으로 미국 외에도 영국과 이탈리아 그리고 독일에도 이혼호텔을 세울 계획이며, 또한 리얼리티쇼에 실제 이혼하려고 하는 부부를 찍을 계획으로 TV 회사와도 협상 중이라고 하니 정말 재미있는 세상이다. 이혼을 생각하는 부부라면 이왕이면 깔끔하고 신속하게 진행을 도와주는 이혼호텔의 서비스는 상당히 앞선 서비스로 보이며, 우리나라도 도입할 수 있는 사업이라고 생각한다. 특히 서로 인상만 쓰게 되고 불쾌한 감정만 올라오는 이혼 과정을 물 흐르듯 아주 편안하게 만들어주는 서비스여서 신선하다.

두 번째 사례는 이웃 나라 일본의 이혼과 관련한 새로운 서비스인 '이혼 플래너'다. 이 서비스는 레스토랑을 빌리고, 이혼식을 치르는 것이다. 결별 이유를 설명한 후에 결혼반지를 망치로 깨면서 끝내는 서비스다. 이들의 슬로

건이 독특하다.

"결혼반지를 망치로 부수고 새로운 인생을 시작하세요."

즉, 결혼식이 아닌 이혼식(離婚式)을 열어주는 신종 직업 '이혼 플래너'가 등장한 것이다.

미국에서 전개되는 '웨딩 플래너' 서비스는 들어봤지만, '이혼 플래너'는 정말 낯설다. 아마 이 광경을 처음 보는 사람들은 결혼식을 하는 것으로 착각할 수도 있어 보인다. 이런 이혼 플래너 서비스의 탄생은 금실이 좋았던 대학 선배 부부의 이혼이 계기가 됐다고 한다. 자신이 참석했던 선배의 결혼식을 본인이 직접 멋진 이혼식을 해주고 싶은 마음에서 '이혼 플래너'가 탄생했다고 하니 참 재미있다.

이 사업을 전개하는 경영관은 간단하다. 이혼하거나 이혼을 생각하는 것이 자신의 인생에서 마이너스가 되는 것은 아니라고 생각되며, 두 사람이 함께했던 삶을 돌이켜보고 친지와 친구들로부터 충고도 들으면서 미래 지향적으로 인생을 다시 설계할 수 있으므로 앞으로 더욱 발전시킬 예정이라고 한다. 이런 사업이 우리나라에도 먹힐지는 독자 여러분이 결론을 내려주기 바란다.

현대판 물물교환이
탄생했다는데

현대는 물량공급 과잉으로 인해 물건이 남아도는 세상이다. 그러므로 재고 누적을 고민하는 중소 제조기업을 상대로 물물교환을 전문 중개하는 회사가 필요하게 된다. 일본 도쿄 트레이드 체크 시스템은 이를 사업으로 연결한 사례다. 우리나라에도 이런 바터 비즈니스(barter business)가 성업할까?

화폐가 만들어지기 전, 원시시대에 있을 법한 물물교환이 21세기인 현재에도 주목받는 사업으로 나타났다. 회원사끼리 처분해야 하는 재고 물량을 서로 해소해줌으로써 우리나라 품앗이 개념의 상호부조를 할 수 있게 된다. 몇년 전, 어느 일류 의류회사는 2, 3년 된 체화재고 의류상품을 불태우는 화형식을 언론에 널리 알린 적이 있다. 땡처리 물건으로 취급받느니 차라리 죽음(?)을 택하겠다는 논리로 많은 재고 의류를 연기로 날려버렸다.

물물교환은 화폐가 만들어지기 전인 문명이 발달하기 이전의 사회에서 흔히 볼 수 있었다. 특히 어느 정도 시장 형태가 갖춰진 사회에서 많이 이뤄졌다. 그야말로 현대판 물물교환을 사업으로 연결한 인사이트(insight)가 남달라 보이는 이유다.

화폐가 가진 기능 중에서 교환기능을 그대로 가져와 물건끼리 바꾸어 쓸 수 있는 정신적 여유가 없는 현실, 재고자산에 대한 현가를 측정해주는 기업이 아직 국내에는 없다는 것이 이 사업의 전망을 밝게 해주고 있다.

요즘 인터넷 사이트의 최고 인기 사이트는 경매 사이트다. 마찬가지로 오프라인상의 물물교환 사이트 및 시장이 곧 등장하리라 예측된다. 당연히 상품에 대해 많은 정보를 가진 사람만이 이 사업을 시행할 수 있으리라고 본다.

많은 기업이 재고상품 누적과 현금 부족으로 고전하고 있지만, 바터 비즈니스는 돈 들어가는 것이 거의 없으니 쉽게 시작할 수 있는 사업이다. 하지만 양질의 상품 DB와 거래처 DB를 많이 가진 회사만이 가능한 사업이다. 이 사업의 장점은 물물교환 형태로 거래가 이뤄지기 때문에 현금이 필요 없다. 이 때문에 자금 부담이 적은 것이 장점이다.

그런데 물물교환은 불편한 점이 몇 가지 있다.

첫째, 내가 가진 물건을 필요로 하는 사람을 직접 찾아야 한다. 둘째, 가격에 관한 생각이 다를 수 있다. 물물교환은 서로 필요로 하는 물건을 가진 사람을 만났다고 하더라도 가격에 관한 생각이 맞지 않으면 거래가 될 수 없다. 셋째, 물건을 직접 들고 다녀야 하는 불편함이 있다. 그 물건이 너무 크거나, 무겁거나, 쉽게 상하는 물건일 경우 교환하기 어렵다. 이런 여러 불편함이 있음에도 불구하고 이 불편함을 사업적 장점으로 승화시키면 된다.

바터 비즈니스의 진행방법은 간단하다.

매월 1회 상담회를 개최한다. 일정한 공간을 예약한다. 해당 상담 장소에는 각 업체에서 제출한 견본 상품, 카탈로그 등이 진열되어 각자 필요한 상품에 대해 물물교환할 수 있도록 장을 마련해주는 비즈니스다. 거래 편의를 위해 '트레이드 체크'라는 교환권이 사용된다. 이 교환권은 회원 기업 상호 간에만 통용되므로 일반 소비자와는 무관하다. 이를 위해 사전에 회원으로 가입해야 하는데, 가입금으로는 40만 엔과 보증금 10만 엔을 내야 한다.

그렇게 되면 주최 회사 측은 신규회원의 거래계좌를 신설하고, 회원사에 50만 엔 상당의 트레이드 체크를 지급한다. 이 회사는 매매가 성립될 경우, 거래액의 5%를 중개수수료로 받는다.

그야말로 쌍방이 필요로 하는 시장을 개설해주고 개설비를 받고, 거래와 관련해서 거래 소개비를 또 챙기는 격이니 꿩 먹고 알 먹는 사업이 아닐까 싶다. 디지털 시대이지만 아날로그적 사업접근을 통해 수익을 올릴 수 있는 멋진 비즈니스다. 동시에 불황기에 접근하기 아주 적합한 신규비즈니스다. 마치 '중고나라', '당근마켓' 등이 불황기에 호황을 누리듯 말이다. 알다시피 '당근마켓' 등은 개인 간의 중고물품 거래라면, 단체나 기업체가 가진 재고를 B2B 방식으로 물물교환하는 비즈니스는 아직 대한민국에 선을 보인 적이 없다.

잠이 모자라는데,
낮잠을 판다고?

여러분은 슬리포노믹스(sleeponomics)를 들어본 적 있는가? 수면(sleep)과 경제학(economics)의 합성어로, '수면 경제'를 뜻한다. 우리의 하루 일상생활 중 1/3은 잠을 잔다. 일반적으로 수면 산업은 선진국에서 나타나는 현상으로, 초기에는 수면제 판매 증가 등이 주류였다면 이제는 상당히 다양한 수면 산업이 커지고 있다.

수면 경제는 선진국 등 여러 나라에서 다 같이 커지고 있는 시장이다. 쾌적한 수면을 도와주는 아이템 등도 계속 출시되는 중이고, 수면장애를 완화해주는 입욕제·화장수, 수면 보조용품이 포함된 호텔 패키지 등 다양한 서비스가 탄생하고 있다. 이런 현상은 수면장애 환자가 해마다 늘어나고 있기 때문이다. 수면 시간이 점점 짧아지기도 하고, 딥슬립(deep sleep)이라고 하는 쾌면을 하는 현대인이 상당히 줄어들고 있는 현상이다. 당연히 수면 관련해 여러 사업이 탄생하고 있다.

미국 대도시에서 환영받고 있는 새로운 웰빙 사업인 '낮잠 사업' 이야기다. 이제 낮잠도 돈으로 살 수 있다. 즉, 수면이 웰빙 사업의 새로운 유망주로 떠오르는 중이다. 질 좋은 수면에 대한 사람들의 욕구가 증대되면서 낮잠까지 돈을 주고 사는 미국인들이 늘어나고 있다.

미국의 보건 조사기관인 IMS헬스 등에 따르면, 미국에서 수면제 구매비용이 증가하고 있고, 미국 제약회사가 수면제 광고에 쏟아부은 돈도 매년 늘어나고 있다고 한다. 동시에 미국인들은 네팔 캐시미어 잠옷과 저자극성 베개, 인체공학형 침대 등 각종 침구를 사는 데 지출하는 비용도 커지고 있다고 발표한 바 있다.

이번에 소개하는 낮잠을 파는 '낮잠 회사'에 가서 돈을 주고 20~40분간의 낮잠을 사기도 한다. 뉴욕 맨해튼의 '옐로' 낮잠 회사에서 낮잠을 자고 나온 비즈니스맨에 의하면, 중요한 업무를 앞두고 이곳에서 낮잠을 자고 나면 집중력이 증대된다고 한다. 미국 국립보건원의 통계에 따르면 미국 성인의 약 3분의 1인 7,000만 명이 수면장애에 시달리고 있다고 하니 정말 많은 도시인이 불면증에 시달린다고 보면 된다. 당연히 이곳에 자연스럽게 새로운 비즈니스가 탄생하는 것이다.

불면증에 시달리는 도시인이 늘어나는 것은 우리나라도 예외는 아니다. 이제 대한민국도 돈을 주고 낮잠을 사는 시대에 접어들었다. 2018년, 보건복지부가 발표한 '국민 건강 통계'에 따르면 한국인의 평균 수면 시간은 6.8시간으로 성인 권장 수면 시간인 7~9시간에 못 미친다. 여러 이유로 인해 현대인들은 잠을 제대로 못 잔다.

업계에 따르면 국내 수면 관련 시장 규모는 1조 7,000억 원대에 이를 것으로 추정된다. 미국과 일본 등 선진국 수면 시장 규모가 20조 원에 달하는 것과 비교하면 성장 잠재력이 아주 높아 보인다. 잠에 대한 투자가 늘면서 각종 수면 관련 용품 판매가 가파른 상승세를 타는 중이다. 그렇다면 수면 관련 상품을 알아보자.

수면안대, 아로마 용품, 캐모마일차, 라텍스와 기능성 침구, 캔들과 디퓨저, 건강 숙면용품인 입 벌림 방지기와 수면 에센스, 귀마개, 티백과 허브차 등 정말 많은 아이템이 이미 출시되어 꾸준한 성장세를 이루고 있다.

여기서 더 나아가 정보기술(IT)과 접목한 이른바, '슬립테크' 분야로 발전하면서 숙면용품도 더욱 진화하는 중이다. 수면 상태를 체크해주는 스마트밴드와 스마트워치 등 웨어러블 IT 기기 등이 쾌적한 수면을 돕는다. 여기서 한발 더 나아가 30㎝ 길이의 로봇 베개를 끌어안고 숙면을 취하도록 도움을 주기도 하고, 침대 온도를 자동으로 바꿔주는 매트리스를 출시하기도 하며, 코골이를 줄여주는 스마트 베개도 인기리에 판매되고 있다.

우리나라도 해먹에 누워 낮잠을 즐기는 수면 카페도 탄생했고, 최근에는 개개인의 체질과 수면 습관을 측정해 맞춤 침구 상품을 제안하는 '슬립 코디네이터'라는 직종도 탄생했다. 국내 불면증 환자가 63만 명이나 될 정도라고 하니 앞으로 쾌적한 잠을 위한 신사업이 계속 탄생하리라 예측된다. 여러분도 이런 신생산업에 한자리를 차지하는 것은 어떨까 싶다. 슬리포노믹스 산업이 점점 커지면서 다양하게 성장하고 있으니 당연히 여러분의 자리도 있지 않을까?

손님에게 불편을 팔면서
돈을 번다고?

매년 연말이면 각 신문에서 최고의 서비스 회사를 선정해서 수상하는 이벤트를 갖는다. 세상은 소비자에게 최고의 서비스를 제공하기 위해 최선을 다하는 회사가 참 많다. 하지만 오늘은 거꾸로 소비자에게 불편을 주는 것을 거리낌 없이 진행하는 뉴 비즈니스가 있어 소개한다. 과연 이렇게 장사해도 고객이 계속 있을까? 이번의 뉴 비즈니스는 '소비자에게 불편을 파는 상점'을 소개한다.

일본에는 불편을 주면서 돈을 버는 자전거 상점이 있다

일본 도쿄의 스기나미에 있는 자전거 상점에서는 누구나 황당한 경우를 당한다. 사고자 하는 모델의 돈을 지급하고 나면 바로 타고 갈 자전거 완제품이 하나도 없기 때문이다.

주인인 사장은 고객이 직접 조립해서 타고 가라는 원칙을 세워 놓았다. 이 가게에서 고객에게 전달하는 것이라고는 조립할 수 있는 설명서와 공구 상자를 갖다 주는 것으로 손님에 대한 마지막 예우가 끝난다. 일반 자전거의 경우

초등학생이나 여자라도 30분이면 충분하다고 한다.

이렇듯 고객에게 친절로 대해도 갈까 말까 한 요즘에 이렇듯 일부러 불편을 사려는 사람들이 몰리는 것은 무엇 때문일까? 언뜻 생각하기에는 없을 것처럼 보이는 수요가 만만찮게 있는 까닭은 또 무엇일까?

모든 인간에게는 도구나 기구를 만들어 사용하려는 본성이 있다고 한다. 너무 편리한 기성품에 신물이 난 고객층, 그리고 만들고 조립하기를 좋아하는 고객층을 위해선 완제품 상태의 상품을 원하지 않는 인간의 심리를 꿰뚫는 역발상이다.

조립용 자전거 재료는 물론, 여러 가지 색상의 페인트까지 갖춘 이곳에서 색상 도장까지 직접 할 수 있다면 그야말로 나만의 자전거를 탄생시킬 수가 있는 것이다. 결국, 자전거 한 대를 사기 위해 손수 조립하고 색칠도 하는 행위 자체를 즐기는 고객에게는 그야말로 희열 그 자체인 셈이다.

여러분이라면 이런 불친절한 자전거 상점에서 사고 싶은가?

우리나라도 30여 년 전부터 DIY(Do-it-yourself) 시장이 시작됐다. 그러나 스스로 마지막 완성단계를 만들어야 하는 과정이 귀찮은 고객층이 많았는지 아직도 제대로 시장을 형성하지 못한 채 겉돌고 있다. 그래서 각 백화점에 있었던 DIY 매장이 슬그머니 없어진 사례도 있다.

그러나 지금은 21세기, 그야말로 손가락 클릭 하나로 모든 것이 원하는 대로 되는 시대이지만, 두들겨 만들고, 껴 맞추고, 고치려는 인간의 행위 자체를 막을 수는 없으리라 본다. 지금이라도 인간의 본성을 건드리는 DIY 시장을 개척하려는 기업에는 좋은 기회가 되리라 확신한다. 그래서 그런지 유튜브에서도 '목공' 관련 유튜버의 활약이 대단하다. 평범한 학원 강사였던 어느 목공 유튜버는 광고비를 준다기에 2년 동안 1,000명의 구독자를 모으는 것을 목표로 유튜브를 개설했는데, 2개월 안에 3,000명의 구독자가 생겼고, 1년 만에 구독자 36만 명의 목수 겸 유튜버라는 새로운 직업을 갖게 된 사례도 있다. 즉, 우리나라도 이제는 목공을 비롯한 자신만의 DIY 시장이 열리고 있음을 알게 해준다.

그래서 우리나라 경영자들이 생각의 전환이 필요한 시기라고 생각된다.

이런 DIY의 원조는 스웨덴에서 탄생한 이케아(IKEYA) 가구점이다. 이케아도 인간의 본성을 건드리고 회사 비용도 줄임으로써 양수겸장(兩手兼將)의 실익을 비즈니스 모델로 삼았다. 오늘날까지 이케아가 번성을 누리는 이유가 여기에 있는 셈이다. 고객에게 불편을 주면서 돈도 버는 또 다른 뉴 비즈니스는 무엇이 있을지 곰곰이 생각해보기 바란다.

불편을 줌으로써 고객을 모객하는 동인으로 '서서 마시는 주점'이 있다

애주가가 많은 도쿄와 오사카 시내에는 명물이라고 할 수 있는 서서 마실수 있는 술집이 참 많이 보인다. 다치노미(立ち飲み)라고 불리는데, 말 그대로 '서서 술 마시는 가게'라는 뜻이다. 둥그런 탁자만 있거나 카운터만 있는 경우다. 당연히 술과 안주의 가격은 다른 주점 등에 비해 저렴한 편이다. 그야말로 딱 한 잔만 하고 가기에 아주 적당해 보인다. 또 이곳은 혼자 부담 없이 들어갈 수 있는 곳이다. 이곳이 장사가 잘되는 이유는 손님 회전율이 상당히 높기 때문이다. 서서 마시는 술집에서 긴 시간을 보내는 손님이 적으니 높은 회전율이 사업 성공의 원인을 제공한다.

이처럼 소비자에게 불편을 주면서도 장사가 잘되는 이유는 무엇일까 잘 생각해보기 바란다. 업의 개념을 잘 이해하고, 친절만이 살길이 아님을 다시 한번 유념하기 바란다.

두 짝이 아닌 세 짝을 주는
이상한 가게가 있다고?

당신은 미스매치 슈즈(mismatched shoes)라는 단어를 들은 적이 있는가?

2012년 5월, 서울 압구정동에 '세 짝을 주는 신발' 매장이 개점했다. 신발 브랜드는 '론니 슈즈(lonely shoes)'다. 평소에는 디자인이 같은 신발을 신다가 기분전환이 필요할 때는 다른 디자인이 된 짝짝이 신발을 신는 방식이다. 이 신발은 한 켤레를 사면 오른쪽 신발을 하나 더 주는데, 추가된 신발엔 색다른 자수를 넣어서 제조했다. 이 브랜드가 깜짝 세일 이벤트를 하는 날이 연중에 정해져 있다. 바로 1월 11일과 11월 1일 전후를 '론니 데이'로 지정해 특별 할인을 한다. 독신으로 살아가는 독신남, 독신녀를 위한 행사를 아주 크게 연다. 외국에서는 세 짝 양말을 파는 업체가 나타났다는 해외뉴스를 소개한 바도 있다.

이제부터 짝으로 파는 제품군 중에서 세 짝을 만들어 팔 만한 제품 리스트를 만들어보자. 생각해보면 괜찮은 아이템들이 리스트에 올라올 것이다. 그중에서 하나를 선택해서 테스트 마켓을 시행해보라. 정말 재미난 발상 아닌가!

최근에는 해외토픽에 '비대칭 슈즈'가 인기리에 판매된다는 뉴스를 본 적이 있다. 신발을 짝짝이로 신고 있는 사람이 패션리더로 등극했다는 소리다. 무대 의상이나 하위문화처럼 보이는 이 유행이 2017 봄/여름 컬렉션, '셀린느'의 크리에이티브 런웨이에서 '짝짝이 신발'을 대거 선보였다. 이후 모스키노, 캘빈클라인과 같은 럭셔리 패션 하우스에서 진행되는 하이패션 트렌드의 일부에서 소개되고 있다.

비대칭 디자인이 가장 많이 적용되는 패션 아이템은 신발이다. 그 이유는 간단하다. 신발은 꼭 짝을 이뤄야만 하나로 완성되는 제품이기 때문이다. 하나만 잃어버려도 나머지 하나는 쓸모가 없어지는 속성을 지닌 아이템이다. 그래서 색다른 재미난 실험을 하기에 편하다.

비대칭을 표현하는 아이디어도 다양하게 진행할 수 있다. 한쪽은 노란색, 다른 쪽은 초록색 등 색깔을 달리해서 전혀 색다른 이미지를 줄 수 있는 플랫 슈즈가 탄생하기도 하고, 한쪽에만 별이나 달 모양의 금속 장식을 넣은 샌들도 만들 수 있다.

신발과 비슷한 아이템으로 자주 사용되는 제품은 여성용 귀걸이다. 양쪽 디자인을 달리해서 아주 색다른 분위기를 연출할 수 있게 해준다. 한쪽 디자인은 달을, 다른 한쪽 귀걸이는 별을 주제로 한다든지 해서 다른 디자인으로 짝을 이뤄 착용한다면 그 또한 새로운 패션이 되는 것이다.

한 벌의 옷에도 비대칭 디자인을 곳곳에 숨겨서 출시할 수도 있다. 직장인이 주로 착용하는 셔츠의 단추를 비대칭형으로 만들 수도 있다. 일반적인 일렬 단추 외에 가슴 아래쪽에도 3개의 단추를 일부러 더 다는 방식이다. 그야말로 나만의 독특한 디자인을 채택한 셔츠가 되는 것이다. 마치 단추를 잘못 채운 것이 아닌가 하는 의구심을 불러일으키도록 디자인된 셔츠를 선보이기도 한다. 아니면 셔츠나 티셔츠를 앞과 뒤의 길이가 다른 치마처럼 좌우뿐 아니라 앞뒤를 비대칭으로 만들기도 한다.

이런 소소한 재미를 주는 비대칭 또는 세 짝 양말이라는 개념은 기존 관념을 파괴한 새로운 도전이다. 기존 프레임에 식상한 젊은이들에게 인기리에 판매될 가능성이 커 보인다.

　이것이 바로 미스매치 슈즈(mismatched shoes) 트렌드다. 정말 재미난 발상 아닌가! 톡톡 튀는 마케팅의 전형적인 사례다.

딱 3개월만 프로 영업 인력이
필요하다면

제조업체의 신제품 개발 또는 대대적인 판촉 시 가장 절실한 것이 우수한 영업 사원일 것이다. 치열한 경쟁 속에서 유능한 영업 인력을 일시적으로 필요한 회사에 대여해주는 사업이 가능한 이유다. 즉, 투철한 프로 정신이 있는 영업 사원이나 영업팀을 일정 기간만 파견해주는 업을 진행하는 비즈니스 모델이다. 물론 영업 인력을 모두 정규 채용한 인력 파견 회사를 설립할 필요도 없어 보인다.

이 사업의 시초는 미국 매사추세츠주 앤도버에 있는 '세일즈 스태퍼즈인터내셔널'이라는 회사다. 단기간 영업 인력 필요기업에 프로젝트별로 팀을 구성해서 파견한다. 일반적으로 3명의 세일즈매니저를 포함해 25명으로 구성된 영업팀이 6개월 단위로 고용, 이들이 일대일 방문영업 등 필드를 직접 뛴다.

어떠한 상황에서도 목표를 달성해낼 수 있는 영업 프로만 가능하다. 이제까지의 이용업체로는 GM, MOTOLORA, 푸르덴셜 보험, 마이크로소프트사 등이 있다. 이 회사가 파견하는 영업의 종류는 세 가지로 나뉜다.

① 매출액 증가, ② 시장 점유율 확대, ③ 특정 시장 개척 등 세 가지 중 하나를 선택하면 된다. 부가서비스로는 영업 사원 훈련, 영업 관리 업무 등이 있다.

이 뉴 비즈니스가 잘될지, 안 될지를 판가름하는 가장 중요한 요소는 보유 인력의 경쟁력이라고 생각된다. 그야말로 프로페셔널한 영업맨들을 얼마나 많이 보유했냐가 관건이다. 왜냐하면, 영업에도 종류가 많기 때문이다. 그래서 인사가 만사라고 말하는 것이다. 특히 요즘 같은 무한경쟁 시대에서 자사 제품을 소비자에게 파는 마지막 단계를 해야 하는 영업 사원의 경쟁력이 바로 그 회사의 경쟁력인 셈이다.

그러나 막상 고만고만한 제품을 생산해놓고 보니 판로도 개척해야 하고 능력 있는 영업 사원도 선발해야 하고, 할 일이 산더미일 때 제조사 사장님은 과연 어떻게 해야 할 것인가. 그렇다고 영업 사원이 늘 필요한 것도 아니고, 일시적으로 보통 6개월 정도만 필요하다면 어떻게 할 것인가.

당연히 일시적으로 프로 세일즈맨을 파견하는 곳을 찾게 될 것이다. 우리나라나 외국이나 모두 영업 사원의 마케팅 능력에 따라 매출실적이 달라진다. 우리나라의 경우 아직 분야별로 영업 사원을 파견해주는 곳이 없으므로 역량 있는 영업 사원 출신 투잡 희망자에게 적당한 뉴 비즈니스란 생각이다.

참고로 필자가 20년 전에 영업 인력 대여업을 잠시 사업한 경험이 있었는데, 시장 자체가 비어 있어서 대단히 바삐 움직였던 시절이 있었다. 제품만 잘 만들어놓고 도산 직전의 회사가 상당히 많다. 물론 TV홈쇼핑을 통해 다시 재기하는 회사도 있지만, 대부분 회사가 제품을 출시하기 직전에 침몰하는 경우를 많이 봤다. 항상 화마는 한 번에 그치는 것이 아니라 엎친 데 덮친 격인 경우가 많다.

제품을 팔아 주겠다고 사기꾼들이 달려들어 손도 안 대고 코를 푸는 경우가 올 수도 있으므로 조심해야 한다. 제조사 입장에서는 한 개라도 더 팔기 위해 무담보 외상으로 제품을 떠 안겨 주니 사기꾼으로서는 행복할 뿐이다.

유형의 제품이든, 무형의 제품이든 영업마케팅을 잘 기획해서 대행할 수 있는 인력 대여 회사가 있다면, 그 회사가 커리어도 있고 믿을 만하다면 안 맡길 이유는 없지 않은가.

매출액의 증가를 위한 경우와 신제품 출시를 통해 기존 경쟁사의 마켓쉐

어를 탈취하는 경우, 새로운 시장 개척의 경우 등 때에 따라 투여할 영업 인력의 성격이 달라지리라 본다. 영업 사원의 능력을 먼저 객관적으로 검증할 수 있는 사전 스크리닝이 중요하다.

영업 사원 중에는 허풍이 심한 경우가 많으므로 경우의 수를 많이 대입시켜 봐야 한다. 말로는 뭘 못하겠는가. 영업 대행 사업은 코로나19 팬데믹 이후에 더욱 발전할 가능성이 크다. 정직원을 선발하기 힘든 중소기업 의뢰인이 상당히 많을 것으로 보인다.

요즘에는 이런 특수직종의 유능한 인력을 모두 정규직으로 채용하고 인력 파견 회사를 운영하는 방식이 아니라, 고급 영업 인력 관련 풀을 갖추기만 하면 된다. 원하는 기업에 이들을 단기 파견하는 방식이다. 고용에 대한 부담 없이 고급 영업 인력을 필요한 때에만 쓸 수 있다는 것이 장점이기 때문에 이런 방식을 추천하고 싶다. 일종의 구독형 인력 파견 서비스라고 할 수 있다.

자동 기부되는 음료수병에
털모자를 왜 씌워?

매년 연말이 다가오는 11월이 되면 영국 대형 슈퍼마켓의 하나인 '세인즈베리(Sainsbury's stores)'에서 특별한 상품을 판매한다. 이 슈퍼마켓의 한쪽에는 '이노센트'사에서 출시하는 생과일주스 병뚜껑을 감싸는 털모자를 발견하게 된다. 바로 이 털모자를 쓴 이노센트의 음료수병들이 이번 주제다. 이 털모자 음료수를 사면 일정 금액이 자동으로 자선단체에 기부가 되는 시스템인데, 이런 훌륭한 행사를 매년 진행한다고 하니 자세히 알아볼 필요가 있다.

이 프로젝트의 이름은 '더 빅 니트(The Big Knit)'다. 이 프로젝트에 참여하는 시니어들이 직접 재능기부를 해서 만든 털모자로 자선사업을 하는 프로젝트다. 이렇게 해서 모여진 자선기금을 통해 힘들게 살아가는 시니어 계층을 도와준다. 털모자를 쓴 스무디 한 병이 팔릴 때마다 판매가 2파운드(약 3,200원) 중 25페니(약 420원)가 '에이지 UK 재단'에 기부되는 형식이다.

이런 좋은 캠페인성 프로젝트는 공익적 목적이면서 돈도 벌게 되니 일석이조 비즈니스가 아닐까 생각된다. 사회도 따뜻해지고, 이 프로젝트에 참여하는 기업이나 시니어들도 행복한 하루를 보내게 된다. 많은 시니어가 남는 시간이나 일정한 시간에 뜨개질을 통해 다른 동년배들을 도와준다고 하니 더욱 많은 자원봉사자와 기업들이 동참했으면 한다. 털모자의 디자인은 정해 놓은 것이 아니라 털모자 사이즈만 지정해놓은 상태이므로 참여하는 시니어 마음대로 디자인할 수 있다.

지역 사회활동에 참가하면서 삶의 활기를 찾는 자원봉사 시니어, 그리고 그들이 만든 털모자를 이용해서 제품의 가치를 높이는 음료 제조사가 만들 어내는 하모니를 통해 사회가 한층 따뜻해지는 느낌이다.

이런 프로젝트형 뉴 비즈니스가 우리나라에서 성공하려면 우선 음료수 또 는 식품 제조회사와 사전에 업무조율이 필요해 보인다. 꼭 음료수뿐만 아니 라 각종 식음료 등 모든 제품에 적용할 수 있어 보인다.

전국 단위로 재능기부를 할 수 있는 장을 마련하면 되는 공유경제 개념의 비즈니스다. 여기에서 필요한 것은 당연히 기부금을 모아서 제대로 기부금을 전달하는 단체의 재무적 안전성이라고 할 수 있다. 이 사업에 동참할 수 있는 유명 셀러브리티(유명 연예인, 스포츠 스타 포함)가 많으면 많을수록 더욱 빛을 발 할 수 있는 사업이라 여겨진다.

매년 진행하는 털모자 이벤트는 주스 병에만 씌우는 것이 아니라, 이 프로 젝트에 동참하는 모든 사람도 같은 디자인의 털모자를 쓴다. 사회공헌도 하 고 좋은 일도 하고, 사회가 따뜻해지는 느낌이다. 마음이 저절로 따뜻해지는 이런 사업을 대한민국에서도 연말이나 특정 시즌에 매년 진행되기를 갈망한 다. 더 나아가 연중 이웃과 함께하는 점포가 탄생하길 바란다.

예를 들어, 뜨개질한 결과물을 냉음료와 함께 판매하는 방식을 채택한 슈 퍼마켓이 탄생하면 좋겠다. 뜨개질은 동네 어르신들이 남는 시간을 이용해서 만들어내고, 이 사랑의 뜨개질 작품을 냉음료와 함께 팔고, 남는 이윤 중 일부 를 동네 불우이웃에게 기부될 수 있도록 시스템을 구축하면 되지 않겠는가! 그야말로 사랑이 넘치는 사회를 향한 작은 발걸음을 함께 시작하는 것이다.

쉼터

메가트렌드를 기억하고
1,000만 원 이하로 창업에 나서자

이제부터 1인 창업 1,000만 원으로 시작할 수 있는 시장에 관해 이야기하려고 한다. 이 책에서는 앞으로 닥칠 뉴 트렌드 중에서 1,000만 원 이하로 창업을 할 수 있는 사업의 테마를 주로 선택했다. 꼭 먹는장사 말고 발상의 전환을 통해 뉴 비즈니스를 만들어내어, 기존 사업들이 놓치는 틈새를 톡톡 튀는 아이디어로 반보 앞서서 치고 나가면 되는 것이다.

소비자는 능동적 체험을 원한다

이제까지 일방적으로 제공되던 서비스나 상품에 식상한 소비자들은 쌍방향, 참여형 체험을 요구한다. 그래서 최근에 출시되는 새로운 앱 관련 비즈니스는 모두 쌍방향, 참여형 비즈니스 모델이다. 반드시 소비자를 당신의 뉴 비즈니스에 적극적으로 참여시켜야 한다.

반제품적 상품이 주류가 된다

아주 기초적인 티셔츠에 내 이름을 새기고, 사진을 넣는 수준이 아니라, 나만의 운동화, 나만의 시계 등 이 세상에서 나만 가지고 있거나 리미티드 에디션(limited edition)을 보유하고 싶어 하는 덕후형 소비자들이 참 많다. 정말 한정 수량만 제작되어 판매되는 리미티드 에디션을 사기 위해 덕후 소비자는 판매 전날부터 해당 매장 앞에 텐트를 치고 대기한다. 전 세계적으로 온리 원(Only One) 상품을 원하는 소비자가 대세인 세상이 됐다.

초기능적 상품이 큰 시장으로 된다

기존 제품이나 서비스에 염증을 일으키는 소비자를 위한 업그레이드된 서비스를 제공하는 뉴 비즈니스를 말한다. 즉, 기존 제품에 새로운 기능 + 서비스가 가미된 세련된 상품(서비스)을 구매자가 찾아가는 것이 아니라, 구매자가 있는 곳까지 직접 찾아가 제공하는 서비스 등을 말한다. 당연히 기존 제품에서 업그레이드되어야 하고, 반드시 찾아가는 서비스를 가미해야 한다는 조건을 잊지 말자.

교제 및 연결 지원의 색다른 시장이 생긴다

연애는 필수, 결혼은 선택이라고 한다. 연애하고 싶어도 못하는 청춘남녀들이 참 많다. 여기에 돌아온 싱글족(돌싱)을 다시 묶어 주는 재혼사업도 점점 커지고 있다. 이런 어려운 연결 지원도 있겠지만, 가볍게 만나 취미생활을 함께하는 동호회 모임 등 결이 비슷한 사람들을 만날 수 있도록 자리를 마련해주는 사업을 통해 돈도 벌고 좋은 일도 하는 일석이조 사업에 눈을 돌려보자.

비즈니스를 지원하는 비즈니스는 정말 많다

1990년대부터 비즈니스 대행 사업이 새롭게 등장했다. 종전 사내에서 하던 잡일 또는 핵심역량을 제외한 회사영역을 외주나 하도급 형태로 외부에 주기 시작하는 이른바 아웃소싱의 시대가 30여 년이 흘렀다. 최근 코로나19로 인해 재택근무가 종일 근무를 대체하고 있는 세상이므로 더더욱 비즈니스 대행 사업이 성행할 것이다. 최근 유튜브 편집을 도와주는 프리랜서 시장이 가장 핫(hot)하기도 하다. 당연히 1인 창업을 하는 당신이 가장 눈여겨봐야 할 사업 영역이다.

① 맞벌이족 가사 대행 및 키즈 케어
② 실버세대를 위한 서비스
③ 배달 대행 서비스

융복합 세상이다. 기존 사업을 더하고, 빼고, 곱하고, 나눠보자.
색다른 아이템이 당신을 기다리고 있다.

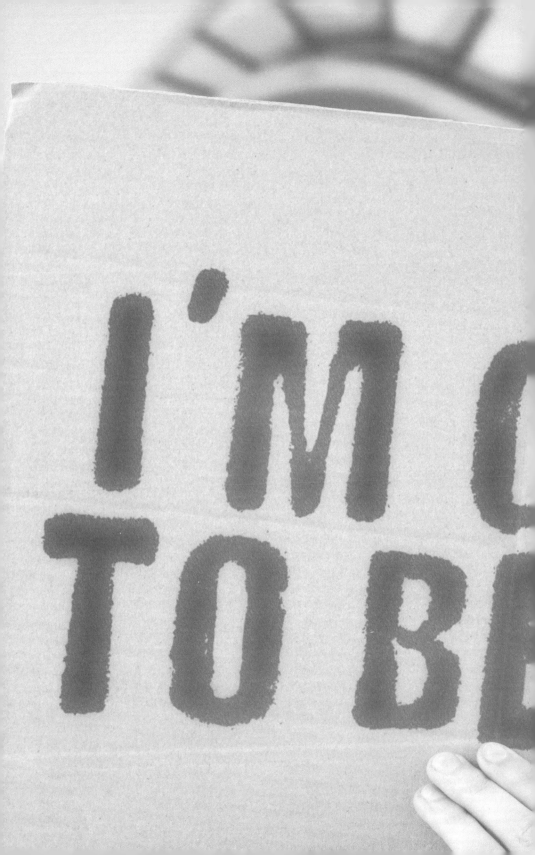

뉴 제너레이션 &
뉴 마켓

OING
RICH

2-1

솔로 싱글족

프러포즈 순간을
촬영해준다면

일생에 한 번인 이벤트를 사업화해 성공한 뉴 비즈니스다. 사실 일생에 한 번인 이벤트는 생각하기 나름이겠지만, 그래도 배우자가 될 여성에게 청혼하는 순간을 포착해서 영원히 남길 수만 있다면, 상당히 의미 있는 일이면서 보람 있는 비즈니스가 될 것이다.

우리는 해외토픽을 통해 기상천외한 프러포즈 장면을 시청한 경험이 있다. 이런 기상천외한 청혼 말고, 일반적인 청혼 방식과 청혼 이벤트는 대부분 비슷하지 않을까 싶다. 물론 나름 특별하고 기억에 남는 청혼을 기획하겠지만, 가장 중요한 항목인 사진이나 동영상 촬영 항목은 빠지게 된다. 이를 그냥 넘어가서는 안 되지 않을까 싶다. 즉, 남성의 '청혼 준비 목록'에 하나가 더 추가된 셈이다. 평생에 한 번 있는 청혼의 순간을 포착할 수 있도록 전문 사진사에게 촬영을 부탁하는 일이다.

뉴욕에 사는 미혼 남성이 애인에게 청혼할 '디데이'를 정했다. 그는 수소문 끝에 프러포즈 순간포착 서비스 회사와 연락이 닿았고, 이내 전문 사진가와 '프러포즈 촬영' 계약을 맺게 된다. 한 달 동안 가장 아름다운 사진을 만들기 위한 동선(動線)을 기획했다. 디데이에는 사진이 가장 예쁘게 나오는 석양을 놓치지 않기 위해 일단 시간을 정해 놓고, 식사는 고급 멕시칸 식당에서 일찍 저녁도 먹는 동선도 기획에 넣었다. 결과는 대성공. 예비신부는 가족과 직장 동료들 모두에게 이 사진을 보낼 생각이라며 기뻐했다.

임시 고용된 사진사는 오페라 공연이 끝난 뒤의 뉴욕 맨해튼 링컨센터 광장이나 센트럴 파크의 오솔길, 고급 식당의 구석에서 행인이나 손님으로 위장하고 몰래 고성능 망원렌즈로 사진을 찍는다. 부가서비스로는 박수부대 동원 여부 및 꽃가루 뿌리기 등이 있다. 이 비즈니스 기획자의 말에 의하면, 청혼받는 순간 여자의 얼굴에 나타난 미소는 다시 만들어낼 수 없는 일생에 단 한 번 나오는 것이라고 강조한다.

그의 말대로 청혼받는 예비신부의 표정은 아마 이 세상에서 가장 행복한 모습일 것이라는 추측이 가는 대목이다. 그것도 일생에 단 한 번 나올 수 있는 행복한 표정일 것이다.

미국 뉴욕에서 탄생한 청혼 순간포착 사진 서비스 비즈니스는 정확히 시장의 수요를 제대로 파악한 후 진행된 사업임을 알 수 있다. 그래서 앞으로 청혼을 받는 여성은 이제 멋진 환희의 순간을 미리 염두에 둔 상태에서 청혼을 승낙해야 할 듯 보인다. 이제부터 신랑 후보는 청혼 대상 여성의 이미지를 대변할 꽃말을 기억한 후에 해당 꽃을 준비해야 할 것이고, 주머니 속에는 청혼 반지를 함께 준비해야 할 것이다.

이제는 결혼 프러포즈도 일생일대의 이벤트로 여기는 세대가 주류인 세상이다. 전문 사진사가 아니더라도 청혼하는 개인의 역사적인 장면을 길이 남기도록 도움을 줄 누군가가 필요하다. 더 나아가 꽃가루 뿌리기와 대단위 박수부대까지 동원해 청혼 장소가 그야말로 환희의 순간으로 만드는 기획력이 필요하지 않겠는가!

필자도 반려자인 아내에게 멋진 프러포즈를 하지 못했던 기억이 있다. 거의 감정표현을 제대로 못 하는 남자 수준으로 무뚝뚝하게 하지 않았나 생각된다. 그것도 어느 음식점에서 말이다. 그래서 다시 오진 않겠지만, 그때가 아주 많이 후회된다. 그래서 이 비즈니스는 정말 큰 비용 안 들이고 예비신부의 가장 행복한 모습을 사진이나 동영상으로 남길 수 있어서 꼭 필요한 서비스라 생각되어 적극적으로 추천하고 싶다.

머릿결 한방치유까지 해주는
미용실이 있다고?

일본에서 한방미용실이 탄생했다. 한의원도 아니고, 미용실도 아닌 한방미용실? 도대체 무슨 미용실인지 궁금하지 않은가!

이곳에서는 파마나 커트처럼 기존 이발소와 미용실에서 해주는 기본 서비스에 지압, 침, 한방약, 심리요법을 동원해서 육모, 흰머리 개선, 머리카락 건강 유지 같은 클리닉 서비스를 첨가한 서비스를 제공한다. 건강미 넘치는 머리카락 유지를 위해 안팎으로 건강해야 하는 것을 선결문제라고 본 것이 이 사업이 이유라고 한다.

애초 남성을 타깃으로 '한방이발소'였던 것이 여성 고객이 늘어나면서 남녀공용 '한방미용실'이 됐다고 한다. 최근에는 긴 머리를 선호하는 20대 직장 여성의 흰머리, 갈라지는 머리카락, 원형탈모증 등을 상담하러 오는 경우가 많다고 한다. 1,000엔(약 1만 원)의 입회비를 초기에 내고, 이용할 때마다 1회 이용료를 내야 한다.

우리나라 TV홈쇼핑 방송을 보다 보면 탈모 방지를 위한 한방샴푸를 소개하는 경우를 많이 보게 된다. 전체 규모가 4,500억 원 정도인 샴푸 시장에서 한방샴푸가 차지하는 비율은 2009년 13.3%에서 2013년에 28.5%로 커졌다고 한다(<중앙일보>, 2014년 3월 3일자). 이용자가 염려하는 머리 빠짐 정도와 두피 개운함(가려움·자극 유무 포함)' 항목도 구매에 가장 중요한 요인이다. 여기에 한방화장품의 우수성은 아시아권 여성 소비자들을 매료시키고 있다.

이처럼 '한방'을 테마로 한 비즈니스는 계속 탄생하고 있다. 당연히 한의학이 발달한 대한민국에서 한방미용실이 탄생하는 것은 지극히 자연스러운 현상이 아닐까도 싶다.

그리고 침을 놓는 것을 아무나 할 수는 없으므로 침놓는 일은 한의사가 맡아서 해야 할 것이고, 기존 미용 업무는 미용사가 해야 하는 등 국내 최초로 한방미용실을 시작해보는 방안을 적극적으로 제안하고 싶다. 두 개의 이 업종이 결합한 새로운 비즈니스이기 때문에 '국내 최초'라는 수식어가 붙을 수 있다. 국내 최초 한방미용실이라고 하면, 언론의 스포트라이트를 받을 만하지 않은가.

한방을 통해 온몸이 편안해지는 효과를 가미한 미용 서비스와 머릿결에 신경을 쓰는 청춘 남녀를 고객으로 하면 성황리에 사업을 진행할 수 있을 거라고 예상한다. 청춘 커플에게는 할인도 해주고 함께 한방미용실에서 편안한 커플 타임을 가져 보게끔 하는 이벤트도 기획해보자. 당연히 프랜차이즈 사업으로 전개해도 가능해 보인다.

미용실은 참으로 부가서비스 사업으로 할 거리가 넘치는 곳이다. 이 천혜의 장소 마케팅을 기존 미용 사업을 하는 업체들은 잘 모르는 듯해서 답답한 측면도 있다. 왜냐하면, 여자들이 모이는 곳이기 때문이다. 미용실에서 머리만 하고 나오는 여자가 어디 있는가. 참새 방앗간처럼 세상 돌아가는 이야기가 방아가 돌아가듯 여기저기로 돌아가는 새로운 정보의 발원지 아닌가. 패션 정보가 흐르고, 연예인들의 사생활도 연신 입방아에 오르내리고, 새로 나온 신상품의 성공확률도 이곳에서 거의 결정된다. 동네 구의원이나 시의원도 여기서 당락이 결정되기도 한다.

현재 한의원을 개업 중인 사람들이 미용실과 연계한 비즈니스를 새로 개척한다면 미용실 브랜드 파워와 한의원 브랜드 파워가 서로 시너지를 낼 수 있는 전문직 분야다. 놓치지 말고 바로 시행했으면 좋겠다.

N잡 시대, 애프터 6 비즈니스는
당연한 것 아닌가?

요즘 직장인들의 일과에 조금씩 변화가 보이기 시작한다. 동료들과 어울리거나 회사 일과 후 친구와 만나 잡담하는 것이 아니라, 제2의 사업을 준비하거나 투잡을 직접 한다. 다음의 사례는 일본, 그것도 주로 젊은 여성이 주축이 되어 진행되고 있는 사업이다.

낮에는 사원이나 대리급이지만 저녁때가 되면 사장님 또는 임원이 된다. 그 대표적인 사례가 도쿄의 '빅시스'다. 이업종 교류집회에서 만난 4명의 젊은 여성들이 의기투합해 조금씩 돈을 모아 자본금 75만 엔으로 회사를 설립했다. 회사의 주요업무는 시장 조사와 이벤트 기획 및 운영을 대행한다. 오후 6시부터 10시까지가 집중적인 제2의 근무시간이다. 각자의 자기 집이나 편리한 장소에서 고객 또는 거래처를 확보해 만나고 전화로 영업활동을 벌인다.

주로 집행했던 비즈니스는 직장여성 결혼관 앙케트 조사, 화장품 회사의 의뢰로 개최한 다이어트 상품 파티, 전직을 희망하는 사원들과 각 회사 인사담당자들 간의 만남을 주선하는 전직 파티 등이 있었다. 이 중 사람과 사람을 만나게 해주는 파티 성격의 모임주최가 제일 재미가 있다고 본다.

평균 결혼연령이 늦어지면서 애프터 6 비즈니스가 확대되고 있다. 코로나

19로 인해 재택근무가 보편화됐고, 종신고용제라는 말은 죽은 단어가 된 지 오래다. 언제 서울에 내 집을 마련할 것인가. 24시간을 최대한 활용할 줄 알아야 살아남을 수 있는 세상이 됐다.

밤은 낮보다 화려하다. 비즈니스는 24시간 지속해야 한다. 우리나라에도 창업 관련 모임이 상당히 많은 것으로 알고 있다. 창업에 관심은 아주 많은데 막상 '무엇을 해야 하지?' 하는 생각에 아무런 결정을 못 하는 분들을 많이 봤다. 이럴 때는 앞의 사례대로 혼자 하려고 생각하지 말고 뜻 맞는 여러 사람이 모여서 애프터 6 비즈니스부터 시작해보자. 리스크도 별로 없지 않은가. 주로 용역을 받아 야간을 이용해서 과업을 완성해 고객에게 전달하는 간단한 비즈니스 모델을 만들어 실천해보자.

이번 뉴 비즈니스처럼 이직 관련 파티를 주선해보자. 각 기업체 인사담당자들을 부르고, 전직을 희망하는 사람들을 모아 파티를 여는 것이다. 일반적인 딱딱한 면접이 아니라 칵테일 잔 하나씩을 들고 편하게 명함을 주고받으면서 자신을 소개하는 파티를 기획하는 이벤트 기획 회사를 만들어보자.

그리고 한 걸음 더 나아가서 야간업무만을 대행하는 서비스 회사를 만들어보는 것은 어떨까. 지금까지는 오후 6시 이후에는 경비를 맡은 경비용역회사에 아웃소싱을 하고, 모든 직원이 퇴근하는 형태였다.

21세기는 24시간 비즈니스를 해야 하는 무한경쟁의 시대다. 밤이 됐다고 업무가 올스톱 되어서는 안 된다. 회사의 가장 중요한 핵심업무를 제외하고, 기본업무는 밤사이에도 계속되어야 한다. 예를 들어 영업 문제, 고객 불만 접수, 조사업무 대행까지 밤사이에 떨어지는 업무를 대행해줄 수 있는 것이다. 만약 24시간 업무를 하는 회사가 있다면 고객으로서는 24시간 그 회사와 접촉을 할 수 있게 된다. 그러나 경비업무의 아웃소싱으로 인해 단순히 방범, 경비 역할에 그치는 것이 아니라 회사업무를 바로바로 처리할 수 있는 아웃소싱 회사가 있다면, 24시간 고객과 교신을 할 수 있으니 그 빈 시장에 처음으로 프랜차이즈 사업으로 발전시키기를 바란다. 정말로 획기적인 고객 만족의 새로운 비즈니스가 아닐 수 없다.

기존의 시장은 사무를 대행해줄 수 있는 야간 사무 대행 서비스 업체를 기다리고 있다. 주식, 코인과 부동산만 부업의 수단이 아니라는 사실을 기억하자.

애프터 6 이후의 창업 아이템을 찾아야 한다. 사무업무를 잘 처리할 수 있는 분들로 조직된 애프터 6 사업과 접목을 하게 되면 금상첨화가 되는 셈이다.

코로나19로 재택근무가 보편화하자 미국에서는 회사 시야에서 벗어나 일하고 있는 직장인들이 '투잡'을 뛰는 현상이 많이 늘고 있다. 연봉은 과거만큼 오르지 않고 구조 조정은 빈번해지면서 아무리 열심히 일해도 직장생활을 계속할 수 있을지에 대한 염려가 커지고 있다. 재택근무 투잡족들은 한 직장에서 승진을 노리기보다 업무 시간을 반으로 쪼개 두 직장에서 적당히 일하며 소득을 늘리는 것을 선호한다고 <월스트리트저널>은 말한다.

당연히 이런 투잡 직장인들을 위한 뉴 비즈니스 서비스가 생기고 있다. 투잡족들을 위한 새로운 서비스로는 세금 처리하는 방법부터 이력서 관리하는 방법까지 다양한 요구를 처리 대행해주는 것이다. 그야말로 필요는 새로운 비즈니스의 탄생을 요구한다.

우리나라의 경우, 알바몬과 재능 거래 플랫폼인 긱몬이 직장인 1,324명을 대상으로 조사한 결과, 응답자의 22.3%는 부업을 하고 있다고 밝혔고, 68.8%는 부업할 의향이 있다고 응답했다(<조선일보> 2021년 10월 1일자).

무엇을 망설이는가. 지금 바로 시작해보자. 특히, 여성 직장인들이여. 언제까지 그곳 온실에서 살아가고자 하는가. 투잡 이상을 하는 분들을 위한 서비스도 가능해 보인다. 그야말로 투잡을 위한 투잡 세상이다.

도전하라, 뭉쳐라, 창업하라!

찾아가는 반려동물
목욕 대행 서비스가 있다면

얼마 전 어느 방송인의 가족사가 세간을 떠들썩하게 만들었다. 그가 몸담고 있던 회사를 운영하던 친형이 거액을 횡령했다는 소식, 그리고 그는 너무나 충격적인 팩트에 세상이 무너지는 순간을 겪었지만, 반려묘 덕분에 오늘을 다시 살아가게 됐다는 뉴스를 들었다. 동물이 사람을 위로해주는 세상이 됐다.

현대 사회는 점점 더 핵가족화되고 1인 가구가 점차 늘어남으로써 혼자 사는 사람이 정말 많이 늘어났다. 혼자 사는 사람의 대화 상대로 선택받은 동물이 바로 반려견, 반려묘다. 함께 생활하는 강아지나 고양이와 같은 동물을 마치 가족처럼 생각하게 되는 것이다.

예전에는 사람과 같이 생활하는 동물을 사람에게 즐거움을 주기 위해 기르는 동물이라는 뜻으로 '애완동물'이라고 불렀지만, 이제는 동물이 사람을 위로해주고, 힐링도 시켜주고, 절대 배신하지 않기 때문에 '반려'라는 단어를 사용한다. 더불어 살아가며 심리적으로 안정감과 친밀감을 주는 친구, 가족과 같은 존재라는 뜻에서 '반려동물'이라고 부르는 것이다.

그래서 요즘에는 이런 반려견, 반려묘를 대상으로 하는 새로운 비즈니스가 계속 탄생하고 있다. 예를 들어 유기동물을 찾아주는 서비스, 반려동물 마사지 비즈니스, 반려동물 입양 가족을 찾아주는 서비스, 반려동물 장례 대행업 등 다양한 서비스가 생기고 있다.

여기서 더 나아가 최근 미국에서는 코로나 팬데믹으로 인해 반려동물을 데리고 수의사를 만나러 갈 수 없는 사람들이 많아지게 됐고, 미국에 부족한 수의사 현상 때문에 새로운 비즈니스가 탄생하게 됐다. 바로 '펫 원격의료'라는 새로운 비즈니스다. '펫 원격의료' 스타트업이 탄생한 것이다. 대표적인 회사로 '퍼지(Fuzzy)'가 있다. '퍼지' 외에도 '펫 원격의료' 기업이 점점 늘어나는 중이다.

동시에 '펫 보험' 시장도 커지고 있다. '펫 보험'까지 발달하는 이유는 개인이 아닌 기업들을 대상으로 하는 시장으로 점차 커지고 있기 때문이다. 즉, 미국에서는 기업들이 임직원에게 제공하는 건강보험만큼 직원 복지 혜택의 하나로 반려동물 보험까지 제공해주고 있다는 사실이다. 정말 재미난 세상 아닌가!

또 다른 재미있는 비즈니스를 소개하고자 한다.

반려동물을 위한 새로운 비즈니스 중에서 반려동물의 주인을 대신해서 목욕을 대행해주는 서비스가 탄생했다. 미국에서는 미니밴을 타고 집마다 돌아다니면서 반려동물을 목욕시켜주는 비즈니스가 호황을 누리는 중이다. 이 서비스는 원래 오스트레일리아에서 탄생한 뉴 비즈니스인데, 미국으로 건너온 것이다. 오스트레일리아 시드니에서 시작한 '오시 펫모빌(Aussie Pet Mobile)'은 2000년 캘리포니아주 다나포인트로 회사를 옮긴 뒤 본격적인 미국 시장 공략에 나섰다.

반려동물을 키우는 사람들이 많은 미국 시장은 사업이 상대적으로 쉬웠다. 이 회사는 미국 진출 6년 만에 프랜차이즈 330개를 이룰 만큼 성장했다고 한다. 즉, 이 사업의 창업자는 반려동물 주인의 시간을 절약해주는 이동형 비즈니스가 히트할 것이라고 본 것이다. 그래서 '편리', '저렴', '신뢰', '효율'을 4대 창업모토로 내걸었다. 이 회사는 미국 이외에 캐나다, 호주, 아일랜드, 그리스, 사이프러스 등 해외에 10개의 프랜차이즈가 운영 중이라고 한다.

이 회사는 차량을 이용해 애완견의 그루밍을 대행해주고 있다. 이 사업을 자세히 보면 구독서비스의 파생상품이란 생각이 든다. 매주 또는 일정한 날에 이 서비스를 이용하는 고객의 집이나 지정 장소로 이동해서 애완동물을 그루밍 해주는 서비스를 집행하면 되기 때문이다. 일정 지역의 구독자를 어느 정도 늘리면 되는 아주 괜찮아 보이는 뉴 비즈니스다. 애완동물 주인이 직접 그루밍 업소를 방문하지 않아도 되기 때문에 정말 편리하다는 생각이 든다. 또한, 반려동물의 특성을 보면 그루밍 업소를 가게 되면 스트레스를 받는 예도 있으므로 이처럼 이동식 서비스는 반려동물에게도 편안함을 주게 된다. 그루밍 서비스 이외에 발톱을 정리해주고 샴푸를 해주는 서비스도 제공하고 있다.

우리나라의 반려동물 관련 시장도 점점 커지고 있다. 한국농촌경제연구원의 '반려동물 연관 산업 발전방안 연구보고서'에 따르면, 2020년 반려동물 시장 규모가 3조 3,753억 원이었는데, 오는 2027년까지 6조 원에 달할 것으로 예측했다. 지금 이야기한 '이동형 밴을 이용한 반려동물 목욕(그루밍) 서비스', 미니밴 하나만 있으면 바로 사업이 가능해 보인다. 어느 한 지역에서 성공적으로 사업이 진행만 된다면, 전국적으로 사업을 확대할 수 있고, 프랜차이즈 사업으로 제격이란 생각도 든다.

돈 받고
푸념을 들어준다고?

일본 도쿄에 남의 말만 잘 들어주면 돈을 버는 신종 서비스가 탄생했다.

'잘 들어주기(기키죠즈, 聞き上手)클럽'이란 회사는 타인의 푸념, 불만, 이런저런 이야기 등을 들어주는 리스닝 서비스(Listening Service) 회사다. 이 서비스를 이용하는 고객이 전화하면, 친절히 응대해주면 되는 아주 단순한 로직이다. 요금은 10분당 1,000엔(약 1만 원, 2008년 기준)이지만, 고객들의 평균 이용시간은 70~80분에 이른다고 한다. 전화를 걸어오는 고객들은 자신의 푸념, 불만, 심지어 가벼운 욕설까지 정말 다양한 모든 이야기를 들어주는 서비스다.

일본의 사회문제를 그대로 뉴 비즈니스에 담은 듯한 인상이 든다. 도시에 사는 현대인에게는 숙명적으로 다가오는 가족해체, 독거노인, 고독사, 1인 가구 등 나홀로족으로 풀어야 할 문제가 한둘이 아니다. 요즘 같은 코로나 시대에는 더욱 홀로 살아가는 사람들에게 다가오는 단절의 환경이 새로운 정신병을 가져올 수도 있다.

주변 사람들과의 단절된 삶, 내 뜻을 강력하게 주장하지 못하는 사람들, 타인과 어울리지 못하고 혼자서 살아가야 하는 사람들 등 우리 주변에는 말 못 할 사연을 지닌 사람들이 참 많다. 이런 사람들이 이 뉴 비즈니스의 고객층이 된다.

언변이 남달리 뛰어난 말만 잘하는 사람들이 넘치는 현대에 거꾸로 잘 들어주는 사람은 잘 보이지 않는다. 그래서 이 사업이 탄생했는지도 모르겠다. 이 서비스를 통해 고객이 가진 문제가 풀리거나 치유가 완결되지는 못할 것이다. 하지만 이 서비스는 단지 내 이야기를 잘 들어주고 적절히 맞장구만 쳐주는 것으로도 충분하다. 이 서비스를 최초로 선보인 CEO 이야기가 가슴에 와 닿는다.

"주변과 관계 설정이 어려운 세상이 되다 보니 잘 들어주는 것만으로도 심리적 안정을 줄 수 있다."

1인 가구가 증가하고 나홀로족이 많아지면서 이들을 겨냥한 신종 서비스가 계속 탄생하고 있다. 혼밥을 즐기는 직장인들이 30%를 넘었다는 통계도 어느 신문에서 봤다. 사회관계를 쌓는 데 어색해하는 이들의 가슴속에 숨겨둔 이야기를 누군가는 들어줘야 할 것 아닌가! 일단 잘 들어주고, 간혹 맞장구를 쳐줘야 한다. 내 의견을 이야기해선 안 된다. 토를 달아도 안 된다. 그저 들어주면 된다.

우리나라 사람들은 수동적인 것에 익숙한 듯싶다. 솔직히 말하자면 자기자식 자랑하기를 참 좋아하는 것 같다. 사람들은 자신을 비롯해 식구들 이야기를 많이 할 때 행복해 보인다. 솔직히 남 이야기를 듣는 것이 얼마나 힘든 일인지 잘 알 것이다. 하지만 현대인들은 자신의 이야기를 하고 싶어도 들어줄 사람이 없다. 누구나 자신의 이야기만을 하려 하기 때문이다.

하지만 사회관계에서 받은 상처를 치유 받으려면 누군가가 잘 들어주고 공감해줘야만 한다. 앞에 있는 사람이 한 번 더 말할 수 있게 기회를 주는 것이다. 내 말만 하지 말아야 한다.

우리 사회는 누군가가 들어주는 사람이 필요한 시대가 됐다. 항상 자기 이야기만 하려는 사람들이 참 많으므로 이번 뉴 비즈니스처럼 들어주는 행위 자체가 돈이 되는 세상이 된 것이다. 아무리 어느 정도 먹고살 수 있는 자본을 갖췄다 해도 자기의 이야기를 진정 들어주려는 사람이 주위에 없다면 얼마나 불행할까 생각도 해본다.

사실, 이 비즈니스는 말처럼 쉽지는 않아 보인다. 고객의 푸념을 들어주는 것도 상당한 기술이 필요한 직업이기 때문이다. 당연히 현장에 투입되기 전에 사전 교육이 상당히 필요해 보인다. 싸움에도 기술이 필요하듯이, 다른 사람의 푸념을 제대로 들어주는 것도 기술이 필요하다.

이젠 건강센터도
복합형이 살아남는다고?

고급 상가와 오피스 건물이 밀집해 있는 홍콩 도심 지하철역 근처 건물 2층에 '에너지 스테이션(energy station)'이라는 복합 건강센터가 성업 중이다. 이곳은 기존에 우리가 알고 있는 헬스클럽 운영을 기반으로 해서 동양식 기공(氣功), 침술, 건강진단과 운동 처방 등을 복합한 퓨전형 종합 건강관리 센터다.

넓이는 5평 남짓하지만, 여러 기능을 녹여냈다. 이곳에 들어서면 우선 감미로운 고전 음악이 흘러나와 편안한 느낌을 준다. 이런 새로운 개념의 건강센터를 개점한 여사장 말로는 2,000홍콩달러(약 30만 원)의 월회비를 내는 정규 회원만 2,000명이 넘는다고 한다.

이 건강센터의 비즈니스 모델은 크게 보면 세 가지다.

첫째, '아큐라이프(Aculife)'라는 첨단 침술 기구와 외부 의료기관을 이용해 건강을 체크한다(1회당 1,600홍콩달러(약 24만 원)).

둘째, 건강검진 결과에 따라 개인에게 맞는 운동(기공·요가·태극권 등)을 처방한다.

셋째, 미국 식품의약기구(FDA) 공인 천연 건강 약품(500여 종), 독일제 심리 치료 음악 판매 등을 합쳐 매출을 올리고 있다.

평소 점포에는 3명의 메디컬 컨설턴트가 상주하면서 상담 및 판매를 한다. 나머지 인원은 아웃소싱하기 때문에 인건비가 거의 들지 않는다. 이곳 고객의 70%는 35~55세의 남녀 직장인과 변호사·회계사 등 전문직 종사자들이라고 한다.

이젠 복합형 사업이 정답이다. 기존의 헬스센터에 여러 가지 한방+기공체조 등을 섞은 복합형 비즈니스다. 보편적이고 누구나 아는 사업에 시너지를 일으킬 만한 비슷한 사업거리를 접목해서 새로운 복합형, 일명 퓨전형 비즈니스가 많이 성행되고 있고, 이런 복합형 비즈니스가 소비자들에게 인기가 높다. 한 가지로 두세 가지의 이익을 창출할 수 있다고 고객이 느낄 수만 있다면 성공한 비즈니스 모델이 될 수 있다.

다시 정리하면, 미국도 건강 관련 건강보조식품만을 판매하는 점포가 많이 생기고 있다. 이런 건강 트렌드에 편승해서 개인별 맞춤형 운동 처방과 안전한 건강보조식품 판매 등을 더한다면, 그야말로 안전한 사업 전개라고 생각된다. 우리나라의 경우 특히, 사무실 밀집 지역인 서울의 서초동, 삼성동, 여의도, 마포 등지에 앞서 설명한 것과 같은 복합형 건강센터가 개설된다면, 많은 사무종사직 사람들에게 인기가 높으리라고 본다.

더욱이 개설비용이 많이 들지 않기 때문에 큰돈 안 들이고 개업할 수 있는 장점이 있다. 최근 서울 중심지 점포는 공실이 많고 권리금도 없으므로 단기로 빈 곳을 임대해서 바로 사업을 시작할 수 있는 환경이다.

고객의 스트레스도 없애주고, 건강도 증진해주는 일석이조의 퓨전건강센터이니 유심히 살펴보기 바란다. 동양과 서양의 만남이 퓨전 아니겠는가. 이러한 동양과 서양의 만남을 통한 사업거리는 찾으면 얼마든지 있다는 점도 염두에 두길 바란다. 서양은 동양을 동경하고, 동양은 서양을 동경한다. 그 동경의 접점에서 새로운 사업이 태어나는 것이다.

여기에 세상은 '복합'을 선호하고 있다.

그 첫 번째 사례가 바로 국내 유통의 선두주자라고 할 수 있는 '복합쇼핑몰'이다. 소득 수준이 높아지고 여유시간이 늘어남에 따라 가족 단위, 연인 단위의 쇼핑객들로 그 넓은 쇼핑공간이 이내 인파로 몰린다. 물건을 사는 일 말고도 밥도 먹고, 공연이나 영화도 보고, 이벤트에 참가하기도 하고, 여가를 보내는 데 복합쇼핑몰만 한 업태가 없다.

그리고 싱가포르의 랜드마크로 불리는 '마리나베이 샌즈'는 비즈니스맨들로 발 디딜 틈이 없지만, 호텔이라 불리기에는 그냥 호텔이 아니다. 카지노에다가 국제회의장, 쇼핑센터, 워터파크, 스포츠센터 같은 시설이 한곳에 모인 세계 최고의 '복합리조트'로 자리매김이 끝났다. 그래서 싱가포르를 방문하는 관광객들의 필수 방문지가 된 것이다. '복합리조트'라는 개념을 세상에 가장 잘 홍보한 덕분이다.

세상이 '복합'을 선호하기 때문에 기존 건강센터 개념만으로는 현대 소비자를 충족시키기에 뭔가 많이 부족해 보인다. 그렇지만 이 뉴 비즈니스는 홍콩 소비자의 가려운 부분을 제대로 해결해주는 요소를 모두 갖췄다. 홍콩에서 자리를 잘 잡은 비즈니스 모델이기 때문에 우리나라에서도 건강센터를 기본으로 해서 현대인들이 꼭 필요로 하는 요소를 더해서 선보인다면 승산이 있어 보인다.

쉼터

우선 비어 있는 창업 시장을
알아내는 방법

서점에 가보면 아직도 10년 후를 테마로 하는 책들이 잘 팔리고 있는 것을 보면, 세상 사람들이 미래에 대해 많이 알고 싶어 하는 것 같다. 그렇지만 광속으로 변하는 세상에서 사실 1년 뒤도 제대로 모르는데, 어찌 10년 뒤를 알 수 있을까 하는 생각도 든다. 물론 10년 뒤에 그 책에 나온 내용처럼 안 됐을 경우 그 누가 잘못됐다고 따지러 저자에게 갈 것이며, 그 누가 해당 책 내용을 조목조목 따지며 틀린 점을 이야기하겠는가? 그렇게 시간이 남아 돌아가는 현대인들이 얼마나 되겠는가? 바로 한 달 전에 아주 큰 대형사고가 났어도 지금은 다 잊어버리고 하루하루 살기에 급급한 서민이 대다수인데 말이다.

하지만 지금도 비어 있고, 좀 더 업그레이드되어야 할 시장이 세 가지가 있다. 올해 바로 시작해서 바로 돈을 벌 수 있는 분야임이 틀림없다. 이 세 가지 비어 있는 시장을 적절히 공략한다면 1년 뒤에는 좋은 결과가 있을 것이다. 결론을 말한다면, 우리나라 국민은 최근 몇 년 동안 '먹거리 불안', '범죄 불안', '노후(老後) 불안' 등 3대 불안(不安)에 시달리고 있는 것으로 조사됐다. 항상 국내 통계청에서 발표하는 통계 관련 뉴스에 귀 기울여라. 시장의 빈틈은 통계에서 찾을 수 있다.

그래서 뉴 비즈니스를 쉽게 찾아내는 방법을 공유하고자 한다.

세상은 계속 변하고 있다. 요즘 '트렌드'니 '뉴 비즈니스'니 하며 말들도 많다. 그런데 이런 세상의 흐름이 거대하게 움직이고는 있지만, 일반인들이 쉽게 감지하지 못하는 이유는 무엇일까. 그 이유는 이 거대한 변화가 아주 작은 나비의 날갯짓부터 시작하기 때문이다. 사람들에게 잠깐 보일 듯 말 듯한 나비의 날갯짓부터 시작되는 트렌드. 나비의 작은 몸짓을 알려주고 그 변화를 통해 무엇이 어떻게 변할 것인가에 대해 조심스럽게 예측해보자.

한 가지 퀴즈를 내본다.

기차를 관리, 운행하는 한국철도공사의 경쟁자는 누구일까?

21세기 모빌리티 세상에서 사업의 본질을 제대로 정의해야 사업이 경쟁력을 갖출 수 있다. 우리는 흔히 철도사업은 '기차'라는 운송기구를 잘 운영하는 사업이라고 여긴다. 과연 맞는가? 아니면 틀리는가?

미국에 가서 기차를 탄 경험이 있는 분이라면 내 이야기를 이해하기 쉬우리라 본다. 미국의 철도인 '앰트랙(Amtrak)'은 과거 미국에서 번성한 철도회사였으나, 업의 개념을 '철도사업'으로 좁게 정의한 탓에 경쟁사인 항공회사와의 차별화를 위해 가능한 한 비행장을 멀리 피해 철도를 설치했다. 그 결과는 어떻게 됐을까?

그렇다!

항공사업과는 비교가 안 될 정도로 사업 규모가 쪼그라들었다. 무엇이 문제였을까? 이것이 바로 업의 개념을 제대로 해석하지 못한 최고경영자 또는 국가기관의 장관의 한계인 셈이다. 세상을 제대로 알지 못하는 자가 고위직을 맡으면 세상이 어지러워지는 결과를 가져오는 것과 마찬가지다.

만약 미국 '앰트랙'이 철도사업을 '빠르면서 안전과 추억을 만들어주는 유일한 운송수단'이라고 정의했다면 지금과 같은 결과는 아닐 것이다. 우리가 기차여행을 하다 보면 가장 안전하게 목적지에 도달하는 이점도 있지만, 더나아가 이용자만의 추억여행을 하는 경우를 많이 경험하게 된다. 기차만이 이용자에게 주는 그것, 그것을 제대로 해석해서 알려주면 되는데 이를 제대로 못 했다. 비단 미국만의 이야기는 아니다. 우리나라 한국철도공사도 마찬가지다. 아직도 한국철도공사는 기차여행만이 가진 '업의 개념'을 제대로 활용하지 못하고 있다

이렇듯 새로운 현상이 뉴스에 나오면 깊이 생각해보라.

왜 이런 새로운 현상이 나타났는지, 그리고 이 현상은 어떤 다른 산업이나 사업에 어떤 영향력을 행사할 것인지 등등. 우리 앞에는 남들이 다 하는 먹거리 창업이 아닌 뉴 비즈니스가 너무나도 많이 널려 있다. IT와 모바일 그리고 SNS 등이 너무 많이 발달하다 보니 융합형 뉴 비즈니스의 영역이 정말 넓다. 먼저 줍는 사람만이 백만장자 대열에 한발 앞서갈 수 있는 세상이다.

세상을 앞서가는 싱글족을 위한 새로운 사업거리가 넘치고 있다.
그 빈틈을 고민해보자.

2-2

위풍당당 여성

여성의 위생을 위해 탄생한
화장실 필수품은?

공중화장실은 여러 사람이 사용하는 곳이므로 늘 비위생적인 환경임을 알지만, 어쩔 수 없이 사용해야 하는 곳이다. 각종 유해 세균이 그대로 있고, 더구나 자기 집 화장실이 아니라는 뒤떨어진 공공질서 의식 덕분에 늘 더럽고 비위생적이라는 오명을 받는 곳이다. 이 중에서 여성용 공중화장실은 더더욱 열악한 환경이다. 특히 변기의 비위생성과 각종 세균의 피부 접촉으로 인한 질환이 발병할 수도 있는 곳이기에 특별 대책이 필요하다.

우리나라뿐만 아니라 전 세계 어디를 가도 대부분의 공중화장실 관리 상태가 좋지 못한 것이 사실이다. 그래서 일부 여성들은 공중화장실 변기 위에 신발을 신고 올라가 용변을 보는 여성들이 있어서 사회적으로 논란을 일으키기도 한다.

여성용 변기뿐만 아니라 남성용 변기도 언제든지 각종 세균과 오염물질이 남아 있으므로 공중화장실을 가지 않으려 대소변을 일부러 참는 사람들도 있지만, 이젠 이런 걱정에서 서서히 벗어나도 되겠다는 생각이다.

이런 실상에서 벗어나기 위해 탄생한 것이 바로 일회용 여성용 공중화장실 변기 커버다. 이제부터 휴대용 변기 커버를 준비해서 화장실의 위생과 청결함을 챙겨보기 바란다. 세계 각국에서 신개념의 프리미엄 변기 커버가 출시됐기 때문에 이제부터 안심하고 공중화장실을 이용해보자.

캐나다 오타와에 소재한 유아용 변기 시트 제조업체가 앞과 같은 공중화장실 유해 세균의 피부 접촉을 해결하기 위해 휴대용 위생 변기 커버인 '톨레타'를 개발했다(https://toletta.com).

이 변기 커버는 생물성 분해가 가능해서 사용 후 변기에 바로 버려도 괜찮다고 한다. 또한, 지갑에 넣을 만큼 크기도 작아 휴대에 편리하다. 그래서 외출 시나 여행 시에 반드시 챙겨야 할 필수품이 됐다. 포장 패키지는 분홍색과 파란색으로 디자인을 달리했다. 분홍색 패키지 판매수익의 일부는 유방암 연구 기금으로, 파란색 패키지 판매수익의 일부는 빈곤 아동을 돕기 위한 기금에 기부한다고 한다. 이 회사가 기획한 패키지 디자인을 보니 선진국 제조회사의 시스템 같은 기부 형태에 칭찬하고 싶다.

최근 우리나라에서도 휴대용 변기 커버가 여러 회사로부터 출시되고 있으므로 휴대용 변기 커버 시장은 앞으로도 계속 커지리라 예측된다. 다양한 디자인과 색채 감각으로 무장한 차별화된 변기 커버 시장을 눈여겨보기 바란다. 공중화장실 옆에 있는 자판기를 통하거나 구매 관련 앱을 통해 판매할 수 있으므로 별도의 영업 인력이 필요하지 않아 보인다.

불륜을 막는 앱과
찾아내는 앱의 승자는?

불륜을 소재로 한 막장 드라마인 <부부의 세계> 같은 드라마가 최고의 시청률을 보였다. 이런 드라마가 인기인 이유는 간단하다. 불륜남, 불륜녀가 너무 많기 때문이다. 공감대가 형성된 시청자와 불륜 드라마와의 궁합이다.

"사랑에 빠진 게 죄는 아니잖아!"

불륜은 부부의 세계를 무너뜨릴 수 있을 만큼 치명적이어서 금기시되지만, 흔하기도 하다. 우리나라의 불륜 상황이 얼마나 심각한지 통계자료를 보면 깜짝 놀랄 것이다. 결론만 먼저 말한다면, 2015년에는 4가구 중 1가구에서 불륜을 경험했다면, 2020년이 되니 3가구 중 1가구에서 불륜을 경험하거나 했던 경험이 있는 가정이라는 것이다. 만약 당신이 동창 네 명을 만난다면, 그중에 1명은 불륜을 경험했거나 경험하고 있을 확률이라는 것이다. 거짓말 같겠지만, 실체를 알면 더 놀랄 것이다.

우리나라의 경우 간통죄가 폐지된 이후 불법 흥신소가 활개를 치고 있다. 불륜현장을 찾아내서 외도사실을 포착하려는 의뢰자가 점점 늘어나면서 해당 산업이 왕성하게 발달하고 있다. 기존 흥신소 직원이 미행하는 정도가 아니라 최신 IT 기술을 이용한 증거포착 방식이다.

그래서 휴대전화의 통화내용을 훔쳐보는 '스파이앱'이 개발되어 이를 이용해 배우자의 불륜현장을 뒷조사해온 흥신소가 적발되기도 했다. 이렇게 되면 배우자의 외도사실을 포착하려던 의뢰자도 함께 입건되기 때문에 조심해야 한다. 스파이앱을 통해 배우자의 불륜 사실을 적발해도 재판에는 활용할 수 없다는 사실을 명심하길 바란다.

이를 피하는 합법적인 방법으로는 경찰청에서 개발한 폴 안티스파이앱을 설치하는 것이 도청 피해를 막는 가장 좋은 방법이다. 우리나라뿐만 아니라 성이 더욱 개방적인 선진국에서는 배우자의 불륜을 찾아내거나 외도를 숨기는 기술도 발전하고 있다. 즉, 창과 방패 이야기다. 불륜한 자는 불륜을 들키지 않기 위해 새로운 서비스를 이용하고 있고, 배우자의 불륜을 캐려는 자는 불법이라도 증거를 찾기 위해 혈안이다.

프랑스에서는 불륜을 도와주는 이른바 '알리바이 앱'들이 성황을 이루고 있다. 프랑스인들에게 가장 큰 사랑을 받는 앱 중 하나가 '알리바이 찾기(Find Alibi)'다. 이 앱은 바람을 피우는 남성이나 여성이 쉽게 배우자를 속일 수 있도록 알리바이를 만들어준다. 한 건당 이용요금을 내면 거짓 문서나 식당 영수증, 가짜 문자, 통화명세 등을 제공한다. 이 앱을 이용하는 70%의 고객은 여성, 30%는 남성이라고 한다. 이 앱을 이용하는 성별 통계를 보면 여성이 불륜을 더 즐긴다고 볼 수도 있겠다. 그리고 또 재미난 사실은 남성들은 일단 일을 저지르고 와서 사후 알리바이를 요청하는 반면, 여성들은 밀월 데이트를 하기 수일 전에 찾아와 원하는 서비스를 요구하는 등 사전에 철통 보안을 찾는다는 점이다.

불륜 사실을 숨겨주는 인터넷 사이트는 고객의 요구에 따라 알리바이용 전화 통화와 가짜 국제회의 기념품, 가짜 청첩장, 가짜 식당과 상점의 영수증 등 다양한 서비스와 물품을 제공한다. 이렇게 바람난 부부에게 의심받지 않고 불륜을 저지를 수 있도록 도와주는 '불륜 알리바이' 제공 업체는 프랑스뿐만 아니라 러시아에서 짭짤한 재미를 보고 있다. 모스크바에 있는 이 회사는 불성실한 남편이나 아내를 위한 변명거리를 상품으로 개발해 성업 중이라고 한다. 알리바이의 비용은 1건당으로 책정된다. 이곳을 이용하는 고객의 경우 대부분 보통 하룻밤을 위한 의뢰보다는 장기간(약 일주일 정도)의 불륜을 위한 알리바이를 선호하는 경향이라고 한다.

우리나라에서도 프랑스나 러시아처럼 거의 완벽하게 불륜을 막아주는 서비스가 나타날까 무섭다. 간통이나 불륜은 지극히 사생활이지만, 불륜하려고 마음을 먹었다면 결혼 자체를 애당초 하지 말았어야 한다. 결혼이라는 과정을 거치지 말고 독신남, 독신녀로서 인생을 즐기던지, 아니면 한번 약조한 대로 묵묵히 가정을 지키던지 둘 중 하나를 선택해야 성인 아닐까. 이렇게 못한다면 싱글들은 결혼을 하지 말기를 바란다. 당신들의 불장난에 속절없는 아이는 무슨 죄인가.

하지만 사업은 사업이니까 이런 불륜 세상을 철저히 이용한다면 당연히 쏠쏠한 수입이 지속하리라 예상된다. 불륜 공화국 대한민국에서는 더더욱 번창할 사업 아이템임은 틀림없어 보인다.

혼자 사는 여성에게
꼭 필요한 서비스는?

"눈데! 문 뭔데! 와 열라꼬 하는데!"

경상도 사투리를 구사하는 30대 남자의 거친 목소리가 들린다.

도대체 이 소리는 뭘까?

이 거친 음성은 무슨 일에 사용되는 것일까?

혹 보이스피싱 아닐까?

대한민국은 보이스피싱 사기 피해가 상당하므로 이 소리도 그 이상한 사기와 관련된 것은 아닐까 궁금할 수도 있다. 그렇지만 이 소리는 피해자 목소리를 아주 유사하게 들려줌으로써 돈을 뜯어내는 악랄한 보이스피싱 사기가 아니다.

바로 혼자 사는 여성을 위한 일명 '보이스가드' 목소리다.

범죄의 목표물이 되지 않으려고 일부러 현관에 남자 신발을 둔다거나 또는 베란다 빨래 건조대에 남자 속옷을 걸어 뒀던 예전의 방식이 아니다. 이젠 IT를 이용해서 일어날지 모르는 범죄로부터 나를 보호하기 위해 탄생한 신종 비즈니스가 될 수 있다.

즉, 여성이 혼자 사는 집을 목표로 한 범죄를 미리 방지하기 위해 셀프디펜스 방법의 하나로 굵직한 남성 목소리를 여러 형태로 준비해놓는 방식이다. 이러한 방범용 목소리를 찾는 여성이 늘고 있다는 뉴스를 들은 적이 있을 것이다.

최근에 발달한 목소리 추출 기술 덕분에 똑같은 목소리를 만들어내는 '딥페이크(deepfake)'를 응용해 새로운 비즈니스를 시작할 수 있다. '딥페이크'는 인공지능(AI) 기법인 딥러닝(deep learning, 심층 학습)을 이용한 기술로써 실제로는 존재하지 않는 음성이나 이미지, 동영상 등을 만들어내는 기술을 뜻한다. 딥페이크 기술을 이용해서 10~20분만 있으면 어떤 목소리도 만들 수 있다고 하니 대단한 세상이다.

실제로 여성 1인 가구를 대상으로 자행되는 범죄가 꾸준히 늘고 있다. 형사정책연구원 자료에 따르면, 남성과 비교 시 여성 청년 1인 가구의 범죄 피해 가능성은 주거 침입 부문에서 11.2배 높았고, 개인 범죄는 2.3배 높은 것으로 나타났다(<조선일보> 2021년 1월 16일자).

지금까지는 혼자 사는 여성이 남자 친구들의 도움으로 약간은 허접하게 목소리를 재현해 만드는 정도였지만, 이를 사업화한다면 상당히 정교한 목소리 서비스가 가능해 보인다. 2013년에 서울시가 혼자 사는 여성을 대상으로 월 9,900원에 저렴하게 이용할 수 있는 방범 서비스를 제공한 적이 있었다. 전세 7,000만 원 이하 주택에 거주하는 독신 여성이 24시간 싱글 여성 홈 방범 서비스를 월 9,900원에 이용할 수 있도록 보안경비 업체인 ADT캡스와 협약을 체결했다. 그 당시 전체 가구 수 대비 너무 적은 예산으로 집행되어 그다지 큰 효과를 보지는 못했지만, 이젠 사업적으로 제대로 보이스 가드 서비스를 비롯한 출동 서비스까지 다양한 서비스가 제공 가능하리라 예측해본다.

국가가 정말 필요로 하는 서비스를 제대로 집행하지 못한다면 그곳에 새로운 뉴 비즈니스가 자리매김할 수가 있는 것이다. 국가가 제대로 보호해주지 못한다면, 당연히 민간기업이 여성 고객을 보호해주면 된다. 지금 바로 여성 고객이 안심하고 살아갈 수 있는 평화로운 세상을 만들 안심 시장을 만들어주자.

결혼식 피로연을
실속 있게 치르고 싶다면

요즘 코로나19로 인해 결혼식장에 모이는 인원도 제한적이다. 하지만 언젠가 일상으로 돌아간다면 아무리 스몰웨딩(small wedding)을 한다고 해도 결혼식 이후의 피로연 이벤트만큼은 재미나게 진행하고 싶은 신랑, 신부가 많다.

부모님 친구분들이 아닌 오롯이 신랑, 신부 친구들만의 파티를 계획한다면 이 서비스가 꼭 필요할 것이다. 친구들과 별도로 피로연 2차를 제대로 열고 싶은 결혼식 당사자들이 주 고객층이다.

일본 도쿄에서 처음 시작된 이 서비스는 결혼식 준비로 도무지 시간이 나지 않고 친구에게 부탁하기도 힘든 상황인 신랑, 신부의 불편을 대행해주고자 탄생했다.

이 서비스를 처음 기획해 사업을 시작한 젊은 사장은 피로연 준비과정에서의 실패 경험을 바탕으로 이 사업을 기획하게 됐다고 한다. 아주 친한 친구의 결혼식 피로연에서 사회를 봤는데 제대로 준비가 되지 않아서 분위기를 띄우는 데 실패했던 것이다.

친한 친구의 부탁을 거절하기 힘들어 수락은 했지만, 장소 섭외, 게임 기획, 경품 선정부터 당일 접수 업무, 회비 정산까지 준비할 일들이 생각보다 너무 많았다. 좋은 마음으로 시작한 피로연 파티가 엉망이 된 것을 후회하면서 이 서비스를 기획하게 됐다고 하니 그야말로 혹독한 체험이 새로운 비즈니스를 탄생하게 만든 셈이다.

이 서비스는 피로연 2차를 희망하는 신랑, 신부의 가용예산과 희망 사항 등을 미리 점검하고, 그에 맞춰 장소를 선정한 뒤, 한두 차례 미팅을 거쳐 프로그램 작성에서부터 경품, 음향 및 비품 준비, 당일 접수 업무, 회비 정산까지 다 처리해주는 서비스다.

나아가 이벤트에 참석하는 친구들에 대한 사전정보를 통한 맞춤 서비스 준비 등 미리 준비할 일들이 많지만, 제일 중요한 사회자 선정도 가장 중요한 업무다. 사회자 선정을 위해 평상시 사회자 선발과 육성에 힘을 쏟고 있다. 매년 3, 4회 개최하는 오디션에서 지원자의 10% 정도만을 선발한다. 그 후 자체 트레이닝을 거쳐 실전 무대에 오르게 한다고 하니 철저한 사전준비가 관건인 사업이라고 보인다.

또한, 연회 장소는 담당자가 직접 발품을 팔아 요리의 맛과 분위기, 음향 시설 등을 꼼꼼히 점검한다. 그리고 늘 똑같아서 지루할 수 있는 게임들은 배제하고, 새로운 게임을 계속 개발해 신선감을 불어넣는다. 행여나 같은 서비스를 체험할지도 모를 참가자들에 대한 예우도 생각한다. 그리고 요리와 음료 등은 서서 먹을 수 있도록 준비해 자연스러운 2차 미팅을 생동감 있게 진행하도록 한다.

우리나라도 이제부터 결혼식 피로연 문화부터 바꾸면 어떨까 싶다. 우선 아무나 참석하는 결혼식이 아닌, 초대받은 사람만 참석할 수 있는 폐쇄형 피로연이 되어야 할 것이다. 당연히 참석하는 남녀 게스트 성향과 성격을 알고 있는 주최 측에서 미리 그들에 맞는 이벤트의 사전기획이 가능하리라 본다. 예전과 같이 고급호텔에서 진행하는 피로연을 생각하지 않는 신세대 신랑, 신부라면 더더욱 작은 결혼식과 의미 있는 피로연을 기획하리라 본다. 이런 결혼식 트렌드에 발맞춰 탄생할 가능성이 충분히 큰 뉴 비즈니스다.

이제는 일인용, 일회용
구독경제 시대

뉴욕 맨해튼 도심에서 살던 대표와 부인이 1984년부터 시골로 내려가 친환경 채소류를 가꾸어 팔기 시작한 것이 이제는 거대한 사업이 됐다. 비닐봉지에 담겨 있어 간단하게 사 먹을 수 있는 이 회사 제품의 신뢰도는 상당히 높다. 피자보다 편하게 사 먹을 수 있도록 하겠다는 창업자의 구상이 현실과 맞아떨어져 큰 성공을 거뒀다.

최근 우리나라도 이런 사업이 상당히 유망해 보인다. 맞벌이 부부가 많은 밀레니얼 가족의 엄마는 집에서 음식 재료를 일일이 다듬어 요리하는 대신, 가정간편식(HMR)을 사서 간단한 조리를 통해 식사를 준비하는 경우가 많아졌다. 이런 한국의 HMR 시장의 성장은 매년 새로운 매출실적과 이익실적을 만들어내고 있다.

맞벌이 부부는 아기를 재운 오후 9시부터 스마트폰으로 장을 보는 경우가 허다하다. 일과 육아를 병행하다 보니 평일에 동네 할인점이나 슈퍼마켓에 가는 일이 생각보다 적다. 새벽 배송, 샛별 배송, 로켓 배송 등 모바일로 장보기가 아주 간편해진 밀레니얼 세대 부부에게 안성 맞춤형 쇼핑 세상이 된 듯하다.

그러므로 앞에서와 같은 사업은 독자노선을 걸을 수도 있지만, '마켓컬리'나 '쿠팡' 또는 'SSG'에 입점해서 판매하는 등 두 가지 노선을 선택할 수 있다고 보인다. 세상은 점점 더 마트를 가지 않고, 온전히 모바일로만 장을 보는 이른바 '모바일 그로서리(grocery)족'이 늘어나고 있다.

이런 현상은 비단 우리나라만의 일은 아니다. 옆 나라인 일본도 식료품 배달 전쟁이 장난이 아니다. 1단계 온라인 쇼핑몰 간 택배 전쟁을 치렀던 일본 유통업계에서는 이제 식료품 택배 전쟁이 전개되고 있다. 아마존과 일본 대형 유통 체인 세븐&아이홀딩스(Seven & i Holdings)가 식료품 택배 시장에 도전장을 내밀면서부터다. 편의점 세븐일레븐과 대형마트 이토요카도(Ito-Yokado)가 모회사인 세븐&아이홀딩스는 대형 통신판매업체 아스쿨과 공동으로 'IY프레시' 서비스를 시작했다. 한 끼 식사를 만들 수 있는 음식 재료를 배달해주는 서비스다.

일본이나 우리나라나 장보기는 고된 노동이 될 수 있다. 퇴근길에 지친 몸을 이끌고 마트에서 장을 본다는 것은 말처럼 쉽지 않다. 따라서 사람들은 매일 집으로 신선한 채소가 배달되는 편안한 세상을 기대한다. 즉, 신선 채소 정기배송 비즈니스다. 배달받는 채소가 신선하면 좋겠다는 소비자의 바람을 잘 준비하면 된다. 요즘에는 스마트팜 기술이 많이 발달했기 때문에 예전보다는 상당히 쉽게 접근할 수 있다. 스마트팜에서 수경재배 기술로 키운 유기농 채소를 당일 수확해 씻고 잘라 매주 고정고객의 집으로 우송하면 끝이다.

IT와 첨단 바이오 기술을 접목해 건강하게 재배한 신선 채소를 매일 장을 보는 게 어려운 고객들에게 전달하는 구독경제 비즈니스를 실천하면 된다. 이처럼 세상은 유기농 채소 등으로 질 좋은 식료품 재료에 대한 시장의 니즈가 계속 발전하고 있다.

여성과 특화된 매물 위주, 부동산의 진화

"필요는 새로운 비즈니스를 탄생시킨다."

필자가 늘 주장하는 뉴 비즈니스의 첫 번째 명제다.

두 번째 명제는, "특별한 아이디어는 불황을 모른다"이다.

세 번째 명제가 있다면, "남들이 하지 않는 일을 찾아 먼저 하면 불황은 없다"라는 것이다.

이 세 가지 명제는 되도록 잊지 말기 바란다.

최근 들어 국내 공인중개사 시험 응시자가 40만 명에 달해 역대 최다를 경신했다. 대한민국의 특수한 상황 덕분에 부동산 관련 비즈니스가 발달하는 중이다. 당연히 기존 공인중개사 시장과 마찰이 있을 것이다. 하지만 이런 시장에서 발전하는 다른 나라의 사례를 보면서 새로운 부동산 중개업 시장을 모색해보자.

여성 & 저가매물 전문 부동산 비즈니스

부동산 거품이 붕괴한 것은 일본이 먼저다. 물론 대한민국은 정부의 실책으로 인해 부동산 가격이 계속 우상향하고 있지만(2021년 기준), 언젠가 추락하는 날이 오리라 예측한다. 그래서 거품이 우리보다 먼저 꺼진 일본 부동산 비즈니스에서 두각을 나타낸 사례를 참고해볼 만해서 소개한다. 그토록 비싸다는 일본의 땅값이 거품경제가 꺼지면서 부동산 하락이 나타났다. 이 시기에 여성으로서 두각을 낸 부동산 중개업 사례다.

유명 부동산 회사 중견 여사원 출신의 40대 여성 CEO는 샐러리맨 생활을 그만두고 나름 색다른 부동산 중개회사를 설립했다. 거품경제의 거품이 붕괴하기 시작한 직후여서 땅값과 임대료가 밑을 향해 바닥을 모르는 하강을 할 때였다.

그녀는 기존 부동산 회사에서 배웠던 노하우를 가지고 다른 부동산 업자들이 거들떠보지도 않던 저가형 맨션과 주택만을 중개하는 데 주력했다. 건당으로 치면 당연히 중개수수료가 적은 것은 당연지사. 그렇지만 그녀는 남들보다 더 많이 발로 뛰는 것을 원칙으로 하면서 다른 업체들이 제공하지 않는 고객에 대한 서비스의 극대화에 집중했다.

특히, 여성 고객층에 적극적인 공략을 했다. 거래에 필요한 서류와 융자 등에 대한 설명은 기본이고, 부동산 거래에 관해 문외한이 많은 일본 여성층을 상대로 부동산 법 관련 정보와 금융정보 위주의 서비스를 제공하는 데 집중했다. 당시 일본 부동산 업계에서는 외국인과 여성은 거의 같은 수준의 거래금기 대상 취급을 받았다고 한다. 안정적인 수입이 있다고 해도 보증인을 비롯해 까다로운 조건을 걸기가 일쑤였고, 은행 창구에서도 거절당하기 십상이었다고 한다. 그래서 사실상 주택융자도 얻기 힘든 상태였지만, 이 여성 CEO의 남다른 서비스가 이런 불편을 겪고 있는 여성 고객들에게 자연스럽게 소문이 나게 됐다. 당연히 신생 회사지만 많은 여성 고객들이 몰렸다.

즉, 여성 위주로 고객층을 특정했고, 저가 가격대의 물건만을 발품을 통해
진행한 점이 성공해서 여성형 디스카운트 부동산이라는 별명을 얻는 등 부동
산 대행사로서 입지를 단단히 굳히게 됐다.

우리나라도 1인 가구에만 저가로 알선하는 전문 부동산 대표 브랜드가
아직 없으므로 이 비즈니스에 도전하는 1인 창업가가 탄생하기를 희망한다.

여성 & 고급주택 전문 부동산 업자

지금은 아주 흔해졌지만 여성이 부동산 중개업체를 운영한다는 것은 미국
에서도 힘든 사업영역이었던 시절인 1981년에 창업해 성장 가도를 달려온 회
사다. 아파트보다는 주택이 주류인 미국 사회에서 특히 텍사스 댈러스의 고
급주택을 상대로 하는 부동산 중개로 성공해 억만장자 대열에 선 여성의 성
공 스토리다.

부동산이라는 영역은 섬세한 여성에게 더 맞는 직종일 수도 있다. 집 안에
오랫동안 있는 사람은 다름 아닌 여성이기 때문이다. 집 안의 내부 구조가
살림하고, 양육하기 편한지 살펴볼 수 있는 눈은 여성이 더 발달해 있지 않
을까 싶다. 요즘 싱글로 사는 여성이 늘어나기 때문에 1인 싱글 여성 전문 부
동산 업체를 창업하는 것도 비어 있는 시장이라 생각되어 적극적으로 추천
하고 싶다.

특히 대한민국은 2019년부터 인구는 줄어들고 있지만, 주택 수요의 기본
단위인 가구 수는 2030년까지 늘어날 전망이고, 동시에 1~2인 가구 비중도
점차 늘어나 소형 주택 증가는 피할 수 없는 대세가 될 것으로 보인다. 삼성
경제연구소에 따르면, 1~2인 가구 비중은 2030년에는 51.8%로 높아질 것이
라고 한다. 주택유형별로는 수요자 중심의 '맞춤형 주택'이 인기를 끌 가능성

이 커 보이며, 고소득 전문직종에 종사하는 독신 여성, 이른바 '골드미스' 층을 겨냥해 여성 부동산 중개업체 경영 및 전문가가 되길 바란다. 독신 여성 그리고 골드미스 전문 여성 부동산 전문가로 브랜딩을 해보길 권장 드린다.

21세기 사업은 '선택과 집중'이 정말 중요하다. 부동산도 일반 부동산 소개업체가 아닌, 특정 시장을 타깃으로 하는 특화된 부동산 업체를 기다리는 중이다.

향기의 여왕, 허브를 넣은 베개를
수작업으로 한다고?

여성으로 온라인 창업에 대박 난 사례 중 하나다. 창업 아이템의 다양성을 알려 드리고자 한국보다는 미국의 예를 든다. 대부분 어머니인 여성이 실생활을 하면서 불편했던 점을 그냥 지나치지 않고 사업으로 끌어낸 사례다. 그야말로 실용주의 미국의 한 단면을 보게 될 것이다.

편안하고 빠른 잠자리를 위해 '허브'가 든 베개를 만들어 팔게 된 창업자는 아이를 혼자 키우는 싱글맘이다. 세상에는 참으로 많은 베개 종류가 있다. 하지만 자연 친화적이고 친환경 제품으로 다가오는 베개는 드물어서 비어 있는 시장이란 생각이다. 사업을 시작한 지 10여 년밖에 지나지 않았지만, 마니아층이 많다. 쇼핑몰 사이트도 아주 쉽게 제작했고, 상품의 수도 단출하지만, 매출이익액은 예상보다 많아 쏠쏠하다고 한다.

미국의 경우, 수면이 다이어트나 운동 못지않은 건강 관심사로 주목받으면서 관련 산업이 급성장하는 중이다. 불규칙한 생활과 걱정, 불안, 카페인 과다 섭취 때문에 잠 못 이루고 괴로운 밤을 보내는 이들을 겨냥한 '수면 경제(sleeponomics)' 규모가 점점 커지고 있다고 한다. 더욱이 수면무호흡증 환자가 점점 늘어나고 있는 형편에서 수면 관련 사업이 점점 커지는 것은 당연하다.

미국의 유명 쇼핑몰에 가보면 600달러짜리 소음 완벽 차단 귀마개, 말의 털이 들어가는 6만 달러짜리 숙면 침대, 열여섯 종류의 매트리스와 삼십 가지의 베개를 파는 고급 상점도 등장했다. 우리나라도 수면 경제가 커지는 것은 미국과 비슷하다. 한국은 경제협력개발기구(OECD) 국가 중 잠을 가장 적게 자는 나라이기도 하다.

여기서 중요한 점은 새로운 베개의 탄생 시, 브랜딩이 상당히 중요하다는 점을 강조하고 싶다.

자고로 국민소득이 3만 달러 이상으로 올라가면 삶의 질을 돌아보고 양질의 수면을 통해 정신 건강을 높이려는 사람들이 늘어나기 마련이다. 특히 도시 생활로 스트레스가 많은 사람들이 편안한 수면을 돕는 제품을 구매하려 한다. 그래서 많은 업체가 수면 경제에서 치열한 경쟁 중이다.

다시 정리하자면, 아이 하나만 키우는 싱글맘이 자녀의 쾌적한 수면을 위해 직접 제조한 허브 베개가 입소문을 타고 내셔널 브랜드가 되면서 사업에 성공한 사례다. 우리나라에서도 스토리텔링 방식으로 엄마가 직접 제조한 베개를 브랜드화한다면 승산이 있어 보인다. 왜냐하면, 그저 그런 베개가 너무 많이 시장에 존재하기 때문이다. 제대로 된 브랜드 파워가 있는 베개가 보이지 않기 때문이다. 특히 엄마의 정성과 사랑으로 직접 만든 베개 브랜드는 더더욱 찾기 힘들다.

갑자기 많은 사람이 모이는 곳에
꼭 필요한 서비스는?

일시에 많은 사람이 모이는 장소에 가면 가장 난감한 일은 무엇일까?

정답은 '화장실을 찾는 일'일 것이다. 특히 야외에서 한꺼번에 여러 사람이 모이는 장소에서는 깨끗하고 편안하게 볼일을 보는 것은 애초에 포기해야 한다. 이런 특별한 경우에 장소와 시간에 맞춰 움직이는 화장실을 빌려주는 회사가 있다. 갓난아이를 위한 휴대용 변기, 건설현장에 필요한 휴대용 변기, 장애인을 위한 휴대용 변기 등 다양한 변기를 렌트해주는 회사가 이번 사례의 주인공이다. 물론 온라인으로만 하는 비즈니스다.

이 사업의 힘든 점이라면 사용 후 휴대용 변기의 청결함 유지다. 사후관리가 이 사업의 핵심이다. 역시 남들이 하기 싫어하는 불편함을 해결해주는 사업은 지구상에서 영원히 살아남을 것이다.

우리나라에서도 전국이 건설현장이기 때문에 이와 같은 이동식 변기 대여 사업은 꾸준히 이어지리라 예상된다. 하나의 건설현장에서 필요로 하는 변기의 숫자도 상당할 것으로 보인다. 앞서 말했듯 이 사업의 핵심은 사후관리이므로, 철저한 위생관리를 지속하지 못한다면 이 사업이 지속하지는 못할 것이다. 이 사업 역시 미국에서 성공한 사업인데, 여성이 CEO로서 사업을 확대하는 중이다. 맨 처음 건설현장 이동식 변기 대여사업에서 시작해 점차 사업영역을 넓혀가는 중이다. 야외결혼식에 필요한 조금은 고급스러워 보이는 인도어형 욕실 딸린 화장실 대여사업, 허리케인 같은 비상사태가 발생한 지역에 필요한 샤워 시설이 가능한 이동식 화장실 대여사업 등 새로운 사업개척에 열심이다. 당연히 미국에서 잘나가는 여성 사업가로 자리매김하는 중이다.

그리고 이 사업과 관련해서 색다른 연관 사업들이 등장하기 시작했다. 네덜란드에서는 여성들이 남성처럼 서서 소변을 볼 수 있는 깔때기 모양의 휴대용 변기 용품이 나왔다고 한다. 즉, 바운드리스(boundless)라는 뉴 트렌드다. 즉, 지금까지 남성만이 서서 소변을 보던 방식을 여성도 경계 없이 채택한 사례인데, 변기를 휴대한다는 개념도 상식을 깬 획기적인 일이다.

영국 브리스톨 대학교를 졸업한 두 여성이 개발해 이 대학 창업 공모전에서 1등을 차지한 이동형 여성 화장실 비즈니스다. 여성이라면 공중화장실 앞 긴 대기 줄에 난감했던 경험이 누구나 한 번쯤은 있을 것이다. 이런 불편을 해결하기 위해 탄생한 화장실이다. 이들은 새로운 개념의 여성용 화장실을 개발하기에 앞서 영국 여성 2,000명을 인터뷰하고 조사한 결과, 여성 화장실의 줄이 남성 화장실보다 34배가량 긴 것으로 나타났다. 이렇게 긴 줄이 생성되는 이유를 파악하고 이를 줄이기 위한 여러 번의 실험을 통해 탄생하게 된다.

공간을 최소화하기 위해 문을 없애고 대신 가림막을 설치했고, 좌변기 대신 쪼그려 앉는 화변기를 설치한 게 특징이다. 공간에 따라 화장실의 구조를 변형할 수도 있고, 변기의 개수도 마음대로 조절할 수 있다. 이를 통해 사용 시간을 기존 화장실의 6분의 1로 줄인다고 한다. 화변기를 설치한 이유는, 이들이 조사한 결과 80%의 여성이 변기 시트에 피부가 닿는 것을 피하려고 엉덩이를 떼고 소변을 보고 있었기 때문이다. 그리고 변기 시트를 닦거나 화장지를 시트에 깔아놓은 뒤 앉는 등 시간이 지연되는 현상을 파악했기 때문이라고 한다.

지금까지 우리가 갖고 있던 고정관념이 해체되기 시작한다. 예를 들어 한 세기 전만 해도 남성들이 부엌에 들어가는 것을 금기시했던 대한민국 주방문화도 시간이 흐르면서 남성도 주방에서 요리도 하고 설거지도 하는 것이 자연스러운 세상이 됐듯이 말이다.

경계가 점차 사라지는 (바운드리스) 글로벌 환경 속에서 기업들이 소비자의 마음을 움직일 수 있는 새로운 소비 트렌드가 속속 등장하는 중이다. 여기에 휴대용, 이동형, 간편함 등의 키워드를 사업으로 연결한 신상품도 등장했다. 요즘 야외 캠핑을 상당히 많이 애용하는 추세인데, 아무래도 야외 캠핑장을 가게 되면 화장실이 가장 문제가 아닌가 싶다.

그래서 공공화장실에서도 나만의 비데로 청결함을 유지하고, 자신의 용변을 직접 담아 처리하는 휴대용 용변처리 세트도 등장했다. 이는 휴가철을 앞두고 국립공원이나 이동식 화장실을 이용할 기회가 많아지면서 휴가지에서도 내 집처럼 깨끗하게 '볼일'을 보려는 소비자의 필요성이 증대했기 때문이다. 여기에 더해서 어디서든 변기 위에 씌워 쓸 수 있는 휴대용 변기 커버 시트도 상당히 매출이 늘고 있다고 한다. 얇은 종이로 만들어 사용 후 버리는 일회용 변기 커버 시트나 좌변기를 닦을 수 있는 제품도 상당히 인기가 높다. 눈여겨보기 바란다. 그리고 이동형 화장실 비즈니스도 품격 있는 화장실 문화를 위한 필수품으로 자리매김하는 중이므로 유념하기 바란다.

여성만을 위한 여행 가방은
뭐가 다를까?

　여행을 좋아하는 미국의 두 여성이 여행에 필요한 가방류(핸드백 또는 러기지)를 멋진 원단으로 새롭게 디자인해 팔기 시작했다. 천편일률적인 여행 가방에 질린 여성 고객층을 흡수하면서 회사가 성장하는 중이다. 일반적으로 여행용 러기지류는 대부분 남성 지향적으로 디자인된 것이 많아 여성 여행객들로부터 외면을 받아 오던 중 새로 제작된 면으로 만든 여행 소품 가방 등은 인기리에 판매가 되고 있다(https://verabradley.com).

　우리가 널리 잘 알고 있는 루이비통은 고급 여행 가방으로부터 시작된 브랜드다. 루이비통의 기원이자 역사의 시작은 역시 모노그램 백이다. 소가죽 소재의 핸들은 1954년에, 모노그램 캔버스 천은 1896년에 만들어졌다는 사실은 명품을 좋아하는 분이라면 익히 알고 있는 팩트다.
　불황이 지속하고 코로나19 때문에 여행 갈 기회가 줄어든 것은 사실이다. 하지만 나만의 명품 여행 가방을 갖고자 하는 소비자의 욕구는 줄어들지 않았다. 수중에 돈이 많이 없지만, 소비자들은 여전히 럭셔리한 것을 체험하고 싶어 하고, 선물하고 싶어 한다. 소비자들은 무조건 비싼 명품에 집착하기보다는 스스로 가치 있는 브랜드를 발굴하고 싶어 하는 욕구가 커지는 중이다.

그래서 그런지 명품 패션 주문 제작방식인 'MTO(made to order) 서비스'를 하는 명품 가방업체들이 속속 등장하고 있다. 명품 패션업계에서는 'MTO'라고 불리는 주문 제작 서비스가 대세란 이야기다. 세상에 온리 원(Only One), 나에게만 디자인된 최애 명품 아이템이다.

명품 대중화 시대라고 할 정도로 명품 패션 제품을 보유한 소비자들이 많다 보니 나만의 특별한 제품에 대한 선호도가 높아지고 있다. 그래서 기존의 제품 디자인은 유지하되 색상·소재 등을 개인 취향에 따라 달리할 수 있다. 예를 들어 명품 여행 가방의 기본 디자인은 유지하면서 다양한 가죽 소재와 천 또는 액세서리를 수정하는 등 자신만의 독특한 디자인을 선택할 수 있다. 당연히 본인이 선택한 가죽 소재와 색상 등을 적용한 가방 디자인을 IT 기술의 도움으로 시뮬레이션을 미리 볼 수도 있다.

앞으로 코로나 상황이 잠잠해지면, 금·토·일 단 3일, 반짝 해외여행을 즐기는 도깨비 여행족이 상당히 많아질 것이다. 이제는 해외여행이 큰마음을 먹고 떠날 일이 아닌, 일상생활의 일부가 될 듯싶다. 짧게, 그리고 자주 떠나는 것이 여행 트렌드로 굳어지리라 예상된다. 다른 나라에 가서 숨 한번 크게 쉬고 싶은 사람들이 너무나 많으므로 날 잡아서 해외여행 가는 방식은 분명 아닐 듯싶다.

이런 변화된 여행 트렌드에 발맞춰서 여행 가방 디자인과 소재의 변화가 분명히 오리라 예상된다. 예전에는 눈으로 보기에 튼튼한 알루미늄 같은 하드케이스가 인기였다면, 이제는 나일론 같은 가벼운 소재에다가 빨강·노랑·오렌지와 같은 총천연색의 컬러 제품이 주종이 될 수도 있다. 공항에서부터 가방 하나로 나만의 고급스러운 패션 스타일을 연출할 수 있도록 도움을 주는 여행 가방의 탄생은 필연적일 듯싶다.

동시에 명품 여행 가방을 직접 사지 않고 렌탈해서 사용하기도 한다. 프리미엄 아이템이 주로 렌탈의 대상인데, 렌탈 후 구매하거나 자유이용권 개념의 패키지도 이용할 수 있어 소비자 선택권을 넓힌 서비스도 등장했다.

향후 여행 가방 시장에 판도를 바꿀 새로운 비즈니스가 탄생하길 바라는 의미에서 여성용 여행 가방 비즈니스를 추천한다.

요가 수련소가
움직인다고?

한마디로 요가 수련과 요가 의류를 파는 비즈니스다.

전 세계적으로 요가는 이젠 대중적인 헬스 대표상품이다. 미국에서도 여성들을 중심으로 요가가 생활화되어 가고 있다. 어렵게 접근한 것이 아니라 재미있게 접근해서 보기 좋다. 임산부를 위한 요가, 사무실에서 함께하는 요가, 아가와 함께하는 요가 등 다채로운 경우의 요가 수련방법을 가르쳐준다.

요즘 미국인들은 그냥 다이어트를 하지 않고 '독소 제거'와 '에너지 강화'를 동시에 한다. 그래서 새로운 삶의 해법을 찾기 위해 너도나도 요가도 하고, 명상도 한다. 요가를 수련하는 미국인이 2008년부터 2016년 사이에 2배로 늘었다고 한다.

스티브 잡스(Steve Jobs)도 생전에 선불교와 요가에 심취했다. 그의 인생관도 요가와 명상 때문에 정립됐다는 이야기도 있다. 명상은 잡념을 일념으로 대체하는 수업이다. 과거나 미래가 아닌 '지금 여기'에 집중해야 한다. 현대와 같은 복잡한 세상에 사는 현대 소비자들에게 정말 꼭 필요한 과목이라고 생각된다. 주기적으로 일주일에 3회에서 4회를 뱃살 빼는 운동도 병행해야 한다.

영양 공급과잉의 현대 도시 소비자들에게 가장 필요한 것은 신체 여러 부분에 축적된 지방을 없애는 방법일 것이다. 선진국 밀레니얼 세대가 공통으로 운동을 주기적으로 하면서 자신의 몸매를 매력적으로 만들어가는 과정을 인스타그램에 자랑하듯, 부러워만 하지 않고 바로 당장 주기적인 운동을 습관화하는 소비자들이 늘고 있다. 오래 사는 것보다 더 중요한 것은 건강하게 오늘을 사는 것에 한 표를 던진다.

여기서 한 걸음 더!

찾아가는 요가 명상 서비스를 제공해보자.

기업체가 많이 몰려 있는 서울의 강남, 마포, 광화문 등을 물색해서 B2B 계약을 맺고, 해당 기업체에서 좀처럼 시간을 낼 수 없는 여성 직원을 위한 복지 차원으로 요가, 명상 서비스를 제공하는 방식을 적극적으로 추천하고 싶다. 20~30대 직장인들은 점심시간을 쪼개 자기계발에 적극적이기 때문에 점심시간을 적극적으로 활용하도록 만드는 것이다. 퇴근 후엔 야근·회식·육아와 밀린 집안일로 시간을 내기가 좀처럼 어려운 현실을 고려한다면, 점심시간에 찾아가는 요가, 명상 서비스는 정말 필요한 서비스 비즈니스가 아닌가 생각된다.

여기에 현대인들의 스트레스를 해소해주면서 돈을 버는 특별한 사업이 또 있어서 소개하고자 한다. 바로 '온라인 명상 앱 비즈니스'다.

일본 도쿄의 대형 사찰에서는 불교 사찰에서는 보기 드문 여러 가지 사업 확장에 나섰다. 온라인 추모 서비스를 시작으로 커플 매칭, 요가 수업, 카페 등 다양한 분야로 발을 넓히고 있다는데, 종교단체에서 이런 뉴 비즈니스에 열을 올리는 이유는 무엇일까?

일본 내 불교 시설(사찰과 포교소 등) 수는 8만 4,000여 개로 전국 편의점 개수(5만 5,000개)보다 53%나 많다고 한다. 전 세계 신종 코로나 대유행으로 인해 종교 집회 활동이 제한되면서 이들 모든 종교인의 생존이 위협을 받게 됐다. 이곳 일본의 불교 사찰도 마찬가지다. 스님들의 수입이 없어지면서 생존에 위협받게 됐다. 거의 모든 종교시설에 신도들이 모여야 하는데, 모일 수가 없으니 당연히 사찰 및 교회 등의 경영에 어려움이 찾아온다. 그래서 자구책으로 새롭게 시작한 비즈니스인데, 해당 서비스의 여러 종류를 알아본다.

① 명상 앱을 만들어 유료로 서비스를 한다. 3개 국어로 서비스되며 월 960엔(약 1만 원)의 이용료를 받는다.
② 스님들이 '애완동물 장례식'에 파견되어 명복을 빌어주고, 불교식 이름을 붙여준다.
③ 비대면 행사로서 온라인 장례를 주관해 방송 대행을 해준다. 유족들은 줌(zoom), 라인(line) 영상통화, 유튜브 중 하나를 선택하고, 위패를 사찰에 보내면 담당 스님은 유족이 선택한 서비스를 이용해 장례를 중계 방송해준다.
④ 전 세계인을 대상으로 한 '온라인 유료 좌선회'를 개최한다. 일본어 외에 영어와 중국어도 제공된다.
⑤ 사찰 본당에 기업 연수 프로그램을 유치해 진행한다.

현대인들이 가지고 있는 스트레스와 불안감은 다른 사람에게 쉽게 이야기하기 힘든 영역이란 생각이 늘 있다. 마음은 괴롭고 힘든데도 불구하고 환한 미소를 지으며 일상생활, 사회생활을 해야 할 때도 있다. 그래서 나를 다스리는 마음 챙김을 하고 싶은 현대인이 많다. 특히 도시에 사는 도시 소비자 중에 자신의 어지러운 감정을 정리하고 싶어 한다.

여기에 코로나19로 인해 사람 간의 모임도 쉽지 않고, 도시에서 멀리 떨어진 지리적으로 먼 곳에 거주하는 분들을 위한 앱을 통한 명상방법은 상당히 현실적이다. 앱을 통한 명상과 불교 강연 앱은 적은 비용으로 마음 챙김이 가능한 방법이므로 우리나라에서도 상당히 인기리에 애용되고 있다.

코로나19로 급속히 찾아온 언택트 시대는 장소와 시간을 뛰어넘는 온라인 강좌가 상당히 많이 발달하고 있다. 특정 종교에 국한된 상황은 아니라고 보이며, 이런 비대면을 통해서라도 많은 사람에게 희망과 위안을 줄 수 있다면 좋겠다는 생각이 든다.

우리나라에서 안이하게 사찰을 운영하는 불교계 종사자분들에게 좋은 정보라는 생각이 든다. 우리나라 사찰운영 방식에도 찾아가는 서비스를 개발하는 등 좀 더 적극적인 포교를 하는 일대 전환이 오는 세상이 되기를 바란다.

이처럼 전 세계 여성들의 요가 열풍에 편승해서 부가사업이 계속 탄생하고 있다. 가장 먼저 탄생한 애슬레저 요가복의 열풍은 지구촌을 뜨겁게 달구는 중이다. 우리나라도 요가복을 평상복처럼 입고 거리에 나서는 여성들이 점차 늘어나고 있다. 요가 학원이나 요가 수련원도 곳곳에 있다. 하지만, 아직 대표적인 요가 수련원은 없는 듯싶다. 뛰어난 브랜드 효과를 누리는 요가 수련원이 없다는 이야기다. 여기에 사찰에서 진행하는 명상 앱 사업도 눈여겨볼 만하다.

그러므로 필자가 볼 때는 요가와 명상 그리고 식이요법을 동시에 함께 가르치는 수련소가 나오면 더 좋겠다는 의견을 보태고 싶다. 당연히 부가서비스로 자체 디자인한 요가복인 애슬레저 의류도 함께 판매하는 사업적 센스도 필요해 보인다.

쉼터

엄마는 CEO

대한민국 대부분 여성은 결혼과 출산으로 인해 경력단절이라는 과정을 겪게 된다. 하지만 이를 슬기롭게 이겨내고 세계적인 기업으로 만든 '토리버치(Tory Burch)' 같은 대단한 여성 창업을 독려하고 싶다.

원래 엄마는 강하고 위대하다. 그래서 토리버치의 사례를 다시 정리하면서 대한민국에도 여성 CEO, 엄마 CEO, 나아가 세계적인 브랜드의 CEO가 생겼으면 한다. 다른 나라의 유명 브랜드를 M&A 하는 방식이 아니라 맨바닥에서부터 시작해 세계적인 브랜드로 포지셔닝하는 명품브랜드를 대한민국에서도 만들어보자.

"야망을 품는 것(embrace ambition)이야말로 꿈을 좇는 여성들이 꼭 갖춰야 할 덕목입니다."
미국의 패션 브랜드 '토리 버치'의 창업자 토리 버치 CEO가 서울 E 대학교에서 연설한 내용 중에 가장 강조한 문구다.
그렇다면 그녀는 어떻게 세계적인 패션 브랜드를 창조해낼 수 있었을까? 그 궤적을 따라가보자. 그녀가 도전한 삶의 궤적을 거꾸로 살펴보면서 대한민국에도 멋진 여성 CEO가 탄생하길 기대해본다.

세계적인 브랜드를 이끄는 그녀 또한 '경력단절 여성(경단녀)'이었다. 결혼하기 전에는 '랄프로렌', '베라왕' 등 유명 브랜드에서 경력을 쌓았다. 이혼한 남편과의 사이에서 낳은 아들 셋과 입양한 딸 셋을 키우면서 자수성가한 대단한 인물이다.

그녀의 성공은 기존 미국 패션계에서 대유행했던 하이힐에 대한 역발상을 첫 작품으로 선정하면서부터다. 자신의 이름을 브랜드화한 플랫슈즈(Flat Shoes)가 시장에서 대단한 반응을 받으면서부터 그녀의 브랜드 가치가 인정받기 시작한다.

그때가 바로 2004년이다. 뉴욕 맨해튼에 자신의 이름을 그대로 채택한 매장에서 새로운 성공 신화가 시작된다.

'토리 버치'는 특유의 T자 모양 로고와 1950~1970년대 레트로 스타일 패턴으로 디자인한 플랫슈즈로, 토리 버치의 어머니에게서 영감을 받아서 만들었고, 브랜드도 어머니 이름에서 가져와 '레바(Reva) 발레리나 플랫슈즈'라고 칭한다. 그때까지 화려한 색상의 하이힐이나 스니커즈로 양분되던 여성 신발 시장의 오랜 흐름을 바꾼 셈이다. 낮은 굽에 깔끔한 색채와 디자인으로 무장한 플랫슈즈를 미국을 포함해 전 세계에 유행시킨 것이다. 이 첫 번째 작품이 성공함으로써 그야말로 명품 패션계에 이름조차 없었던 '토리버치' 브랜드는 첫발을 성공리에 내딛게 된다.

이후 여러 차례 패션 관련 상을 받으며 패션업계에서 점점 입지를 굳히게 된다. 2005년에는 패션 그룹 인터내셔널이 준 '신규 브랜드상', 2008년에는 미국 패션디자이너협회(CFDA)가 준 '올해의 액세서리 디자이너상' 등을 수상하게 된다.

여러분도 잘 알다시피 한 번 성공이 어렵지, 성공하게 되면 그 이후는 사업이 순풍에 돛단 듯 자연스럽게 진행된다. 맨 처음 납작신발로 시작된 토리

버치 브랜드는 특유의 컬러와 프린트, 섬세하고 디테일한 디자인으로 높은 평가를 받으면서 패션의류, 가방, 액세서리까지 폭넓게 아이템 영역을 넓히는 중이다. 2013년에는 세계적인 화장품 회사 에스티 로더(Estee Lauder)와 손잡고 향수와 화장품을 선보였고, 2009년에는 이탈리아 안경 회사 룩소티카(Luxottica)와 파트너십을 맺었으며, 2014년에는 미국의 파슬(Fossil)과 함께 시계 브랜드도 런칭하는 등 토탈패션 브랜드로 자리매김 중이다.

여기에 2004년 오프라인 스토어 런칭과 함께 시작한 온라인 스토어 '토리 버치 닷컴(toryburch.com)'을 선보였는데, 유행에 민감한 젊은 여성을 타깃으로 새로운 패션 정보를 계속 전달함으로써 자연스럽게 구매로 이어지게 만드는 전략도 성공했다.

이후 2009년부터는 '토리 버치 블로그(Tory Burch Blog)'라는 블로그마케팅을 계속 전개하다가, 스마트폰이 보편화한 2012년부터는 '토리 데일리(Tory Daily)'라는 전용 애플리케이션(앱)을 출시해 SNS 마케팅을 전개하고 있다. 당연히 트위터(Twitter), 페이스북(Facebook), 웨이보(Weibo), 핀터레스트(Pinterest), 텀블러(Tumblr), 인스타그램(Instagram) 등 다양한 SNS 매체를 이용해 젊은 여성들이 스스로 홍보를 하게 만드는 전략을 구사하고 있다. 그야말로 파죽지세로 사업을 넓히는 중이다.

이로써 '토리 버치' 브랜드는 온·오프라인을 넘나드는 브랜드 홍보전략과 토탈패션 브랜드로 자리매김을 계속하면서 더욱더 브랜드 가치를 높이고 있다. 우리나라에서도 토리버치를 능가하는 엄마 CEO로서 대표적인 인물이 탄생하길 기원해본다.

여성만 가지고 있는 특장점을 살려서 기존 사업영역에 도전해보자.

2-3

식스포켓 키즈

맞벌이 부모의 아이가
갑자기 아프다면?

만약 당신이 맞벌이 부부라면, 그리고 당신의 아이가 아프다면 어떻게 해야 할까? 친가나 외가에 아이를 맡기고 쉽게 직장에 갈 수 있을까? 아이가 너무 아파서 유치원이나 학교에 가지 못할 때, 직장생활하는 당신은 과연 어떻게 해야 할지에 대한 대안을 제시하는 사업이다.

아이가 어리고 돌봐줄 사람이 곁에 없을 때, 부모로서 일을 빠지고 아이를 돌봐야 할지, 아니면 직장인으로서 업무에 더 충실해야 할지를 두고 갈등할 수밖에 없는 상황이 있다. 그렇다고 무작정 부모님에게 맡길 수도 없다. 연세 많으신 분들에게는 힘든 일이기 때문이다. 그렇다면 이런 상황을 대신해주는 서비스가 필요로 하게 된다. 바로 이런 부모들만을 겨냥해 만든 서비스 사업이다.

'치킨 수프+너싱(Chicken Soup + Nursing)'이라는 사업을 전개하는 이 업체는 그리 심각하지 않은 질병을 앓는 아이들을 간호해주는 서비스를 전개하고 있다. '치킨 수프+너싱(Chicken Soup + Nursing)'은 열, 결막염, 발진 등을 앓아서 학교에 가지 못하는 12세 이하의 아이들을 대상으로 20개의 침대를 갖춰두고 있다. 병원의 병실과 비슷한 환경에서 어린이들은 의사나 간호사로부터 진료를 받고, 보통은 다양한 종류의 침대 요양을 받게 된다. 또한, 자격을 갖춘 직원이 정기적으로 화장실 이용을 돕기도 한다.

만약 아이들이 약을 처방받게 되면 약국에서 약을 주문해 가져온 후 의사의 지시에 따라 섭취하도록 한다. 물론 아이들이 직접 집에서 장난감, 책, 휴대용 게임기를 점심 도시락이나 이유식과 함께 가져오는 것도 가능하다.

'치킨 수프+너싱'은 간식과 음료를 제공하며, 온종일 규칙적으로 부모에게 아이의 소식도 전달해준다. 이 회사는 직장에 있는 부모들이 화면을 통해 아이를 볼 수 있도록 원격 화면도 전송하며, 앞으로 24시간 휴일 없이 운영할 계획이다.

이 업체는 평일 오전 6시부터 오후 6시까지 운영한다. 어린이 4명당 1명의 직원, 유아는 2명당 1명의 직원이 배정되며, 직원과 간호사들은 모두 주 정부의 자격증을 보유하고 있다. 보통 점심 도시락이나 유아용 이유식은 집에서 준비해 와야 하지만, 점심을 준비하지 못한 경우 별도의 금액을 내면 직원이 점심 식사도 제공해준다. 그뿐만 아니라 아이의 건강 상태에 심각한 문제가 있다고 판단이 되면, 이후 아이를 응급실로 보낼 수 있도록 조처하기도 한다. 이 서비스는 2010년에 미국 워싱턴주에서 처음 사업이 시작됐다.

우리나라의 경우 2011년, 노동부가 맞벌이 부모 1,000명을 대상으로 정부의 육아 지원책 중 가장 도움이 되는 제도가 무엇인지 조사한 결과 전체 응답자의 45.8%가 '직장어린이집 제공'이라고 답했다. 실제 직장 내 보육 시설이 있으면, 여성이 출산 후 노동 시장 복귀율이 높아진다는 연구 결과가 나온 것이다.

최근에는 국가에서 맞벌이 부모를 위한 여러 가지 제도가 탄생했다. 남성 육아휴직을 촉진하는 사업으로, 육아휴직 급여 인센티브를 제공하는 제도인 '아빠의 달'을 1개월에서 3개월로 확대 시행하고 있다. 그리고 정규직이 시간선택제로 근무 형태를 일시적, 한시적으로 바꿔 근무하는 전환형 시간선택제, 종일제 보육을 이용하지 않더라도 지정된 서비스 제공 기관에서 시간 단위로 보육 서비스를 이용할 수 있는 시간제 보육 서비스, 아이 돌봄 서비스 등이 신설됐다.

그렇지만 뭐니 뭐니 해도 맞벌이 부모를 위한 서비스는 아이가 아플 때 바로 도움을 주는 서비스가 아닐까 생각해본다. 보석보다 귀한 하나밖에 없는 내 아이가 아플 때는 부모로서 대신 아파 주고 싶은 심정일 것이다.

맞벌이 부부 증가로 아이 돌봄 서비스나 어린이집에 아이를 맡기는 사례가 늘면서 사건·사고도 끊이지 않고 일어나고 있다. 정말 가슴 아픈 일이 우리 주위에서 일어나고 있는데, 맞벌이 부모들의 애간장은 타들어 간다. 비록 낮에는 남에게 맡기더라도 보육의 정성이 제대로 관리되고 전달되는 사회적 시스템이 구축되기를 희망한다.

하지만 현실적으로 이런 생각은 이상향에 가까우므로 사설 시설이라도 정말 아이를 사랑하는 사람이 운영하는 돌보미 사업이 진행되기를 간절히 바란다. 국가가 대신해 줄 수 없는, 아이가 아플 때 꼭 필요한 이 서비스는 우리나라에서 하루빨리 시행됐으면 한다. 대신 이런 회사에 대한 관리 감독도 함께 시스템에 녹여내야 한다.

그냥 장난감 말고
뭔가 아이에게 도움이 된다면

교육용 장난감을 판매하는 여성 창업자는 미국에 사는 엄마로서 자식을 창의적인 아이로 발달시키고 싶은 마음에 교육용 장난감 전문 업체를 만들었다고 한다. 교육용 완구와 유아, 아동용 책을 주로 판매하는데, 온라인과 직접 판매를 겸하고 있다. 엄마의 마음으로 상품을 선택하고, 전문가를 통해 상품의 안전성과 우수성을 검증한 상품만을 팔겠다는 초심을 잃지 않고 잘 운영하고 있다(https://www.funtastictoy.com, https://www.discoverytoys.net).

알다시피 아무리 생활비를 아껴야 하는 지금과 같은 불황의 시대에도 한 달에 장난감 구매비는 무시 못 한다. 생활비를 아끼느라 가족끼리 외식을 거의 하지 않는다고 하더라도 아이들이 좋아하는 장난감, 특히 교육용 놀이 장난감은 사줄 수밖에 없다. 경기침체로 소비심리가 위축된 요즘, 불황을 모르는 산업이 바로 유아나 어린이를 대상으로 한 완구 시장이다.

그리고 여기서 알 수 있듯이 "조금 사업을 창업해서 하다가 안 되면 말고" 하는 식으로 창업해선 안 된다고 생각된다. 처음에는 부업으로 시작하겠지만, 자신의 아기에게 맞는 상품을 골라 사이트에 올려 판매를 하면서 상품의 양과 질이 늘어 가리라 예측된다. 큰돈을 버는 것보다는 양질의 콘텐츠를 제공함으로써 많은 사람에게 도움을 준다면 사업도 저절로 빛을 발할 것이다.

이 사업의 핵심은 교육용 장난감을 갖고 노는 아이보다 이 장난감을 실제로 구매하는 부모의 눈높이에 맞춘 마케팅을 잘해야만 한다는 점이다. 교육용 장난감 유통 마케팅의 승부는 지갑을 여는 부모 고객과의 심리전에 달려있다는 점을 기억해야 할 것이다. 즉, 아이의 눈높이가 아니라 아이 부모의 눈높이를 맞춰서 꼭 사야 하는 잇템으로 자리매김해야 하는 전략이 필수다. 당연히 어린이 고객으로서는 무조건 예쁘고, 갖고 놀면 재미있는 장난감을 선호하겠지만, 부모에겐 아이에게 미치는 교육 효과와 이용상의 안전성 같은 요소가 더 중요하기 때문이다. 여기에 집 안에 아이는 하나지만, 6개의 포켓(아빠, 엄마, 할아버지, 할머니, 외할아버지, 외할머니)에서 나오는 지원금이 작지 않으니 당연히 뭔가 특별한 장난감이 대세가 된 듯싶다.

최근에는 인공지능과 사물인터넷(IoT) 같은 차세대 정보통신기술(ICT)이 접목된 교육용 완구가 완구 시장의 트렌드로 자리매김하고 있다. 그래서 공룡의 배를 누르고 질문하면 바로 그에 대한 답을 알려주는 방식이다. 바로 미국에서 화제인 '코그니토이(CogniToy)'라는 인형이다.

인식력(cognitive)을 갖춘 장난감(toy)이라는 뜻인데, 일명 '스마트토이'라 불리는 교육용 완구가 기존 무미건조한 아동완구 시장을 공략하는 중이다. 이렇게 교육용 스마트토이가 인기인 이유는 간단하다. 우선 요즘 아이들이 아날로그 장난감보다 ICT 기기를 갖고 노는 데 훨씬 더 익숙하기 때문이다.

만 6세만 되어도 스마트폰과 태블릿PC를 가지고 노는 시간이 점점 더 길어지고 있다. 그래서 부모로서는 그저 그런 교육용 콘텐츠보다 4차 산업혁명에 가장 중요한 '코딩' 교육까지 담당해주기를 바라고 있다. 스마트토이는 1~2년 사이 새롭게 떠오른 교육용 완구 시장의 블루오션 분야라고 생각하면 쉽게 이해될 것이다. 아무튼, 아동용 장난감 시장은 점점 더 프리미엄이면서 스마트토이 방향으로 발전에 발전을 하는 양상이다.

초보 엄마는 젖먹이에게
어떤 도움을 줘야 할까?

    일상생활을 하면서 특히, 젖먹이 갓난아이를 키우면서 꼭 필요한데, 시중에 없는 상품을 아주 간단하게 만들어 온라인을 통해 판매하는 업체가 있다. 갓난아이에게 젖을 먹이려면 아이의 머리를 받쳐야 하는데 이때, 필요한 '슬랭킷'을 손수 제작해 자신의 아이뿐만 아니라 다른 엄마들에게도 소개하고자 시작했다고 한다. 엄마의 마음은 엄마만이 알 수 있다. '슬랭킷'이란 소매를 뜻하는 슬리브(sleeve)와 담요를 뜻하는 블랭킷(blanket)의 합성어다. 소매가 있어서 한국말로 하면 '담요옷'이라 할 수 있겠다. 참고로 '슬랭킷'은 여러분이 해외여행 할 때 꼭 필요한 필수품이다. 기내에서는 에어컨이 계속 가동되기 때문에 추위를 느낄 수 있다. 냉방병에 쉽게 걸릴 수 있으므로 여름이라도 겉옷을 반드시 챙기고 슬랭킷 담요를 따로 준비하는 것이 좋다. 옷처럼 입을 수 있는 슬랭킷 담요는 온몸을 한 번에 휘감는 크기에 축 늘어뜨릴 수 있는 넉넉한 소매가 있어 양손도 자유롭게 사용할 수 있다.

    이 사업은 엄마가 직접 만든 갓난아기용 '슬랭킷'이 잘 팔리니까 유아용 상품을 더 보강해 온라인 사이트에서 판매하며 성공적으로 운영 중이다. 필자의 개인적인 생각으로는 대부분의 미국 온라인 쇼핑몰 디자인이 우리나라의 온라인 쇼핑몰 디자인에 비해 상당히 조촐하게 구성되어 있다. 과하지 않고 핵심 정보만을 전달하는 듯싶다. 우리나라 사이트처럼 요란하고 화려하지 않아 개인적으로 보기 편하다. 군더더기 없는 아마존 사이트나 이베이 사이트 구조를 봐도 알 수 있다.

이렇게 주부면서 아기를 키우는 엄마의 마음을 헤아리는 여성 창업이 국내에도 있다. 아주 비슷한 사례다. 아기를 안을 때 사용하는 아기 띠를 제작, 전 세계에 판매해서 대박을 만들어냈다. 이 아기 띠는 이 회사의 여성 창업자가 육아하면서 구상해낸 것이다. 아기를 좀 더 편하게 그리고 오랫동안 안을 수 있는 아기 띠를 직접 만들어보기 위해 새로운 사업을 시작해서 대박을 터뜨렸다. 직접 동대문 원단 시장에서 천을 떼다가 제작했다는 이 아기띠는 입소문 나면서 유명한 '육아템'이 되었다.

그리고 중요한 점은 국내 신생아 용품 시장에 커다란 변화가 진행되고 있다는 점이다. 삼성카드의 빅데이터 분석에 따르면, 유아교육업종에서 쓴 카드 결제금액이 2년 만에 가장 많이 증가한 연령대는 60대 이상(387.6%)이라는 분석을 내놓았다. 성별로는 할머니(344.1%)보다는 할아버지(456.4%)의 증가율이 높았고, 건당 결제금액에서도 할머니는 10만 9,000원에 그쳤지만, 할아버지는 18만 4,000원을 사용했다고 한다. 건당 10~12만 원을 쓰는 30, 40대 아이 아빠보다도 통 크게 유아교육에 투자했다(<중앙일보>, 2016년 6월 2일자).

이런 트렌드는 점점 심화, 확대 중이라는 점을 기억하자. 특히 하나밖에 없는 손자, 손녀를 향한 할아버지의 사랑은 아빠, 엄마를 능가한다는 점을 기억하길 바란다. 향후 유아용품으로 창업할 사람들은 할아버지 고객을 타깃으로 아이템을 선별하고, 홍보하기 바란다.

1인 창업이면서 주부창업 방식은 그야말로 실생활에 꼭 필요한 상품이나 서비스가 대부분으로써 아직 현존하지 않는 제품이나 서비스를 직접 먼저 개발해서 대박 난 사례가 참 많다. 동서양을 막론하고 말이다.

엄마의 눈으로 시장을 보니 내 아이에게 꼭 필요한 제품이 없는 경우가 상당하다. 당연히 현명한 엄마는 직접 해당 문제점을 해결하는 솔루션을 찾아

나선다. 외국이든지, 우리나라든지 하나밖에 없는 내 아이를 위한 제품은 비어 있는 시장이 아직도 무궁무진하다는 소리다.

출산 축하 선물만을 파는
온라인 쇼핑몰로 특화할까?

　출산을 앞둔 임산부나 출산한 아기 엄마들만을 위한 온라인 쇼핑몰이다. 이 쇼핑몰의 중요한 특징은 출산 축하 선물들을 위주로 상품이 구성되어 있다는 점이다. 특히 축하 꽃다발이 주요 상품으로 판매되고 있는데, 이 꽃다발이 단순히 꽃으로 만들어진 것이 아니라, 버려진 아기들의 옷을 재활용해서 만들어진 것도 이 아이템의 이색적인 특징이라고 할 수 있다.

　이 사이트의 또 다른 특징은 출산 축하 상품들만을 판매하는 온라인 쇼핑몰이라는 것이다. 따라서 기존의 아기용품들을 판매하는 쇼핑몰들과는 달리 순수하게 출산을 축하하는 의미에서의 상품들만을 판매하는 사이트라고 보면 된다.

　그래서 아기들에게 필요한 상품들보다는 오히려 아기 엄마들에게 필요한 상품이 훨씬 더 많이 구성되어 있다. 일반적으로 출산을 축하하기 위해서 선물하는 경우 대부분 아기용품을 위주로 전할 때가 많은데, 이색적이고 차별화된 선물, 아기 엄마만을 위한 선물, 기억에 오래 남을 만한 선물을 하고 싶을 때 이 쇼핑몰을 이용한다면 큰 도움이 되리라 생각한다(https://www.babyblooms.co.uk).

국내에서도 이러한 출산 축하 전문쇼핑몰은 상당히 경쟁력이 있어 보인다. 그 이유는 아직 경쟁자가 없어 보이므로 시장을 선점할 수 있는 장점과 차별적인 상품으로 마진율이 높을 수 있기 때문이다. 여기에 입소문을 통해 지속해서 회원들을 확보할 수도 있고, 가격 대비 품질이 좋다면 회원들의 재구매율도 높아질 수 있다.

국내 출산율은 알다시피 사상 최저 수치다. 가임여성 1명당 0.837(2020년 기준)이다. 워낙 임신을 피하는 사회적 분위기에 따라 출산장려금을 주겠다는 기업체나 지자체도 있다. 정말 답답한 현상이 지속된다. 결혼을 피하고, 임신을 피하게 만드는 이상한 사회 시스템이 작동 중이다.

이런 측면에서 대한민국에서 임신과 출산은 정말 대단한 사건이 되어간다. 따라서 사회현상을 고려한다면 출산 축하 선물 쇼핑몰 비즈니스는 기획력만 받쳐준다면 상당히 인기리에 진행할 수 있어 보인다.

이 분야가 더욱 발전할 가능성이 커 보이는 이유는 또 다른 곳에 있다. 일류기업이라면 일류사원의 경사스러운 일을 그냥 지나칠 리 없다. 반드시 회장의 이름이나 사장의 이름으로 새로 탄생한 천사 같은 아이를 위해 또는 일류사원의 아내를 위한 선물을 보내줄 것이다.

당연히 이 시장은 B2B 프리미엄 선물 시장의 일환이 될 가능성이 상당히 커 보인다. 즉, 출산 기념 선물 시장은 B2B2C 시장이기에 더더욱 성장 가능성과 수익성 확대가 예측되는 시장이라는 결론에 이르게 된다.

이 사례의 쇼핑몰은 영국에서 탄생해서 그런지 상당히 절제된 느낌이 든다. 버려진 헌 옷을 재활용해서 만들어진 제품 위주로 상품을 구성했다는 점과 아이들을 위한 것이 아닌, 아기 엄마들을 위한 재활용 제품 위주라는 것이 상당히 영국답다. 아기용품 관련 시장에서 틈새형 쇼핑몰로 자리 잡을 수 있을 것이므로 주부들의 투잡 형태로도 활용해봄 직하지만, 제대로 사업을 한다면 전문 쇼핑몰로 키울 준비가 된 창업가에게 딱 맞는 시장으로 보인다.

세계적인 사업가를
어릴 때부터 키운다면

미국에서는 10대를 위해서 장래 뛰어난 사업가로 양성하기 위한 코스로 대학의 특수강좌가 개설되고 있다. 이 기관들은 사업계획서 작성법, 자금 조달법, 성공적인 기업운영법 등을 실무교육한다. 무엇보다 '누구나 노력하면 기업을 일으킬 수 있다'라는 자신감을 심어주는 데 주력한다. 이 프로그램은 직장에서 어느 날 갑자기 거리로 내몰린 부모들을 보면서 어른들을 위한 재취업 교육도 중요하지만, 10대들을 위한 기업가 양성 프로그램의 필요성이 대두되면서부터 생겼다.

동서양을 막론하고 사업으로 성공을 거둔 기업가들에게는 한 가지 공통점이 있다. 그것은 대성공하기 전에 한 번 이상 실패를 겪고 나서였다는 사실이다. 요즘같이 종신고용제가 깨져버린 기업 풍토, 그리고 언제 구조조정의 당사자가 될지 모르는 상황에서 가장이라는 위치는 위태롭기 짝이 없다. 또한, 그것을 옆에서 지켜보는 자식의 불안함은 얼마나 클까? 그래서 몇 년 전에 《부자 아빠 가난한 아빠》 시리즈가 많이 팔리지 않았던가.

'세 살 버릇이 여든까지 간다'라는 속담이 있듯이 사업가의 자질을 10대들에게 1차 경험할 수 있게 한다면, 더 큰 실수는 막을 수 있다고 본다. 우리나라의 경우 하나 또는 두 명의 자녀를 과보호하는 경향이 크기 때문에 어린이들은 자신만 아는 자기중심적인 사고를 할 수밖에 없는 상황이다. 이런 시장 상황에서 기업가적인 마인드로 키우기 위해 정신 교육 및 신체 교육을 해주는 미래의 CEO 양성코스가 있다면, 입학 여부를 고민하지 않을 수 없다.

요즘에는 금융권을 중심으로 어린이에게 경제를 알려주는 교육을 이벤트식으로 하루 정도 가르치는 예는 있지만, 일회성 행사로 진행하기에는 무리수라는 생각이 든다. 그냥 맛보기도 아니고, 이런 일회성 이벤트는 지양했으면 한다. 적어도 망하지 않는 경영, 성장하는 경영, 시대를 앞서가는 경영, 사업을 통해 국가에 보답하는 경영을 가르치려면, 제대로 커리큘럼을 만들고 제대로 선발해서 제대로 된 교사가 수업을 진행해야 할 것이다.

이 사례는 개척자 정신이 많은 미국에서뿐만 아니라 한국에서도 '예비사장학 프로그램'으로 개발해야 한다고 본다. CEO가 된다는 것, 리더가 지녀야 할 덕목 등 글로벌한 세상에서 개인과 사회의 역학관계, 그리고 권리보다는 책임과 의무에 더 힘을 쏟아야 하는 이유를 자연스럽게 터득하는 과정이 필요하다. 일류대학에 가는 것보다 더 중요한 것이 무엇인지, 돈을 왜 벌어야 하고 번 돈을 어떻게 사용해야 하는지 등 개인과 사회, 국가에 대한 개념을 심어주는 과정이 필요한 것이다.

자신의 입신양명을 위해선 수단과 방법을 가리지 않던 세대는 지금 성인 세대로서 족하다. 더는 졸부가 양산되지 않고 깨끗한 부자가 많이 탄생하도록 해야 한다.

'부자는 자식에게 유산으로 돈을 주는 것이 아니라 돈을 벌 수 있는 기술을 가르친다'라는 말이 있다.《탈무드》에서도 '물고기를 잡아주면 한 끼를 배불리 먹을 수 있지만, 고기 낚는 방법을 가르치면 평생을 배불리 할 수 있다'라는 구절이 있다. 필자가 운영하는 '김앤커머스'에서 이 비즈니스를 기획하고 있다. 관심 있는 학원사업 관련자분께서는 개별적으로 연락해주시기 바란다.

귀하디귀한 우리 아이의 이동교통편은
누구에게 맡겨야 할까?

맞벌이하는 엄마들의 가장 큰 고민은 자녀 문제다. 어릴 때는 친정 부모에게라도 맡길 수 있지만, 유치원에 들어가면서는 스케줄이 복잡해진다. 또한, 학교에서 데려오고 학원 수업을 받게 하려면 여간 힘들지 않다. 여러분 생각으로는 어떤 서비스가 필요해 보이는가?

우리나라에서도 어린이 운송업은 상당히 발달한 비즈니스 영역이다. 그렇다면 미국과 어떻게 다른지 살펴보기로 하자.

미국 캘리포니아주 산타크루즈에 사는 이 비즈니스의 창시자인 여사장은 이웃 주부들의 고민을 듣고 아이디어가 떠올랐다고 한다. 그녀는 주부들의 직장 스케줄이 아이들 때문에 엉망이 될 때가 많으므로 아이들이 원하는 곳에 쉽고 안전하게 보내줄 방법이 없을까 생각했는데, 그에 대한 해답이 바로 이 사업이었다고 한다. 어린이 전용운송회사인 '카트'를 차린 그녀는 12인승 밴을 구매해 사업을 시작했다.

학부모들은 아이들을 보내야 할 곳까지의 약도와 1인당 입회비를 내고 등록을 한다. 학부모에게 매달 청구되는 비용은 어린이 1명당 가격을 책정한다. 자녀가 많은 가정은 어린이 3명당 할인 혜택도 준다. 회사 중역인 어떤 어머니는 어린이 전용 밴을 이용한 뒤 회사 일을 마음 놓고 전념할 수 있게 됐다고 말한다.

처음 파트타임으로 시작한 사업은 곧 번창했다. 자동차 수도 6대로 늘어났고, 현재 수백여 명의 학부모들이 이 회사를 이용하고 있다. 처음에는 주당 10회에 불과했던 운행횟수도 이제는 산타크루즈 일대 25개 학교에 걸쳐 매주 450회로 늘어났다.

밴에는 도착시각이 늦으면 비상 연락을 위한 비상 연락망이 있고, 고객인 어린이들의 사진과 학부모들의 전화번호, 비상시 아이들의 건강 의료 정보 등을 기재한 서류철을 비치해놓고 있다. 만약의 경우에 대비, 회사 측은 150만 달러짜리 보험에 가입해 있다.

자, 우리와 무엇이 다른가? 미국은 어린이의 개인별 정보와 의료 정보까지 완벽하게 준비한다. 언제든지 발생할 위급상황을 대비하는 것이다.

이처럼 어린이 운송업은 우리나라에서도 상당히 인기 업종이라고 생각된다. 전국 모든 동네에서 어린이 운송업을 대행하는 회사가 많다. 그렇지만 어린이 운송업을 하려면 무엇보다 어린이들을 좋아하고 믿을 수 있는 운전기사를 확보하는 것이 중요하다. 무더운 여름날, 아이를 맨 뒷좌석에 내버려 둔 채 무책임하게 퇴근하는 불상사는 절대 발생해서는 안 된다.

또한, 어린이 개인별 의료 정보와 유의사항을 기재한 서류철을 항시 준비해야 한다. 고객인 어린이들이 만족하지 않으면 학부모들의 호응도 받을 수 없다. 그래서 어린이 운송회사는 운전기사 채용 시 가장 엄격히 심사하고 지문조회까지 한다. 모범적인 어린이 운송 대행사에서는 밴을 운전하는 기사들을 교사나 보모경험이 있는 어머니들로 구성한다.

필요는 발명의 어머니라고 했다. 이번 사례처럼 엄마가 자녀를 직접 자녀를 데려다주다 보니 여러 가지 문제점을 해결하게 됐다. 이렇게 시장의 요구를 비즈니스로 바로 응용하게 되면 그곳에 짭짤한 수입원이 된다.

학부모에게 좋은 일을 하면서 돈도 벌 수 있는 사업이다. 우리나라의 경우 운전기사의 프로 서비스 정신교육을 철저히 하는 사전업무, 그리고 어린이를 돌볼 수 있는 전문 여교사가 필수요건이다. 또한, 어린이와 관련된 보험은 최고의 보험을 들어야 하겠다.

현재 대부분 어린이는 방과 후, 각각의 학원버스를 이용하거나, 친구와 함께 타서 이동하고 있다. 각각의 학원 또는 유치원 버스가 아파트 단지를 선회하는 등 인력과 시간을 낭비하고 있다. 필자 생각으로는 '공동배차제'라는 개념을 이 사업에 도입시킨다면 더 수익이 나는 사업임이 틀림없어 보인다.

일정 지역의 어린이 운송 대행 업무를 하는 업체끼리 서로의 자원을 공동으로 사용하는 셈이다. 지역, 회원가입 나이, 운영규칙을 세세히 정한 뒤, 개인 고객과 학원 고객 등을 받는다면 수익성 있는 사업이라고 생각된다.

또한, 이 어린이 운송업은 택시 사업과는 다르다. 어린이들이 가는 장소와 시간이 대부분 정해져 있어서 운행 스케줄을 짜기가 쉽지 않으므로 운행계획을 제대로 짜는 것이 가장 중요한 핵심이다. 각 운전기사의 운행 스케줄과 노선을 효율적으로 계획하기 위해 소프트웨어의 도움이 필요해 보인다. 다만 이 사업은 진짜로 어린이를 사랑하고, 지기 자식처럼 생각하는 어린이 중심의 생각이 있는 분이 운영해야만 성공할 수 있는 사업이라고 보인다. 아이를 맡긴 부모가 자신의 스마트폰을 통해 운행하는 차 안을 볼 수 있도록 앱을 개발하면 더욱 좋을 것이다.

하나밖에 없는 우리 아이만을 위한
귀금속과 안경은 어디서 사지?

어린이 귀금속 전문점

개당 수백 달러를 호가하는 유아용 팔찌, 반지 등만을 판매하는 전문점이 미국의 신종 사업으로 인기를 끌고 있다. 고유브랜드를 만들어 전문적으로 어린이용 귀금속 전문점을 오픈하는 회사들이 속속 나타나고 있다. 그 한 예로 미국 30대 초반의 청년이 '베이비군드'라는 유아용 귀금속 브랜드를 런칭해서 성공리에 사업을 진행하고 있다. 그는 할아버지 때부터 보석상으로 3대째 내려오는 가업을 이어 각종 유아용·어린이용 보석을 팔아 성업 중이라고 한다. 현재는 다이아몬드가 박힌 생일축하용 목걸이 등 다양한 상품군을 개발해서 판매하고 있다고 한다. 현재는 뉴욕을 중심으로 뉴 비즈니스가 전개되는 중이다.

우리나라는 현재 여성만을 위한 중가 귀금속 브랜드가 있다. 그러나 유아, 어린이 전용 귀금속 전문점 브랜드가 없는 상황이므로 가능성은 커 보인다. 그 어떤 새로운 전문점을 하더라도 가장 중요한 것은 브랜드에 대한 믿음이 첫 번째라고 본다.

현재까지 우리나라는 먹거리 프랜차이즈 사업이 대세였지만, 점점 유통, 서비스 산업 쪽으로 힘이 옮겨지는 중이라고 생각된다. 지금까지 먹거리 창업이 성업할 수 있었던 이유는 창업 컨설팅 회사가 대부분 경험한 것이 먹거리 사업이었기 때문이었다는 것이 필자의 생각이다. 대한민국 창업 컨설팅 시장은 먹거리 이외의 사업을 경험한 전력이 없는 창업 컨설턴트가 대부분이다. 당연히 각종 유통 및 서비스 산업을 경험한 이력이 없어서 그런지 온통 먹거리 위주로만 창업 컨설팅을 해준 결과, 온 동네가 먹거리 점포만 오픈하고 바로 망하는 사태까지 온 것으로 보인다.

다시 본론으로 돌아가면, 향후 새로운 소비자 집단으로 성장할 유아를 타깃으로 고급 귀금속 전문 브랜드를 만들어 런칭해보자. 현재 코로나19로 인한 전 세계 인플레이션 진행의 위기상황, 그리고 안전자산에 대한 쏠림현상을 이해한다면, 미래의 소비자가 될 유아를 위한 투자가 진행될 가능성이 커 보인다. 원래 시장이 어수선하면 금과 같은 귀금속에 투자하는 것이 일반적인 돈의 흐름 아닌가.

자식을 끔찍이 귀하게 여기는 부모들은 자신들의 투자 방식의 하나로, 자녀들에게 귀금속을 선물 또는 증여방식으로 투자할 가능성이 상당히 커 보이므로 유아용 귀금속 브랜드 런칭은 시기가 중요해 보인다. 국내에는 아직 대표적인 유아용 귀금속 브랜드가 보이지 않고 있다.

어린이 안경점

안경점을 찾는 어린이들에게 가장 불편한 것은 무엇일까. 그것은 안경점이 어린이를 위한 곳이 아니라는 것이다. 검사용 의자나 안경테의 진열대가 모두 성인용으로 만들어져 있기 때문이다. 이런 점에 착안해 뉴욕의 한 안경점은 어린이 전용 안경점을 개설했다. 이곳의 모든 디스플레이는 어린이의 눈높이에 맞게 되어 있다. 그리고 벽에는 안경을 쓰고 웃고 있는 어린이의 얼굴들이 가득 그려져 있다. 의자나 책상, 안경을 쓴 모습을 보는 모니터도 어린이의 눈높이에 맞춰져 있음은 물론이다.

　국내 안경 전문 프랜차이즈는 있어도 어린이 전용 안경 프랜차이즈는 없다. 어른만큼 눈이 나빠진 아이들이 넘치고 있는데, 시장에는 어린이 전문 안경 브랜드가 안 보인다. 어린이들만을 위한 안경점이 있다면 눈이 나빠서 오는 어린이도 있겠지만, 패션 안경이나 선글라스를 구매하려는 어린이 고객들이 많으리라 본다.

　대한민국 어린이들의 눈 건강은 생각보다 좋지 않다. 길거리에서 마주치는 어린이 2명 중 1명은 안경을 끼고 있는 것으로 보인다. 건강보험심사평가원이 발표한 자료에 따르면 2019년 원시 환자 수는 270,399명이며, 그중 10세 미만의 환자 수는 92,907명으로 전체 환자의 34%를 차지했다. 원시는 먼 것보다 가까운 것이 더 안 보이지만, 그 정도가 심하면 먼 것도, 가까운 것도 잘 안 보이는 질환이다.

　즉, 모바일 등의 기기를 너무 사용함으로써 어린이들의 눈 건강이 상당히 안 좋아지지 않았나 하는 강한 의구심을 갖게 만든다. 할 수 없이 어린 자식의 얼굴에 안경이라는 물체를 얹어야 하는 상황이 오면 모든 부모가 느끼겠지만 애잔한 감정을 감출 수가 없다. 그 조그만 얼굴에 커다란 안경을 쓴 내 자식의 얼굴을 보노라면 부모의 마음이 무거워진다. 제일 좋은 것은 안경을 착용하지 않는 것이지만, 요즘 같은 스마트폰 중심의 콘텐츠 제공 사회에서는 상당히 힘든 일이다.

　할 수 없이 안경을 착용시켜야 한다면, 대부분의 부모 생각으로는 믿을 만한 어린이 전문 안경점에서 제대로 된 안경을 구매해주고 싶을 것이다. 그래서 사실 안경의 렌즈가 눈에 미치는 영향을 생각해서라도 품질 좋은 안경 렌즈와 프레임을 원하지만, 어린이 소비자만을 대상으로 영업하는 상점이 드문 것도 사실이다. 안경은 수입이 꼭 좋은 것도 아니고, 남대문 시장에서 샀다고 품질이 낮은 건 아니다.

　소비자들, 특히 어린이 고객을 안심시킬 안경점을 고객은 절실히 원하고 있다. 어린이 고객의 손을 잡고 안경점을 찾을 부모에게 안심을 주는 영업 정책, 고품질이면서 비싸지 않은 일반 안경, 패션 안경, 선글라스 등이 있다면, 우리 아이들의 손을 잡고 놀러 가고 싶다. 전국적인 프랜차이즈가 가능한 사업 아이템이다. 이 시장의 진입을 위해 참고용으로 '어린이 전용 사진관'이 잘 되고 있는 사진관 사례를 먼저 알아보는 것이 좋겠다. 어떻게 해서 유명한 어린이 전용 사진관이 됐는지 사례를 열심히 공부하면 좋겠다.

　앞으로 어린이를 전문으로 하는 사업은 무궁무진하리라 본다.

일시적 문신으로
아이 생명을 구한다고?

만약 우리 아이가 길을 잃었다면 1분 1초가 정말 중요할 것이다. 우리가 아무리 조심하더라도 아이를 잃어버리는 것은 눈 깜빡할 사이기 때문에 더욱 미리 준비해놓아야 할 것이다. 어린아이에게 주소와 연락처가 적힌 목걸이를 해준다든지, 팔찌를 차게 해서 미리 일어날 일을 막으려는 부모가 많이 생겼다. 이번에 소개하는 뉴 비즈니스는 색다른 미아방지 서비스다.

아이의 팔에 타투를 해주는 것이다. 엄마의 핸드폰 전화번호를 타투해주는 방식인데, 일정 기간만 지워지지 않는 타투 형태이니 안심해도 좋다.

이 일시적 문신 서비스를 진행하는 토투스(Tottoos.Org)는 잃어버린 아이를 찾을 확률을 높이고, 아이가 미아가 되는 시간을 줄이기 위해 고안했다고 한다. 임시 문신은 휴가, 놀이 공원, 가족 나들이, 수학여행, 쇼핑 등 사람 많은 곳에서 아이를 잃어버릴 수 있겠지만, 이내 찾을 기회를 높여준다.

이 회사는 지워지지 않는 타투 방식이 아니라 일시적으로 붙이는 임시 문신 방식을 제공하고 있는데, 이 서비스를 주로 이용하는 소비자 유형은 다음과 같다.

① 유아를 위한 전화번호 문신 방식

② 알츠하이머병을 앓고 있는 환자를 위한 전화번호 문신 방식

③ 알레르기 유형이나 혈액형 등의 표시 방식

이런 문신 덕분에 생명을 구할 수 있는 확률도 높아진다. 신체 부위 중에서 가장 눈에 띄기 좋은 곳에 적힌 연락처 및 중요정보를 응급구조원들이 못 보고 넘어갈 일이 없기 때문이다.

이 일시 방식의 타투는 12~18시간 동안 사용하는 것을 권장한다. 만약 장기간의 목적으로 사용하는 경우에는 피부 자극을 피하고자 매일 교체하는 것을 권장한다. 그리고 가격은 15개 종류의 문신이 있는 기본 세트는 14.95달러부터 구매할 수 있다. 이런 문신을 부착한 뒤 대개 수일부터 수주까지 계속 유지된다. 문신은 구매일로부터 2년까지 유효하다. 이와 같이 유용하면서 저렴한 비용으로 아이의 생명까지 구해줄 수 있다니 칭찬받아 마땅해 보인다.

이 회사의 모든 제품은 무독성 고품질 소재를 사용해 맞춤 제작되어 안전하고, 내구성이 좋으며, 방수 기능도 있고, 사용도 간편해서 부모의 관리하에 아이에게 사용하면 될 듯싶다.

사람의 몸을 이용한 또 다른 사례를 알아보자.

즉, 몸을 이용한 새로운 디스플레이 시대가 열리고 있다. 최근에는 스마트 안경, 스마트워치와 같은 웨어러블(wearable) 기기가 대세지만, 거추장스러운 장비 없이 사람의 피부에 IT 회로를 입히는 기술이 속속 선보이는 중이다. 즉, 사람 몸이 IT 기기가 되는 셈이다.

웨어러블 기기를 이용하는 시대에서 사람이 직접 '전자 피부'가 되는 시대로 변하고 있다. 이렇게 되면 우선 피부를 마우스, 키보드, 리모컨, 스마트폰 디스플레이 같은 입력장치로 만들 수도 있다. 팔목에 입힌 문신을 만져서 TV의 채널이나 음량을 조절하기도 하고, 노트북 모니터의 커서를 상하좌우로 움직일 수도 있는 것이다. 이런 전자 피부에는 대부분 통신 기능이 탑재되어

있으므로 환자의 몸 상태를 실시간으로 외부, 특히 주치의에게 전송할 수 있다. 일부러 병원에 가지 않아도 주치의는 해당 스티커를 붙이고 있는 환자의 몸 상태를 실시간으로 원격 모니터링할 수 있는 세상으로 변하는 중이다.

어쨌든 세상은 우리의 상상력이 바로 현실화하는 세상으로 변화하고 있다. 이런 대단한 미래세상에서 우리의 귀중한 아이를 잃어버리는 일은 없어야 하지 않을까? 패션의 목적으로 타투를 하기도 하지만, 일시적인 타투 부착 방식을 통해 내 귀중한 아이를 보호할 수만 있다면 선택하지 않을 이유가 없어 보인다.

 **쉼터**

해외에서 트렌드 정보를 입수하는
여섯 가지 방법

해외제품이 국내 시장에서 성공할 확률은 그리 높지 않다. 아무리 독특해도 국내 소비자의 시선을 끌지 못하면 그만이기 때문이다. 그래서 국내 시장에서 히트할 만한 브랜드를 찾기 위해선 '오감(五感)'을 모두 곤두세워야 한다. 현지를 돌아다닐 때보다 세밀하게 관찰하는 습관이나 방법도 찾아야 한다. 이를테면 '머니 트렌드 투어'가 필요하다는 것이다.

트렌드 정보를 위해 시간과 돈을 들여 해외로 떠나는 여행이 필자가 주장하는 '머니 트렌드 투어'다. 당연히 시간이 한정될 수밖에 없다. 필요 없는 곳에서 시간을 낭비해선 안 된다. 이에 따라 현지에서 할 일과 동선을 미리 간단하게 정리할 필요가 있다. 가장 귀중한 보물은 '시간'이기 때문이다. 그래서 현지에서 경제적으로 트렌드 정보를 입수하기 위한 행동요령을 여섯 가지로 정리했다.

① 아침 시간 출근 대열에 합류해 실제 거주민의 일상생활을 접해 보라. 현지인과 함께 대중교통을 이용해 시내 중심부까지 출근하면서 동행해보는 방법도 좋다. 우리와 어떤 부분이 같은지, 또 다른 부분은 무엇이 있는지 등을 메모하라. 이때 촬영도 가능하다면 동영상 자료를 남기기 바란다. 사진과

동영상 자료를 동시에 보는 방법을 추천해드린다.

② 아침에 숙소 근처를 조깅하면서 현지 주민과 인사를 나눠 보라. 아침 시간은 우리나라와 마찬가지로 바쁠 것이다. 하지만 나이가 있는 시니어들은 조금 한가하다. 오히려 말을 걸어 주기를 바라고 있다. 그들과 사는 이야기, 해당 도시에 대해 이야기꽃을 피우면서 아침 시간의 슬로 라이프를 즐기는 것도 좋다. 수다를 떤 후에는 숙소로 돌아와 아침 TV 방송을 시청하면서 어떤 주제로 방송하는지 점검하라. 아침 방송에서 다루는 내용이 사업에 힌트를 줄 가능성이 크다. 왜냐하면, 해당 도시의 가장 핫한 정보 위주의 방송 콘텐츠이기 때문이다.

③ 숙소를 정할 때는 좋은 호텔보다 현지인 집에서 숙박을 정하기 바란다. 세계 도시에 있는 유명 호텔은 거의 다 비슷하다. 해당 도시의 삶을 알기 원한다면, 현지인의 삶을 통해 해당 도시의 라이프 트렌드를 알고 싶다면, 철저하게 현지인 집에서 묵어야 한다. 공유경제의 일환인 '카우치서핑'을 이용하거나 '에어비앤비'를 이용하길 권한다. 그게 아니라면 '게스트하우스'를 이용하는 수밖에 없다. 동시에 현지인들과 많은 대화를 자연스럽게 할 기회도 얻는다.

④ 우리와 다른 습관, 상행위 등을 사진이나 동영상에 담거나 메모하라. 시장 조사를 하면서 우리와 다른 것에 초점을 맞춰 사진을 많이 찍어라. 고국에 돌아와 보면 그중 10% 정도만 쓸 만한 내용이 있을 것이다. 많이 찍어 놔야 좋은 콘텐츠로 활용할 수 있다. 정말 많이 찍었다 싶을 정도로 촬영을 많이 하길 바란다.

⑤ 이 모든 것을 행하면서 해당 도시의 1차 자료가 무엇을 의미하는지 몸으로 깨달아야 한다. 단순히 머리로 이해하는 것은 좋지 않다. 여행을 떠나기 전에 뽑았던 1차 자료의 의미를 현지인의 실생활에서 발견하고 이해하는 과

정이 중요하다.

⑥ 현지 브랜드 매장에 가서 국내 매장과의 차이점을 발견하라. 또 그 차이점이 무엇인지 이유를 찾아야 한다. 가장 좋은 글로벌 브랜드는 '맥도날드'와 '스타벅스' 매장이다. 반드시 방문해 우리나라와 무엇이 다른지 발견하기 바란다. 물론 그렇게 쉬운 일은 아니다. 하지만 이런 과정을 통해 해당 도시만의 특징을 살린 요소를 발견하게 될 것이다. 그것이 바로 사업에 적용해야 할 요소일 가능성이 크다. 국내에 들여오면 히트할 브랜드를 현지에서 발견할 수도 있기 때문이다.

한 집에 한 명밖에 없는 귀하디 귀한 키즈를 위한 신사업을 잘 생각해보자.

2-4

액티브 시니어 50+

돈 많고 시간 많은 시니어 마켓에는
무엇이 있을까?

대한민국은 2006년 1월 이후, 7초마다 베이비붐 세대 중 1명이 60세가 된다. 향후 19년간, 즉 2025년까지 지속할 예정이다. 반면 미국의 베이비붐 세대는 7,700만 명인데, 1946~1955년생인 전기 베이비붐 세대와 1956~1964년생인 후기 베이비붐 세대로 나뉜다.

한국의 65세 이상 인구는 2030년 24%, 2050년 37%로 세계에서 가장 빠른 증가 속도를 보일 예정이다. 생각만 해도 약간은 불안한 미래가 우리 앞에 펼쳐질 예정이다. 2050년이 되면 청년들의 경제활동 몫이 노인부양에 투입되어야 하는 것은 아닌지 사뭇 우려가 되는 대목이기도 하다.

그래서 앞으로 새롭게 탄생할 시장으로는, 시니어 교육사업에 관심을 가져보라고 하고 싶다. 즉, 비슷한 생각을 하는 사람들과 최고의 경험을 하는 것은 뉴 비즈니스의 영역이다.

그리고 특별히 신경 써야 할 영역의 산업군도 보이기 시작했다.

① 특색 있는 음식을 이탈리아 주방장에게 요리 수업을 받으면서 체험 수업을 해보자.

② 특별한 여행, 예를 들어 최고의 디자이너와 함께 영국식 정원 산책하기 등 평생 접하기 힘든 여행을 제안해보자.

③ 크루즈 여행과 색다른 체험 관광을 개발하자. 코로나19로 인해 크루즈 여행이 조금은 반감된 경향도 있겠지만, 짧은 여행 기간과 안전한 여행 상품을 개발한다면 시니어 고객도 수용할 것으로 보인다.

④ 교육문화여행 비즈니스는 어떤가! 전문가가 이끄는 교육과 더불어 가벼운 하이킹, 자전거 타기 또는 스노클링 등 가벼운 모험과 미식가를 위한 정찬 여행 비즈니스는 품격 있는 비즈니스가 아닐까!

⑤ 시니어만을 위한 '엘더호스텔'인 전문 호텔을 개관해보자.

⑥ 모터사이클 클럽을 통해 지나간 청춘을 다시 불러오자.

⑦ 와인 클럽은 품격 있는 시니어들을 위한 모임에는 필수 아닐까.

⑧ 이국적 섬 생활을 느끼게 만드는 섬 취향 의류 판매쇼핑몰을 통해 이국의 향을 평상시 느끼게 만들어보자.

이런 종류의 체험 여행을 제안하는 회사가 나타나 성업 중이다. 우리에게 시사하는 바가 커 보인다(https://www.tommybahama.com).

그리고 돈 많고 외로운 시니어를 위한 또 다른 비즈니스를 소개한다.

스위스에서 진행되고 있는 사업으로써 55세 이상을 위한 소셜네트워크 앱(Date a Rentner)이다. 즉, 55세 이상 시니어를 위한 데이트앱이다. 청춘남녀를 위한 데이트 앱은 상당히 많이 시장에 출시된 바 있다. 그러나 55세 이상을 위한 데이트앱 사업이 스위스에서 시작됐다는 뉴스를 보고는 '역시 잘사는 나라는 다르구나' 하는 생각이 들었다.

2009년부터 시작된 'Date a Rentner'라는 앱은 이름 그대로 정년퇴직자(Rentner)를 대상으로 한 데이트 앱이다. 당연히 이 앱을 이용하려면 55세 이상임을 증명한 후에 가능하다. 지금까지 청년층을 대상으로 전개됐던 연애사업을 55세 이상 은퇴자를 대상으로 소비층을 다르게 적용한 것만 다를 뿐 나머지는 거의 같다고 보면 되겠다.

이 사업은 스위스의 1인 가구 중 점점 사회로부터 소외되고 있는 장년층의 비중이 높아지고 있고, 늘어나는 수명이라는 팩트에 주목해 탄생했다. 이혼이나 사별로 인해 홀로된 시니어들에게 봄날과 같은 인생을 되찾아주기 위해선 설렘과 만남이라는 모멘텀을 주는 것이 상당히 중요해 보인다. 당연히 사업적 접근이 가능해 보인다는 이야기다(https://www.datearentner.ch).

필자가 가장 제안하고 싶은 비즈니스는 앞으로 커질 시니어 교육 시장과 투어 시장을 콜라보레이션한 것이다.

'실버산업' 하면 보통 요양이나 수발, 의료 서비스를 떠올린다. 일본을 보면 고령자는 보호가 필요한 사회적 약자라는 시각에서 실버산업을 바라보는 경우가 많았다.

2006년 LG경제연구원이 발표한 '신사업 기회, 스트롱 시니어를 잡아라' 보고서에 따르면, 건강과 경제력을 바탕으로 능동적인 삶을 추구하는 '스트롱 시니어(Strong Senior)'가 늘면서 이들 대상의 신사업 기회가 많은 것으로 전망했다. 이 보고서의 내용을 잘 보고, 더욱 진화된 액티브 5060 시니어 고객층을 위한 뉴 비즈니스를 연구하기 바란다.

경제력, 지적능력, 건강을 갖춘 고령층으로 베이비붐 세대 810만 명이 새로운 소비계층으로 부상했다. 이들은 2009년 현대 경제연구소 조사 자료에 의하면, 우리나라 토지의 42%, 도시지역 건물의 58%, 주식 물량의 20%를 보유할 정도로 잠재 구매력이 강해 소비 주도세력으로 떠오른 상태다. 이들은 자유 시간을 의미 있게 소비하길 원하고, 사회와 연결해주는 인간관계를 원하며, 건강이나 경제력에 대한 불안 요소를 제거하고 싶어 한다.

이들 액티브 시니어 시장은 하나의 큰 시장이라기보다는 작고 다양한 시장의 집합체로 형성될 가능성이 크다. 그러므로 처음부터 큰 규모로 사업을 시작하지 말고 다양한 시범 서비스나 상품을 내놓은 뒤 반응을 자세히 관찰한 후에 비즈니스의 투자 규모를 결정해야 할 것이다.

　이웃 나라 일본, 중국에서 일어나고 있는 시니어 계층을 향한 실버 마케팅을 통해 향후 우리나라의 새로운 시장을 미리 알아보자.

　시니어 계층과 관련된 비즈니스는 상당히 종류도 다양하고 바로 시행 가능한 비즈니스가 풍부하다. 이 중에서 현재 가장 먼저 접근할 수 있는 영역은 장례사업이다. 특별한 날이기에 장례 업체가 요구하는 금액을 울며 겨자 먹기 식으로 순순히 따르지만, 불만은 상당하다. 그러므로 시장은 가격 대비 서비스를 여러 등급으로 나누더라도, 믿을 수 있고 품격 있는 프리미엄 장례 대행 업체를 가장 먼저 기다리고 있다.

새로운 3D 업무지만
칭찬받는 사후 서비스는?

홀로 사는 노인들의 유품을 처리해주는 회사가 요즘 호황을 맞고 있다. 혼자 사는 노인이 늘어나면서 이들이 사망할 경우 뒷정리를 맡아 해줄 곳이 필요해졌기 때문이다. 고령화에 따른 새로운 시장인 셈이다. 일본에서는 혼자 사는 노인이 돌아가시면 유족들에게 필요한 유품을 챙기게 한 후 나머지를 처리하는 회사가 호황이다.

'고독사'라는 단어는 1990년대 후반 일본에서 '나 홀로 죽음'이 급증하면서 생긴 신조어다. 자연사, 자살, 돌연사 등 사망 원인을 불문하고 임종 당시에 누구의 보살핌도 받지 못한 채 방치된 경우를 말한다. 특히, 유가족이 없는 무연고 사망자뿐만 아니라 가족이나 친인척이 있음에도 불구하고 시신이 홀로 있었던 경우 모두 고독사에 속한다.

일본의 '키패스'라는 회사는 유족들에게 필요한 유품을 챙기게 한 후 나머지를 처리한다. 건당 비용도 평균 이사비용의 5배 정도다. 이 회사는 원래 일반 이사업체였으나 유품 처리가 사업성이 있다고 판단해 2002년 업종을 전환했다. 현재 월 100건 정도 의뢰를 받고 있다고 한다. 이 회사 사장의 말로는 독거노인이 점차 늘어나고 있어 사업성이 상당히 밝다고 한다. 또한, 혼자 세들어 사는 노인이 사망할 때를 대비해 집주인들이 먼저 의뢰하는 등 수요가 끊이지 않는다고 한다.

사망한 분의 유품 정리는 꼭 필요하지만, 이를 대행해주는 서비스 업체는 많이 없다는 생각이 든다. 우리나라의 경우 4~5년 전부터 유품 정리를 대행해 주는 신종 직업이 생겼다. 하지만 믿고 맡길 수 있는 프랜차이즈 본사 브랜드 로 번뜩 떠오르는 회사는 없다. 들려오는 소식은 모두 장례서비스 업체의 폭 리를 취한 사기, 사고 사건으로 상주가 피해를 본 뉴스만 들린다.

이번 사례의 일본 회사는 원래 이삿짐 업체를 운영하다가 유품 정리 업체 로 변신에 성공한 사례다. 그 변신의 성공담을 보더라도 우리나라에서 레드 오션인 이사 대행 회사에서 살아남기 위해 업종을 전환한다면, 이 사례와 같 이 유품 정리 대행 회사로 전환한다면 좋겠다는 생각이 든다.

우리나라의 장례 관련 사업의 경우 아직도 전근대적인 접근방식이기 때문 에 차원이 다른 장례 관련 서비스 제공회사가 나타난다면, 단번에 1위로 포 지셔닝이 가능한 분야라고 보인다. 그런 차원에서 우리나라에서 유품 정리 업 무를 대행해주는 분의 사례를 알려드린다.

국내에는 2010년부터 유품 정리 전문 업체가 생겨났다고 한다. 이분들에 게 유품 정리를 의뢰하는 사람들은 두 부류라고 한다. 고인(故人)의 유가족이 거나, 고인이 세 들어 산 집의 건물주라고 한다.

건물주는 "왜 여기서 죽어서 고생을 시키냐?"라는 말을 한다. 유가족이 시 신 인수 자체를 거부하거나 유품 처리를 건물주에게 떠넘기기 때문이다. 그야 말로 "나는 모른다. 배 째라"라고 유가족이 책임 소재를 건물주에게 넘겨 버 리면, 할 수 없이 건물주가 유품 정리를 의뢰하는 경우다. 물론 청소해드리고 일시금으로 목돈을 받으니 돈벌이로 괜찮다고 생각하는 사람도 있겠지만, 나름대로 이 직업의 애로점도 있어 보인다.

즉, 고인(故人)이 혼자 살다가 돌아가신 경우가 많으므로 죽음을 빨리 알아 채지 못한 경우가 많다는 것이다. 당연히 가족이 먼저 발견하는 때도 있지만, 건물주가 밀린 월세 때문에 세입자를 찾아갔다가 발견하는 경우가 더 많다.

유품 정리 대행 비용으로는 일반 이삿짐센터의 비용보다는 좀 더 많이 받을 수 있다. 한 건당 4~6일 작업 기간을 잡는다고 한다. 유품 정리 작업은 악취나 오염물질 등을 다뤄야 하는 일이어서 매우 고된 작업이다. 하지만 많은 사람이 '웰다잉(Well-Dying)'에 대한 관심이 커지고 있는 만큼 현재의 시장을 프리미엄 시장으로 넓히면 발전 가능성이 큰 분야라고 생각한다.

1명이 투입되는 것이 아니라 격식을 갖춰서 5명 정도의 인원이 투입되어 격조 있게 유품을 정리 대행해드리는 것이 더 좋아 보인다. 당연히 상주 측과 사전에 어떤 업무를 대행해주는지 꼼꼼하게 알려주는 계약서를 체결한 후에 진행하게 된다. 프리미엄급이므로 상당한 금액을 제시해도 가격 측면의 큰 저항은 없을 듯 보인다. 현존하는 유품 정리 대행 업체에도 프리미엄 브랜드가 탄생할 시간이 다가오고 있다.

이동이 힘든 시니어 고객은
생필품을 어떻게 구매할까?

우리나라에서는 2000년에 65세 이상의 인구가 전체 인구의 7%를 넘어서 고령화 사회에 진입했다. 2018년에는 14%를 넘어서 고령 사회로, 2026년에는 20%를 넘어서는 초고령 사회로 진입할 것으로 예상한다.

일본은 2006년에 인구 5명 중 1명은 65세 이상, 10명 중 1명은 75세 이상인 초고령 사회로 진입했고, 미국은 2019년에 초고령 사회로 진입했다. 중국도 2005년에 발표된 자료에 따르면, 60세 이상 고령자 비율이 이미 10%인 1억 3,000만 명이라고 하며, 2025년에는 2억 8,000만 명으로 18.4%에 이를 것으로 전망된다. 이렇듯 고령화 현상은 우리나라의 문제일 뿐만 아니라 전 세계적인 현상이기도 하다.

베이비붐 세대들의 은퇴가 점점 가시화되어 빠르게 고령화가 진행되면서 소도시 또는 농촌 고령자의 장보기 난민 상태가 문제가 되고 있다. 가장 쉽게 택배나 이동 트럭을 생각하면 간단하다고도 생각할 수 있다. 이웃 나라 일본의 사례를 들여다보자.

일본 미에(三重)현의 택배회사는 거동이 불편해 쇼핑이 어려운 시니어들에게 직접 전화를 걸어 필요한 물건의 구매와 배달 주문을 받는 서비스를 제공하고 있다. 이 택배회사는 매주 화요일과 토요일 오전 11시에 노인 회원들에게 전화를 걸어 주문을 받는다. 주문신청을 받는 상담원은 회원과 건강이나 세상 돌아가는 이야기를 주고받는 까닭에 평균 주문 시간은 20분 이상 걸리곤 한다. 또 물건을 배달한 후엔 노인들이 집에 쌓아둔 폐지 등도 수거해간다.

전화를 걸어 받지 않는 경우엔 회원의 가족이나 친지에게 연락도 해준다. 노인들은 언제 쓰러질지 모르기 때문에 정기적으로 전화를 걸어 확인하는 게 중요하다는 생각에서다. 긴급연락망 덕분에 노부모의 임종을 볼 수 있었던 가족들은 이 회사에 감사의 편지를 보내기도 한다.

장보기 약자 또는 장보기 난민이란 유통기관이나 교통망 약화로 식료품 등 일상의 장보기가 곤란한 상황에 놓인 사람들을 말한다. 일본에는 2018년 현재, 약 700만 명에 달한다고 한다. 고령화와 함께 젊은이의 급속한 감소로 인해, 지역의 편의점도 없어지고 버스나 대중교통도 끊기니까 생기는 불가피한 상황이다. 일본의 통계이지만, 우리나라도 비슷할 것으로 예상한다.

일본 농림수산성 식료산업국의 조사에 의하면, 2018년 3월 현재 조사에 응한 1,175개 시·군·구 중 964개인 82%가 장보기 약자 대책이 필요하다고 대답했다. 이 중 어떤 형태로든 대책이 실시되고 있는 시·군·구는 594개로 전체의 61.6%에 이른다. 이상의 통계를 보면, 현재 일본의 장보기 약자 현상을 알 수 있게 된다. 당연히 우리나라에도 닥치고 있는 동일한 현상은 새로운 비즈니스의 탄생을 요구한다.

우리나라에도 10여 년 전에 할인점 쇼핑을 대행해주는 회사가 있었다. 평상시 반찬거리 등을 회원을 대신해 쇼핑하고 배달까지 해주는 서비스다. 일산, 분당 등 신도시에 사는 주민들을 대상으로 인근 할인점 쇼핑을 대행해주는 사업이 있었는데, 이젠 거동이 불편하고 무거운 쇼핑 상품을 들고 다니기 힘든 실버세대를 위한 쇼핑 대행은 시류에 딱 맞는 새로운 비즈니스임이 틀림없다.

현재 치열해진 택배업에 종사하는 분들이 업종 전환을 한다면, 시니어 계층 중 쇼핑 약자층을 상대로 하는 쇼핑 대행 배송업무가 적당해 보인다. 물론 현재 쇼핑 대행 앱의 발달로 젊은 부부나 1인 가구 중에 젊은 소비자들은 쇼핑 대행 앱을 잘 이용 중일 것이다. 하지만 돈 있는 시니어 계층은 이런 서비스에서 약간 예외이기 때문에 이 서비스가 필요해 보인다. 알다시피 아들, 딸들을 출가시킨 후 연로한 노부부 둘이 사는 가정이 생각보다 늘고 있다. 디지털 주문이 약한 이들은 분명 쇼핑 약자임에 틀림없다.

이 서비스는 아날로그로 접근해서 디지털 방식으로 마무리되는 서비스다. 다시 말해서 아직 사용자들이 스마트폰 사용이 초보이므로 아날로그적으로 접근해서 월 회원으로 환원한 다음, 지속적인 교육을 통해 디지털 방식으로 업무를 진행할 수 있으리라고 본다.

이 사례는 쇼핑 대행뿐만 아니라 안부를 묻고 말동무를 해주는 등 인간적인 냄새가 물씬 풍기는 서비스를 제공함으로써 구전 마케팅이 가능하도록 만든 칭찬받을 만한 사례임이 틀림없다. 또한, 전화 연결이 안 되면 자식들, 일가친척들에게 전화를 걸어 고객의 안부를 체크하도록 독려하는 안부 제공 서비스도 시행하는 등 회원이 저절로 감동하게 만든다. 우리나라에서도 적극적으로 배워야 할 서비스임이 틀림없다.

또한, 일본에서 장보기 약자 문제에 대한 대응으로 또 다른 서비스가 바로 '노령자가 사는 근처에 움직이는 가게를 만들어주는 서비스'가 있다. 고령자에게 쇼핑을 대신에 해주는 서비스뿐만 아니라 직접 집으로 상품을 가져다주는 서비스다. 장보기 약자의 곤란을 해결해주기 위해 차량을 활용한 '이동판매 서비스'는 우리가 잘 아는 편의점인 '세븐일레븐'이 대표적이다.

2011년 5월, 이바라키현의 점포를 시작으로 2018년 2월 현재, 전국 1도 28현에서 56대를 운영하고 있다. 인구감소와 고령화가 진전되며 독신 세대나 맞벌이 가정, 65세 이상의 고령자 세대가 증가함에 따라 근처의 소규모 점포는 줄어가고, 그 결과 쇼핑할 수 있는 가게도 줄어들어 매일의 식사를 위한 장보기조차 힘든 사람이 늘어나게 됐기 때문에 도입된 서비스다.

우리나라 국토연구원에 따르면, 최근 '저성장 시대의 축소도시 실태와 정책방안' 연구 결과를 내놓았는데, 인구가 줄어들면서 방치되는 부동산이 증가하는 도시를 일컫는 '축소도시'가 점차 늘어나고 있다고 보고했다. '축소도시'란 1980년대 독일 학계에서 나온 새로운 개념으로써 감소하고 있는 도시 인구와 쇠퇴하는 산업 구조에 맞춰 도시를 축소하자는 계획적 접근방식을 말한다. 그런데 연구팀이 조사한 바로는 1995~2015년 인구주택총조사 데이터 등을 활용해 42개 지방 중소도시를 상대로 인구 변화 추이 등을 분석한 결과, 절반에 가까운 20개 도시가 심각한 인구감소를 겪는 '축소도시'가 됐다는 것이다. 상당히 심각한 상태라고 할 수 있다.

아마 이런 축소도시에 당장 필요한 서비스가 바로 장보기 대행 비즈니스가 아닐까 생각된다. 장보기가 불편한 지역에 사는 사람이나 이동수단이 제한되는 고령자 중심으로 부담 없이 이용하도록 지자체가 도움을 줘야 할 것이다. 이외에도 고령자를 위한 쇼핑 관련 새로운 비즈니스는 계속 발전하고 있으니 유심히 조사해서 바로 진입하기 바란다.

자꾸 까먹는 중장년을 위한
게임이 있다면

　시니어 비즈니스를 단순히 55세 이상의 시니어 세대를 타깃 소비자로 하는 산업이라고만 여기는 사람들은 시니어 비즈니스가 단순히 고령자에게 필요한 상품과 서비스를 제공하는 것이라고 보겠지만, 이것만으로는 상당히 부족해 보인다. 단지 돈과 시간이 많은 고령자의 호주머니를 열게 하는 것이 시니어 비즈니스는 아니다.

　사회적으로 육체 건강뿐만 아니라 정신 건강에 관한 관심이 증가하면서 고령층을 위한 심리적 안정, 스트레스 감소 등과 관련된 사업도 빠르게 번창하고 있다. 특히 노화로 인한 기억력 쇠퇴 및 치매를 예방하기 위한 두뇌 헬스 비즈니스가 성업할 가망성이 높아 보인다.

　몇 년 전, 게임과는 거리가 멀어 보였던 중장년층을 사로잡은 게임으로 세계 최대 휴대용 게임기 제작업체인 닌텐도의 휴대용 게임기 'DS 라이트'가 인기리에 판매된 적이 있었다. 닌텐도가 DS 라이트용 소프트웨어로 2004년 5월에 출시한 '뇌를 단련하는 성인의 DS 트레이닝'은 1년 만에 220만 개가 팔렸던 기록이 있다. 후속 편인 '더욱 뇌를 단련하는 성인의 DS 트레이닝'은 출시 당일 새벽부터 취급 대리점 앞에 긴 행렬이 생길 정도로 인기였다. 출시 한 달

만에 100만 개가 팔렸다.

　DS 프로그램의 인기 비결은 간단명료한 내용으로, 누구든지 즐길 수 있다는 것이다. 특히 치매를 걱정하는 노인들에게도 선풍적인 반응을 얻고 있다. 게이머가 계산과 한자 문제 등을 풀어가면 최종적으로 게임기 화면에 '뇌 연령'이 표시된다. 펜과 음성으로 답을 입력할 수 있어 장년층도 손쉽게 도전할 수 있다. 유명 여배우를 기용한 대대적인 제품 설명 광고도 중장년층 고객을 끌어들이는 데 한몫했다.

　2004년 첫선을 보인 '닌텐도DS'와 2006년 3월부터 판매된 '닌텐도DS라이트'는 엄청난 판매량으로 유명하다. 게임 내용을 최대한 알기 쉽게 꾸몄고, 터치펜을 이용해 고령자도 간편하게 조작할 수 있도록 한 전략이 대박을 터뜨린 비결이다.

　닌텐도에서는 2006년 최고의 히트상품인 두뇌 단련 게임기의 성공 여세를 몰아 신체를 단련하는 게임기 Wii를 내놓았다. 리모컨을 부착한 컨트롤러를 쥐고 모니터 앞에서 테니스, 야구 등을 즐길 수 있도록 구성됐다. 이 게임 역시 이른과 아이들이 함께할 수 있는 가족 오락프로그램이다. 어른 게임은 아이들 게임과는 달리 죽이고 파괴하는 내용이 아니라서 정말 좋다. 앞으로 노인분들의 치매를 예방하기 위한 프로그램을 게임으로 만들어 전달한다면 얼마나 보기 좋을까 생각해본다.

　일본뿐만 아니라 미국에서도 뇌 운동 비즈니스가 인기다.

　10만 원을 내고 1년간 게임을 무제한으로 할 수 있는 미국의 뇌 운동 비즈니스를 알아보자. 즉, IT와 결합한 치매 예방 비즈니스다.

　대표적인 기업으로 '루모시티(Lumosity)'와 '파짓 사이언스(Posit Science)'를 들 수 있는데, 루모시티는 뇌 운동을 스마트폰과 컴퓨터로 쉽게 할 수 있도록 만들었다. 기억력, 주의력, 반응속도, 사고의 유연성, 문제해결 능력, 언어 및 수학능력 등을 평가하고 향상하는 총 64개 게임을 제공한다. 2019년 현재, 한국을 포함한 180여 개국에서 9,500만여 명의 회원을 보유하고 있다.

　'파짓 사이언스'는 두뇌 트레이닝 서비스를 뇌과학 분야에서 권위 있는 과

학자들과 함께 개발했다. 이 회사가 개발한 게임형식의 두뇌계발 프로그램 브레인 HQ는 자기의 두뇌 상태를 스스로 진단할 수 있고, 단계별 트레이닝이 가능한 맞춤 두뇌 훈련 프로그램이다. 브레인 HQ에 회원으로 가입하면 주의력, 두뇌 속도, 기억력, 대인기술, 내비게이션, 지능훈련 등 총 스물아홉 가지 온라인 게임이 가능하다. 가입비는 개인 요금제로 한 달 14달러, 1년 96달러로 모든 게임의 무제한 사용이 가능할 뿐 아니라, 게임 관련 조언 및 기록상태 관리 등의 서비스를 받을 수 있다. 특히 컴퓨터 프로그램이나 스마트폰 애플리케이션 사용을 어려워하는 고령층으로부터 높은 호응을 얻고 있다.

중장년분들을 위한 게임 시장은 우리나라의 경우 보이지 않는다. 아직도 게임산업이라고 하면 청소년들이 피시방에서 이용하는 잔인한 죽고 죽이는 쌈박질하는 게임이 연상된다. 또는 스마트폰 앱을 이용하는 어린 학생들의 게임을 하는 모습이 연상된다.

그렇지만 생각을 달리하면 대박이 기다리는 시장이 있는 셈이다. 일본의 닌텐도 사례를 보더라도 고령자를 위한 손쉽고 유익한 게임은 얼마든지 시장에서 환영받으리라 본다. 이런 시장은 그야말로 황금의 땅이란 생각이 든다. 왜냐하면, 최근에 일본에 사는 84세 여성 시니어가 2017년, 노인들을 위한 아이폰 게임 앱을 개발했는데, 대박이 났다는 뉴스가 들린다. 이를 계기로 미국 애플 본사에서 열린 세계개발자회의에 초대받았다고 대서특필된 경우가 있었다.

그녀의 경우, 60세까지 컴맹이었다고 한다. 고등학교를 졸업하고 은행원으로 일하다가 60세 정년퇴직 후 치매를 앓는 90대 어머니를 돌보면서 인터넷 사용법을 익혔다고 한다. 그러다가 노인들이 스마트폰을 친숙하게 여길 방법을 궁리하다가 직접 스마트폰 게임을 만들어 노인을 위한 게임 앱 개발에 성공했다고 한다.

우리나라에서도 동일한 사례가 나올 수 있다고 확신한다. 특히 우리나라도 2018년 기준, 65세 이상 노인 인구 중 약 75만 명이 치매를 앓고 있는 것으로 추정되는데, 65세 이상 노인의 치매 유병률이 점점 증가하고 있다. 하지만 두뇌활동을 많이 할수록 치매 발병 확률이 낮다는 연구 결과와 뇌 운동으로 뇌 기능 저하 예방이 가능하다는 이론이 나오면서 두뇌 헬스 관련 수요는 꾸준히 증가하는 중이다.

만약 당신이 게임 프로그래머라고 한다면, 당장 목표 시장을 변경하기 바란다. 실버세대를 위한, 치매를 예방할 수 있는 프로그램을 개발한다면 상당히 선풍적인 인기를 끌 수 있는 여건은 충분하다는 점을 기억하기 바란다.

오늘 당장 지하철을 타고 시장 조사를 해보라. 여기저기에 앉아서 스마트폰 게임 앱에 열중인 시니어들을 상당히 많이 발견하게 될 것이다. 이것이 현실이다. 이 실상을 누구보다 먼저 발견한, 당신은 바로 '로또 인생'의 주인공이 될 수도 있다.

돈 많고 나이도 지긋한 고객만을 위한
여행상품이 있을까?

항공사인 전일본공수(ANA)는 시니어 전문 컨설팅 회사인 '나프'와 제휴해 시니어 고객들 입맛에 맞는 패키지 여행상품을 개발 중이다. 일본 여행업계에선 이미 빡빡한 일정의 패키지와는 달리 시니어의 건강 상태를 고려해 출발 일정 등을 유동적으로 정할 수 있도록 하는 시니어 여행패키지가 속속 등장하고 있다.

일본에서 시니어를 위한 특별한 여행상품을 계속 개발하는 것을 보면, 우리나라도 액티브 시니어들만을 위해 그들만의 특별한 레저, 스포츠, 여행에 대한 욕구와 소비는 급증하리라 예측한다.

다시 말해, 나이를 제한하거나 액티브 시니어 세대만을 고객으로 특화한 여행업 발달이 예상된다. 특히 우리나라도 액티브 시니어만을 위한 여행사가 하루빨리 나와야 한다.

실제 몇 년 전에는 일본 또는 베트남 등 특정 국가만을 전문으로 하는 여행사가 나와 인기를 끌었고 돈도 많이 번 사례가 있었다. 또는 잠을 안 자고 금요일에 떠나 월요일 아침에 도착하는 밤도깨비 여행을 특화해서 돈을 번 여행사도 있었다.

하지만 이제는 철저하게 액티브 시니어 세대만을 위한 전문 여행사가 출현해 그들을 위한 여행상품을 준비해주길 바란다. 즉, 지금까지 지역이나 국가를 테마로 한 특별한 여행사가 탄생했다면, 이제부터는 연령대를 테마로 하는 특별한 여행사가 탄생해도 조금도 이상하지 않은 세상이 됐다는 의미다.

필자가 조사한 바로 현재까지는 액티브 시니어 계층만을 위한 여행상품을 찾을 수가 없다. 자식들이 부모를 위해 여행을 보내 드리려고 해도 마땅한 상품이 없어 거꾸로 여행사에 부탁하는 수요가 많기도 하고, 나아가 액티브 시니어 계층 스스로 부부가 함께할 수 있는 특별한 여행상품을 기대하는 중이다.

나이가 들어도 건강한 시니어가 많아지면서 그들만을 위한 여행에 관한 관심이 상당히 높다. 과거에 돈 버느라 바빠 배우지 못한 것에 대한 갈망도 크다. 이런 시니어의 여행에 대한 갈망과 공부에 대한 필요성을 합쳐서 융합형 시니어 전문 여행상품이 개발된다면 상당한 인기를 구가하리라 예측된다.

이 밖에 필자가 추천하고 싶은 은퇴자를 위한 부업으로는, 지금까지의 사회 경험을 재활용할 수 있는 사업이 나온다면 크게 히트하리라고 본다. 예를 들어 금융계에서만 40년 근무한 경력자라면 그 분야에 관한 그만의 노하우를 후배들에게 전달하는 서비스를 기획하는 회사가 나온다면 사업으로 성공 가능성이 크리라 본다. 사실 우리나라만큼 인적자원이 양질인 나라도 드물다. 몇십 년이 된 사회 경험들을 그냥 썩히지 않고 재활용될 수 있는 장(場)을 열어준다면 시니어 산업에 큰 획을 그을 수 있다고 본다.

어렵게 접근하지 말고 자신의 가장 강력한 장점, 오랫동안 배워온 것을 가장 저렴한 가격으로 인생 후배들에게 전달한다는 편한 마음으로 쉽게 접근하길 바란다. 그것이 바로 21세기형 지식사업의 첫걸음인 셈이다. 거창하게 생각하지 말고, 본인의 가장 강력한 지식을 정리해서 하나씩 풀어나가자.

중년 고객을 타깃으로 성공한 카페는
무엇이 다른가?

우리나라 카페의 숫자가 얼마나 되는지 아는지? 전국에 산재한 카페의 수는 2018년 1월 현재, 77,211개로 전체 업소 수 대비 2.3%, 전체 음식점 대비 9.2%다. 서울만 놓고 보면, 2017년 15,184개에서 2020년 6월 기준, 18,535개로 늘었다. 그렇다면 이렇게 많은 카페 사업에서 살아남으려면 어떤 전략이 좋을까?

일본에서 중년 고객을 타깃으로 성공한 카페가 있는데, 바로 도쿄 히비야에 위치한 중년 어르신을 위한 카페다. '히비야'는 도쿄 미드타운이라는 복합 쇼핑몰로 유명한 동네다. 도쿄 히비야를 가보신 분들도 계실 텐데, 공원이 널찍하니 살기 좋은 동네다. 이곳에 있는 '츠바키야(tubakiya) 카페'는 다이쇼 시대(1912~1926년)를 연상케 하는 고풍스러운 분위기로 중년 고객들을 끌어모으고 있다.

카페 사업은 이미 포화 상태인 데다 이곳 커피 한 잔은 1,000엔(약 1만 원)을 넘지만, 꾸준히 손님들에게 인기를 얻고 있다. 일본 다이쇼 시대(大正時代, たいしょうじだい)는 다이쇼 천황의 통치를 가리키는 이름으로, 1912년 7월 30일부터 1926년 12월 25일까지 일본 역사상 최단명 연호로 기록되는 시대다. 국제

적으로는 유럽에서 발발한 제1차 세계대전이 아시아 내 힘의 공백을 만들어 냈고, 지역적으로는 신해혁명을 계기로 가속화된 중국의 분열이 있던 시기다. 아시아 지역의 힘의 공백과 분열을 일본이 적극적으로 활용하면서 아시아의 신흥 강국으로 부상했고 이 과정에서 자국에 대한 자부심 또는 오만함이 외교정책의 저류를 형성해 우리나라를 침략하기도 했다.

이제 다시 이 잘나가는 카페 이야기로 돌아가자. 그렇다면 성공의 비결은 무엇일까? <니혼게이자이 신문>에 따르면 이 카페는 철저하게 '어른'들만의 공간으로 만들었다는 점이다.

창문 유리를 모두 스테인드글라스로 장식해 바깥이 보이지 않도록 함으로써 완벽하게 독립된 공간을 만들었다. 또 눈에 보이는 인테리어뿐 아니라 커피 잔에서 설탕 통까지 한 개에 1만 엔(약 10만 5,000원)이 넘는 덴마크 '로열 코펜하겐'의 제품을 사용해 품격을 한껏 높였다.

또 하나 주목해야 할 것은 이곳의 남다른 서비스다.

남자 직원들은 일을 시작하기 전에 사무실 안에 마련된 샤워실에서 샤워를 반드시 해야 한다. 그 이유는 손님들에게 청결한 이미지를 심어주기 위한 것도 있지만, 직원들의 마음가짐을 새롭게 하기 위한 목적도 있다고 한다.

짧은 단기 아르바이트 직원들에겐 의식 교육을 철저히 한다. 손님들이 비싼 돈을 내는 것은 더 좋은 서비스를 받고 싶어 하기 때문이란 사실을 각인시키기 위해서라고 한다. 이 밖에 바르게 서 있는 법, 말씨, 주변 길 안내법까지 철저하게 가르친다.

정말로 하나도 소홀함이 없는 완벽함에 늘 감탄한다. 대충대충이라는 단어가 없다. 그래서 그런지 이 카페는 도쿄 여기저기에 분점을 두고 있다. 긴자에도 있고, 이케부쿠로에도 있는 등 지점을 늘려나가는 중이다. 우리나라 관광객들이 이곳을 방문한 뒤에 자신들의 블로그에 많이 올려놓았으니 참고하기 바란다.

정리하자면, 돈 많은 시니어층만을 위한 카페 비즈니스다. 1970년대 커피숍을 프리미엄형으로 수정한 비즈니스 모델이다. 철저하게 시장 조사를 한 후, 프리미엄형 카페 문화를 개척해보자. 젊은이들에게 '스타벅스'가 카페 문화의 성지가 되듯이, 6070을 위한 카페 문화의 성지를 만들어보자. 이 사업은 시니어 음료 문화를 새롭게 개척하겠다는 개척자적 사고를 하는 창업가에게 적격인 사업이라고 생각된다.

교통약자 또는 지방에서
병원을 위해 상경한다면

여행하기 곤란한 사람들과 교통약자들만을 위한 도우미 서비스가 일본에서 탄생했다. 교통약자들을 타깃으로 '도어 투 도어' 서비스를 한다. 또한, 지방에 거주하는 분에게 도쿄에 있는 대형병원 입원 등 환자와 가족을 위한 교통편의 서비스도 진행하고 있다.

이 회사가 진행하는 주요 서비스를 알아본다.

① 지방에서 도쿄에 상경하는 사람을 역이나 공항터미널 또는 버스터미널 등에서 마중해 목적지까지 환승해주는 서비스로서 일반관광, 관혼상제, 연극 감상, 사찰 순례, 동창회, 병원 입원과 퇴원 등 각각의 필요에 부응하고 있다.
② 도쿄 또는 근교에 거주하시는 분들의 여행과 일상 외출을 출발에서 귀가까지 '도어 투 도어'(door to door) 서비스를 해준다. 지방에서 상경하는 어린이를 마중해 목적지까지 환승, 동행하는 서비스 및 대학교와 각종 시험으로 상경하는 어린이를 보내야 하는 지방에 계신 부모님을 위한 동행 서비스 등을 대행해준다.

이 회사는 동행 안내서비스를 위해 2014년 5월에 탄생했다. 54세에 정년퇴직한 이 회사 CEO는 일본 각 지방에서 도쿄에 오고 싶지만, 교통이 복잡하고 몸이 불편해 혼자서 방문하는 것을 불안해하는 고령자가 많은 상황을 이해하고, 여기서 아이디어를 얻어 창업에 나서서 성공했다. 사실 자녀가 도쿄에 있어도 부모님이 올라오신다고 연락이 오면, 일 때문에 마중 나가거나 옆에서 동행해드리기가 쉽지 않은 것이 도시에 사는 현실 아닌가! 이 회사는 이외에도 교통약자들을 위한 훌륭한 서비스들을 개발, 진행하고 있다.

또한, 혼자 외출하는 것이 어려운 고령자를 대상으로 자택에서 공원묘지까지 모시는 성묘 동행 서비스, 당일 도심 동행 서비스, 지정장소에서 픽업한 뒤 관광 쇼핑 후 출발역까지 배웅하는 서비스, 병원 입원 및 퇴원 수속과 안내서비스 등을 주로 제공하고 있다. 이외에도 다음의 일들을 수행한다.

① 역이나 공항에서의 이동과 환승·휴게소 및 화장실에 호위를 안전하고 신속하게 지원하는 업무
② 역 구내와 공항에서 티켓 구매 지원
③ 관광 지원 및 기념품 구매·식사 기타 다양한 도움
④ 긴급 시 정확하고 신속한 대응으로 고객을 안심시키는 업무(가족에게 연락 포함)

여기서 유의할 사항으로는 이 업체는 '여행업' 등록 업체가 아니므로 일반 여행 기획 판매와 여권, 숙박 시설 준비 등의 업무까지는 진행하지 않는다는 점이다. 또한, 의료 및 간호 자격이 필요한 서비스는 받을 수 없다. 재미난 점은 미팅 장소에 노란 점퍼(형광 색상)를 입고 기다리고 있어서 아무리 멀리 있어도 쉽게 찾을 수 있도록 배려했다.

창업 초기에는 도쿄 여행길 안내 등에 관한 도움을 제공하는 서비스였지만, 이용자의 목적이 다양해지면서 점차 서비스 범위가 확대됐다고 한다. 예를 들어, 대학 입시를 치르기 위해 도쿄를 방문하는 학생들을 상대로 한 동행

서비스 등이 확대, 개편된 서비스다(https://www.berusapo.jp).

이 비즈니스는 우리나라 서울에서 바로 벤치마킹해도 될 만한 비즈니스라 생각된다. 특히 지방에서 서울에 있는 종합병원 때문에 매번 상경해야 하는 환자 가족들에게는 정말 필요한 서비스 비즈니스가 아닐까 생각해본다. 지방에서 서울에 있는 대학병원에 통원치료하는 환자 수가 생각보다 상당히 많다는 통계를 보면, 우리나라는 서울 구경을 위한 서비스보다는 서울 내 종합병원에 통원치료하는 환자를 위한 서비스를 개발하는 편이 더 현실적이란 생각이 든다. 일본에서도 성공적으로 진행되는 것을 보면 우리나라에서도 꼭 필요로 하는 비즈니스라고 생각되어 적극적으로 추천하고 싶다.

시니어를 위한 특별한 다이어리가
대세인 세상

초고령 사회 일본에서 탄생한 '임종 노트'

이 노트에는 주로 홀로 살아가는 시니어가 생을 마감하기 전에 죽음을 맞이해야 하는 상황에서 사후 처리 절차와 계획을 스스로 적은 것으로 장례 절차, 유품 처리 방법, 매장 장소 등이 내용에 포함될 수도 있다.

일본에서는 무연고 사망자가 연간 3만 명을 넘어섰다. 일가친척이 있지만, 왕래가 거의 없는 가정이 점점 늘어나고 있다. 일본에선 비록 친인척이 있어도 뭔가 부탁을 하면 폐를 끼친다는 생각을 하는 까닭에 스스로 사후를 직접 준비하는 경우가 많다. 65세 이상 부부만 사는 세대 비율도 50%에 육박하면서 전통적인 가족의 역할은 '사후(死後) 대행'을 해주는 업체와 단체들이 대신하고 있는 것이 현실이다. 갑자기 아플 때는 병원 입원을 도와주거나 사망 시 화장 및 납골 등에 대한 전체적인 서비스를 대행해주기 위한 모임도 있다.

무연고 사망자는 대부분 주택관리인이나 사회복지사에 의해 발견되므로 임종 노트가 유일한 죽음 대비 수단이 된다. 일본에서는 자신의 삶을 일기 형식으로 정리하고 유언도 남기는 용도로 사용하고 있는데, 나이 든 사람뿐만 아니라 젊은 사람들도 구매해서 자신의 인생을 돌아보고 정리하는 데 이용한다고 한다. 임종 노트의 2차 소비자군인데, 생각보다 더 활발히 움직이기도 한다. 즉 일반 노트와는 달리 죽음을 준비하는 시니어 계층을 위한 목적으로 탄생했다고 해도 자신의 인생을 다시 정리해보고 싶은 젊은 사람들이 이 아이템을 이용할 가능성도 커 보인다.

이런 뉴 비즈니스 아이템은 우리나라에서도 예외가 될 수 없다. 특히 핵가족화로 자식들과 떨어져 사는 시니어 세대가 점점 늘어나기 때문에 가능성이 큰 사업이다.

'노트' 제조업이기 때문에 크게 자본이 투입되는 것도 아니므로 도전해볼 만해 보인다. 사업 시작 전에 장례 관련 단체나 기업과 협업 관련 여부에 대한 시장 조사를 미리 하는 것도 바람직해 보인다. 즉, 이 임종 노트는 사후 유품을 정리 대행해주는 비즈니스와 함께 진행되면 상당히 시너지가 발생할 것이라고 본다. 한 가지 아쉬운 점은 '임종 노트'의 브랜딩은 다른 것으로 변경했으면 한다. 아무리 이 노트의 최종 목적이 임종에 있다고 해도 말이다. 좀 더 어울리는 브랜딩이 필요해 보인다.

이 사업은 국내 소액 투자 펀딩을 주로 하는 업체들이 많아서 이런 업체 서비스를 이용한다면 창업가가 돈 하나 안 들이고 시작할 수도 있는 사업이다.

소셜펀딩은 SNS로 아이디어, 프로젝트를 홍보하고 후원자와 후원금을 모으는 서비스다. 해외에서는 '킥스타터'와 '인디고고' 등이 잘 알려져 있고, 국내에도 여러 개의 소셜펀딩 업체가 있다. 예비 창업가가 구상한 프로젝트가 회원에게 성공 가능성이 있다고 인정받는다면, 정해진 기간 안에 목표 후원금을 모아 해당 사업을 진행하고, 후원자는 프로젝트 제안자가 약속한 보상을 받게 되는 프로세스다.

참신한 아이디어만 있으면 누구에게나 후원을 받을 수 있고, 나아가 입소문으로 후원자까지 늘릴 수 있는 게 소액펀딩의 매력이다. 마음에 드는 프로젝트는 1만 원, 10만 원 등 소액 단위로 후원을 할 수 있어 후원자는 프로젝트가 실패하는 때도 큰 타격을 입지 않기 때문에 신규비즈니스, 특히 노트나

다이어리 기획, 제작의 비즈니스의 경우에는 철저하게 이런 서비스를 이용하지 않으면 안 되는 세상이다.

원래 창업의 고수는 자기 돈 하나 안 들이고 시작하는 사람이다. 소액펀딩 업체를 이용하든지, 아니면 정부에서 진행하는 예비창업패키지를 이용하든지 말이다.

3대가 함께 적을 수 있는 일기장

3대가 같은 일기장을 사용할 수 있는 일기장이 탄생했다. 바로 '100년 일기장'이다. 자세한 내용을 적기보다는 그날의 신변잡기식으로 두 줄에서 다섯 줄을 쓰면 되는 일기장을 2개월에 한 페이지를 메워 100년간 사용할 수 있도록 만든다. 할아버지부터 손자까지 하나의 일기장을 사용한다는 콘셉트가 너무 재미있다. 종이는 산화가 안 되는 산화 방지용 중성지를 사용한다.

100년 일기장 이외에도 하루에 세 줄에서 다섯 줄씩 10년간 527페이지를 채우는 10년 일기장도 있다. 아날로그 방식의 종이 일기장뿐만 아니라 소프트웨어형인 온라인 일기장 방식과 디지털 방식인 앱 스타일로 만들 수도 있다. 일기용 소프트웨어는 키보드로 일기를 써넣는 것인데, 즉시 검색도 가능하도록 설계한다.

몇 년 전 국내에서도 10년 다이어리가 인기리에 판매된 적이 있었다. 일본 유명 서적 코너에는 늘 다이어리류가 많이 꽂혀 있다. 즉, 다양한 종류의 다이어리가 늘 비치되어 있다. 10년 다이어리, 5년 다이어리, 3년 다이어리, 1년 다이어리 등 다양한 연도형 다이어리가 즐비하다. 여기에 산화 방지형 만년 다이어리도 많다. 종이가 산화되지 않기 때문에 3대에 걸친 100년 일기장에 적합해 보인다.

만약 100년 일기장이 있다면 당장 사려는 소비자가 많을 것이다. 특히 필자와 같은 메모광은 대대로 물려줄 수 있는 100년 일기장이 있기를 바라는 계층이다. 여러 권의 일기장으로 내용을 분산시킬 필요도 없고, 따로 정리할 필요도 없이 할아버지, 아버지, 손자의 기록이 한 권으로 만들어져서 가보로 삼을 수도 있고 해서 더욱 좋을 듯싶다.

그 어떤 골동품이 조상의 숨결을 알려줄 것인가. 선조들의 숨소리, 실패의 사례, 조심해야 할 사회생활 등 후손이 꼭 알아야 하는 일거수일투족을 알려 주는 것이 이 다이어리 존재의 의의일 것이다.

할아버지가 못 이룬 꿈을 자손 대대로 이어 완성할 수가 있지 않은가. 시간이 오래 걸리는 사업 또는 대업이라면 당연히 자신 대에 연연하지 않고 만만디의 정신으로 정성을 다해 자신이 할 수 있는 데까지만 열심히 하면 된다. 당사자 사후에는 그 자손이 대를 이어 연계작업을 하고, 그다음 3대 손자가 이어서 대업을 잇는다. 본인은 1/3만 완성하면 되는 것이 아닌가.

마치 스페인 바르셀로나에 있는 사그라다 파밀리아 성당을 100년이 넘도록 짓고 있듯이 말이다. 1882년부터 시작된 이 성당은 나중에 천재 건축가 가우디(Gaudi)가 수석 건축가로 취임해 1926년 74세의 나이로 사망했을 때 프로젝트의 1/4이 완료됐다. 가우디 사망 100주년인 2026년에 완공될 것으로 예상한다는 이유 덕분에 전 세계인들을 끌어모으고 있는 성당 사례를 보면서 100년 일기장이야말로 뼈대 있는 가문에는 필수품이 될 확률이 높아 보인다.

너무나 기획 아이디어가 좋은 상품이다. 할아버지의 살아 숨 쉬는 숨결을 느낄 수 있는 100년 일기장(다이어리)은 가보 이상의 것이 될 것이다. 돈으로 도저히 가치를 매길 수 없는 귀중한 가족의 보물인 셈이다.

쉼터

해외여행 중에
뉴 비즈니스의 희망을 보다

21세기 도시 여행업은 '어디 가서 무엇을 볼까'가 아니라 '돈이 될 수 있는 사업 아이템과 히트상품이 무엇인지 찾아내는 과정'이다. 즉, '재화취득업(財貨取得業)'과 같다. 해당 도시의 트렌드를 쉽게 읽을 수 있는 프로그램을 잘 개발한다면, 수많은 비즈니스 관계자들에게 환영받을 일이다.

필자는 약 10여 년 전부터 '머니트렌드 투어'의 중요성을 역설했다. 필자가 30여 년 동안 세계 선진도시의 '트렌드 서베이(Trend Survey)'를 해본 결과, 알게 된 사실이다. 불황일수록 소비가 위축되기 때문에 창업자들은 획기적인 아이템 선정에 더 큰 노력을 기울여야 한다. 선진국의 앞선 트렌드 마켓 서베이(market survey)를 통해 새로운 상품과 시장 정보를 수집해야 한다. 해외의 선진도시들을 직접 탐방함으로써 그 도시의 트렌드와 사업모델에서 획기적인 창업 아이디어를 얻을 수 있어야 한다.

독일에서는 신상품인 훌라후프

우리는 어렸을 적부터 마당 또는 거실에서 형제, 자매들과 운동 삼아서, 아니면 장난삼아 훌라후프(hula hoop)를 하며 함께 시간을 보낸 적이 있다. 그런데 해외 어느 나라에서는 전혀 생소한 제품으로 다가갈 수도 있음을 알려주는 사례다. 훌라후프는 1958년에 발명된 장난감 후프의 일종으로, 동그란 고리 모양을 한 것을 허리 같은 신체 일부에 둘러 돌리는 장난감이다. 우리나라에선 아주 흔한 물건이지만, 다른 나라에서는 신기한 운동기구가 될 수 있다.

2004년, 독일 프랑크푸르트에 온 한국인 청년에게 이런 행운이 다가왔다. 그의 어머니가 어느 날, "왜 독일에는 훌라후프가 안 보이냐?"라는 질문에 사업의 단서를 찾게 됐다고 한다. 생각해보니 독일 어디에도 훌라후프를 돌리는 아이들을 발견하지 못한 것이다. 그는 당장 한국에서 테스트 삼아 20개만 먼저 수입해서 독일 이베이에 올렸다. 생각보다 빠르게 시장에서 반응이 오자 아예 정식 수입으로 훌라후프를 수입해서 대량으로 판매를 하게 된다. 독일 전역에 새로운 브랜드로 등장하게 만듦으로써 어엿한 비즈니스맨이 됐다.

이 사례를 보면서 훌라후프가 아직도 소개되지 않은 나라가 분명히 있으리라는 생각이 든다. 전 세계 선진국이라고 하지만 골목골목 어린아이들의 놀이에 훌라후프가 안 보인다면, 그곳은 훌라후프가 있어야 하는 지역이므로 큰돈 안 들이고 새로운 비즈니스의 주역이 될 수 있다는 이야기다.

'훌라후프' 품목 말고도 이런 동일한 경우가 이 세상에 많이 있을 듯 보인다. 그러므로 해외여행을 하게 되면 되도록 골목길을 가서 현지인들의 생활습관을 유심히 관찰할 필요가 있고, 만약 비어 있는 시장과 없는 상품을 발견하게 되면, 바로 테스트 마켓을 거쳐 제대로 사업다운 사업을 시행하면 된다. 아주 간단하지 않은가?

스페인 바르셀로나 민박 비즈니스

스페인 바르셀로나에는 여성 배낭족을 상대로 하는 민박집으로 유명한 곳이 있다. 바로 스페인 여행을 하다가 아예 눌러앉아 민박 사업으로 성공한 한국의 젊은 여성 사례다.

이 민박집은 여성 관광객만 이용할 수 있게 하고, 안전하면서도 많은 서비스를 준비하다 보니 배낭족들에게 입소문이 나서 전 세계여행 배낭족들이 항상 붐비는 핫플레이스가 됐다. 영국에서 유학 생활을 하면서 배운 영국식 민박업을 바르셀로나에서 시작한 것이다.

요리하는 것, 사람들과 이야기하는 것을 즐기던 그녀는 이젠 어엿한 사업가로 자리매김을 했다. 향후 민박 사업을 호텔 사업으로 성장시키는 것을 목표로 미래 비즈니스의 큰 그림을 그리고 있다고 한다.

배낭여행은 이제는 젊은이들의 메가트렌드 아닌가!

만약 어느 도시에 갔는데, 너무 예쁘고 분위기가 좋다면 며칠간 더 눌러앉아 해당 도시를 더 시장 조사하기 바란다. 분명히 부업 또는 주업을 할 만한 아이템을 발견할지도 모른다. 만약 발견하지 못한다고 하더라도 해당 도시가 당신과 인연이 깊다면 분명 기간을 연장해서 더 머무르게 될 것이다.

예전의 시니어는 가라. 100세 시대를 살아가는 액티브 시니어만을 위한 신사업영역이 서서히 열리는 중이니 잘 고민해보자.

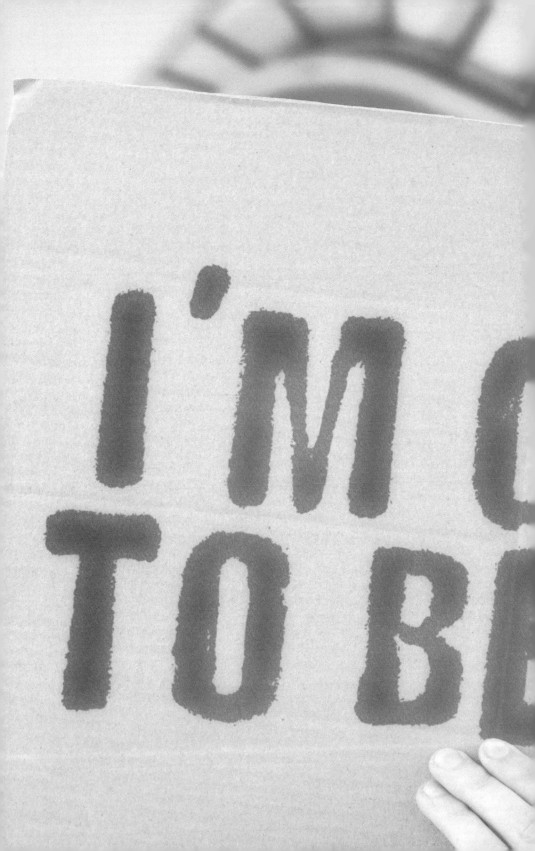

기존 사업의 고정관념
파괴와 뉴 비즈니스

DOING

RICH

3-1

식음료 사업

한 입에 들어가면서
재미있는 아이템은 뭐가 있지?

최근 우리나라를 비롯한 선진국에서 디저트형 베이커리를 쉽게 만날 수 있다. 동네 베이커리 가게 또는 유명 디저트 카페 등 우리 주변에서 많이 발견되는 아이템임이 틀림없다.

디저트형 베이커리 중에서 재미있는 사업 아이템으로, 한 입에 쏙 들어갈 수 있도록 작게 만든 미니 사이즈 디저트가 있다. 일명 '한 입 베이커리'라고 불리는 미니 사이즈 디저트 사업 이야기다. 알다시피 국내에서도 한 입 베이커리를 시리즈로 출시하는 중이다.

그렇다면 미국에서 최초로 선보인 미니 베이커리 탄생부터 알아보자.

미니 베이커리는 2007년, 미국에서 처음 등장했다. 그런데 이 미니 베이커리를 최초로 만든 사람은 셰프가 아닌 건축가라는 사실이 재미있다. 20년여 건축가 경력을 가진 남편과 전직 인테리어 디자이너였던 부인이 한 입 사이즈의 베이커리는 어떨까 하는 작은 아이디어에서부터 이 사업을 시작했다고 한다. 그래서 브랜드도 '작은 양, 한 입'이라는 영어 단어인 모르셀(morsel)에서 따온 '모르셀즈'라고 칭하게 된다(https://www.morselsbakery.com).

그 당시 컵케이크 베이커리 등 기존 베이커리보다는 작은 사이즈의 베이커리들이 있기는 했지만, 한 입 크기의 제품만을 판매하는 베이커리는 없었다. 그래서 사람들에게는 신기하기도 하고 재미있기도 한 새로운 비즈니스였다. 당연히 출시하자마자 인기리에 판매됐다.

이 두 부부는 늘 빵 굽는 것을 좋아했고, 오랫동안 베이커리 스토어를 여는 것이 꿈이었다고 했는데, 오랜 꿈이 현실로 실현되어 기쁜 나날을 보내게 된다. 누구나 갖고 싶은 나만의 가게이자 미국에서 최초로 한 입 사이즈 미니 베이커리 스토어인 '모르셸즈'이기에 더더욱 행복하다고 전한다.

이 회사의 슬로건도 멋있다.

'작은 것이 항상 큰일을 가져온다(A small things will always be the big things).'

'케이크가 빠진 파티는 그저 따분한 회의와 같다(A party without a cake is just a meeting).'

'모르셸즈'에서는 쿠키, 브라우니, 케이크, 스콘 같은 제품들을 판매하고 있고, 매일 최소한 열두 가지의 다른 종류 베이커리를 선보인다. 이들은 모두 원형의 똑같은 크기를 특징으로 하며, 방부제나 트랜스 지방 같은 유해 물질은 일절 사용하지 않는 것을 원칙으로 한다. 또한, 미니 베이커리와 음식궁합이 맞을 만한 맛 좋고 원두의 질이 좋은 커피와 차, 그리고 각종 샌드위치 및 샐러드와 오트밀도 함께 판매한다. 이제는 전 세계 파티나 연회 등에는 모르셸즈 류의 한 입 미니 베이커리들은 3단 또는 5단 베이커리 접시에 등장하는 것이 트렌드다.

최근에 어느 카페에 가든지 커피만 판매하지 않는다. 크기가 작은 또는 큰 베이커리를 함께 판매한다. 또는 아침 식사 대용으로 먹을 만한 샌드위치류를 판매하는 카페도 있다. 브런치로 아주 간단하게 요기를 채울 수 있는 디저트 카페 또는 디저트 베이커리 스토어가 많이 등장함으로써 이런 한 입 베이커리의 존재가치는 점점 더 높아만 간다. 새로운 먹거리에 호기심이 많은 MZ 고객층과 간단한 점심거리를 찾는 직장인이 늘어나고 있다. 당연히 오피스 중심 지역에 있는 카페에서는 한 입 거리 미니 베이커리를 비롯한 아이템들이 즐비하다.

우리나라의 경우, 1인 가구가 점차 늘어남으로써 편의점 등에서 소포장 미니 형태의 제품이 많이 출시되고 있다. 단순히 혼자 먹는 양이 아니라 저렴한 가격에 재미로 먹는 제품 등 다양해졌다. 즉, 한 입 거리 식품류가 1인 가구를 중심으로 많이 애용되고 있다.

그리고 '한 입의 사치'라고 불리는 미니 식품을 통해 소비자는 각자 나름의 사치를 부리고 싶어 한다. 점심밥은 대충 먹더라도, 디저트만큼은 황제처럼 먹고 싶은 것이다. 그야말로 프리미엄 디저트가 새로운 트렌드가 된 지 오래다.

또한, 스마트폰을 손에서 놓지 않는 소비자들이 너무 많이 늘어나고 있으므로, 이들을 위한 '원핸드 푸드(One-hand Food)'가 계속 출시되고 있다. 이런 '원핸드 푸드' 트렌드는 비단 우리나라만의 현상이 아니라, 전 세계에서 동시에 진행 중인 트렌드라고 보면 좋겠다. 참고로 일본에서는 '원핸드 밀(One-hand Meal)'이라고 부른다.

그렇다면 원핸드 푸드가 비단 모르셀즈류뿐만은 아닐 것이다. 상상력을 발휘해보자. 필자의 생각으로는 충무김밥처럼 한 입에 들어갈 프리미엄 김밥 브랜드를 만들어 출시해도 좋지 않겠나 싶다. 서양에 한 입 베이커리가 있다면, 동양권에서는 '한 입 김밥'이 대표상품으로 등극할 수 있어 보인다.

자, 이제부터 새로운 사업거리를 김밥에서 찾아보자. 한 입에 들어가는 디저트 또는 메인디쉬(main dish) 아이템으로 말이다. 그중에서 '프리미엄'에 주목하기 바란다. 프리미엄이면서 한 입에 쏙 들어갈 디저트 또는 메인 음식을 개발해보자!

맥주를 미터(길이 단위)로
판매한다고?

대부분 맥주를 주문할 때 '몇 병' 또는 '몇 cc짜리 몇 잔'을 달라고 한다. 하지만 이곳에서는 주문하는 단위가 다르다.

부피의 개념이 아니라 길이의 개념으로 바꾼 독특한 맥줏집이 화제다. 이곳은 독일의 수도 베를린에 있는 한 펍(주점)인데, 맥주를 길이의 척도인 미터(m)로 파는 곳이다. 술 주문 단위에 대한 고정관념을 깨는 발상의 전환으로 호기심 많은 관광객의 발길이 끊이질 않는 곳이다.

이곳은 독일 통일 2년 후인 1992년에 문을 열었다고 한다. 이 맥줏집의 메뉴 중에는 '1미터 맥주'가 있다. 베를린에서 유일한 것으로 알려진 이 메뉴를 주문하면 200cc짜리 맥주 12잔이 정확히 1미터짜리 나무판 위에 한 치의 빈틈도 없이 일렬로 정렬되어 나온다. 주로 관광객이나 회사원, 학생 등 단체 손님들에게 인기가 아주 좋다.

여러분은 이 사례를 보면 어떤 생각이 드는가? 알다시피 동네 맥줏집은 웬만한 경쟁력과 변별력이 없으면 생존 자체가 되지 않는다. 또한, 기존 맥주만 판매하는 점포는 창업 2년을 지나지 못하고 망하는 사례가 비일비재하다. 그래서 맥주를 편안히 마실 수 있도록 인테리어에 신경을 많이 쓰거나, 기본안주를 더 준다거나, 또는 시중에서 보기 힘든 수입 맥주를 제공하는 등 기존 점포에서 체험하지 못하는 환경을 계속 만들어줘야만 한다. 이 모든 것은 비용의 증가를 일으켜서 결국 폐업의 순서로 가곤 한다.

하지만 기존 동네 맥줏집에서 제공하는 맥주를 양이 아니라 길이로 접근한다는 것이 정말 신선한 발상이다.

1미터 맥주를 개발하게 된 배경도 독특하다. 이 주점 사장이 지난 1994년, 해외여행 중에 아이디어를 얻은 것으로, 당시 여러 가지 실험을 해봤는데 단체 손님을 위한 맥주 운반에 1m짜리 나무판이 가장 효율적이었다고 한다. 또한, 기존 500cc 맥주잔이 아니라 200cc 맥주잔을 새롭게 도입해 맥주잔의 차별화를 유도했다는 점도 특이하다. 정말 베를린의 관광명소가 될 만해 보인다.

베를린에 갈 여행객은 200cc 맥주 12잔이 나오는 1미터 맥주 주점을 꼭 들러보시기 바란다. 발상의 전환이 이렇게 많은 수입을 꾀할 수 있다는 것을 직접 체험해보기 바란다. 부피의 개념을 길이의 개념으로 바꾸니 새로운 세상이 보인다.

'1미터 맥줏집'이란 개념을 제대로만 정립시킨다면, 국내 맥주 비즈니스의 새로운 경쟁력을 지니게 되리라 예측된다. 여기에다가 서빙하는 직원도 건강하고 긍정적인 마인드를 갖춘다면 금상첨화 사업이 될 것이다. 이는 1983년 플로리다 클리어워터에서 처음 문을 연 레스토랑과 스포츠바를 접목한 '후터스'라는 비어 레스토랑이 '미녀와 맛난 음식, 시원한 맥주가 있는 곳'이란 콘셉트로 잘 알려져 있듯이 엄청나게 명성을 크게 얻을 수도 있다. 만약 이런 새로운 개념의 건강한 맥주 하우스가 대한민국에 처음으로 선보인다면 대단한 인기몰이가 가능해 보인다.

필자가 계속해서 강조하는 21세기 뉴 비즈니스의 두 가지 키워드는 '테마와 유머'라는 주장은 몇 번을 강조해도 지나침이 없다. 맥주잔이 작으니 여성 고객에게도 인기가 많을 것 같고, 건장한 남자 종업원이 팔레트같이 생긴 맥주 운반 도구를 어깨에 메고 좁은 홀을 춤추듯 지나가는 장면이 눈에 선하다. 단체 손님들을 겨냥해 같은 분량의 맥주를 더 많은 잔으로 나누고, 또한 맥주 운반에 물류의 팰릿(pallet) 개념을 도입해 종업원들이 효율적으로 더 많은 맥주를 운반할 수 있게 한 아이디어가 이 주점을 베를린의 명물로 만든 셈이다.

그저 평범한 맥주 주점을 하면서 손님이 없다고 불평만 하지 말고, 이와 같은 발상을 실행에 옮기면 여러분의 가게는 바로 TV를 통해 매스컴을 탈 것이다. 만약 TV에 여러분의 가게가 나온다면, TV 화면을 캡처해서 커다랗게 패널로 만든 후, 벽면을 장식하라! 이제부터 당신의 주점사업은 순풍에 돛을 단 듯 여유로워질 것이다.

몸 만들고 싶어
저칼로리 음식만을 찾고 싶은데

미국 성인 중 절반가량이 10년 후 비만이 되고, 25%는 고도 비만이 될 것이라는 연구 결과가 나왔다(2019년 12월 기준). 하버드와 조지워싱턴대학 연구진이 수행해 <뉴 잉글랜드 저널 오브 메디슨(New England Journal of Medicine)>에 실린 자료에 의하면, 미국 성인의 대부분이 비만 증세를 보인다고 한다.

비만이라고 측정되는 기준은 신장과 체중의 비율을 사용한 체질량지수(BMI)로 측정하는데, 저체중이나 정상은 BMI 지수가 25 이하, 과체중은 25~30, 경도 비만은 30~35, 고도 비만은 35 이상일 때 분류된다. 당연히 비만은 심장병, 뇌졸중, 당뇨, 암 등 다른 건강 문제를 유발할 수 있다.

이번 조사 결과에 따르면, 2030년에는 미국 성인의 49%가 비만 단계에 진입하고, 29개 주에서는 비만 비율이 50%를 넘을 것으로 전망된다고 하니 남의 나라 일만은 아닌 듯싶다.

우리나라 성인의 비만율도 만만치 않다. 2020년 국감 자료에 따르면, 2018년 기준 전체 성인 비만율은 34.6%로, 대한민국 전체 성인 3명 중 1명이 비만으로 나타났다. 남성은 42.8%, 여성은 25.5%가 비만이고, 연령별 비율은 70세 이상이 38%로 가장 높았고, 두 번째로 30대가 37.8%로 높게 집계됐다.

미국을 비롯해 삶의 질이 올라가면서 고기나 치즈, 케이크 등 고칼로리 음식을 많이 섭취하는 서양식 음식 문화가 있는 나라들에서 대체로 비만 인구가 높게 나타나고 있다. 우리나라도 2018년 기준 당뇨병 환자가 남성이 55%, 여성이 45%가 됐다. 소아·청소년기부터 운동 부족, 영양 과잉이 심각하고, 소아 비만이 성인 비만으로 이어지면서 20~30대에서 당뇨병이 빠르게 늘고 있다.

그리고 국민건강보험공단(건보공단)이 2019년 1월에 발표한 '2018년 건강검진 통계'에 따르면 한국인은 38.2%, 즉 10명 중 약 4명이 비만이라고 보고했다. 국내 체질량지수(BMI)가 25 이상이면 비만으로 정의하는데, 2014년 32.8%이던 국내 비만 인구 비율은 최근 5년간 꾸준히 늘어 40%를 바라보고 있다는 내용이다. 심각해도 한참 심각한 수치다.

나라마다 차이가 있을 수 있고, 나이와 키 그리고 몸무게에 따라서 기초대사량이 개인별로 차이가 있지만, 사람마다 권장되는 칼로리는 평균적으로는 성인 남성은 2,500kcal, 성인 여성은 2,000kcal다. 어쨌든 이와 같이 비만 인구가 많아지는 상황에서 새로운 비즈니스가 탄생하게 된다.

전 세계 비만 1위 국가인 미국에서 새로 나온 뉴 비즈니스는 칼로리 조절이 가능하도록 서비스를 준비한 레스토랑 이야기다. 즉, 총 600kcal 이하의 음식만을 제공하는 레스토랑 비즈니스다. 이 레스토랑은 고객의 건강을 최우선 미션으로 결정한 후, 1일 성인 권장 칼로리의 1/3인 600kcal 이하의 음식만을 선정해서 제공하는 방식을 채택한다.

특별한 다이어트 음식을 갖추고 있는 레스토랑으로서 글루텐이 없고, 저염분인 음식을 찾는 사용자들에게 희소식이다. 어쨌든 레스토랑 측에서 작성한 각각의 음식 목록부터 완벽한 영양 정보를 포함한 세부사항까지 미리 자사의 사이트에 음식 관련 정보도 자세히 올려놓는다. 여기에 주변 지역과의 협력으로 50%까지 할인받을 수 있는 이벤트도 진행한다. 당연히 앱을 다운받도록 서비스를 개선해 누구나 쉽게 이용할 수 있다.

그렇다면 이 비즈니스와 유사한 비즈니스를 국내에서 한다면 조금 다르게 접근하는 방법을 제안하고 싶다. 예를 들어 고객층을 성인에서 어린이로 바꾸면 어떨까?

요즘 코로나19로 인해 재택근무를 하는 직장인이 늘면서 비만 인구가 점점 더 늘어나는 중이다. 재택에 돌입한 뒤부터 활동량이 줄고 TV를 보거나 혼자 술 마시거나 냉동식품이나 배달음식과 친해지면서 몸무게가 늘어나 코로나 '확찐자'가 됐다는 푸념을 많이 들어봤을 것이다.

우리나라의 경우 어린이 비만 인구를 염두에 두고 뉴 비즈니스를 전개함이 마땅해 보인다. 알다시피 비만은 당뇨병, 고혈압 등 성인병의 원인이 된다. 어렸을 때 비만인 아이들은 성인이 된 후에도 비만으로 이어질 가능성이 70%에 달한다. 그러므로 고객 타깃을 비만이 예측되는 어린이를 지정한다면 자연스럽게 엄마, 아빠까지 끌어들일 수 있게 된다. 그야말로 양수겸장인 셈이다.

여기서 한 걸음 더 나아간다면 이런 착한 비즈니스를 전개하는 레스토랑을 지역별로 모아 가이드북을 만들어주는 사업이다. 예를 들어, 서울지역 또는 전국 ○○○군데 비만 방지 레스토랑(식당 포함) 정보를 총망라한 가이드북을 출간하는 것이다. 여기에 더해서 맛(Food), 서비스(Service), 분위기(Decor), 가격 대비 만족도(Price)의 네 가지 항목별로 점수를 매긴 정보를 정리한 정보잡지 수준으로 출간하는 사업도 부수적인 사업으로 생각된다.

비만을 막아주는 저칼로리 레스토랑 사업이 서울뿐만 아니라 전국 지역 상권을 더 키우는 효과까지 있으므로 이 사업에 관심이 있는 지자체와 함께 공동마케팅을 전개하는 방식도 추천하고 싶다.

QR코드에 나만의 메시지를 담아
선물하고 싶은데

개인적으로 선물을 주고자 하는 마음을 선물과 함께 전달하는 것이 녹록지 않은 경우가 많다. 어떻게 선물을 전달하는 것이 자연스러우면서 상대방에게 부담을 주지 않을까 생각해본 적이 누구나 한 번쯤 있을 것이다. 괜히 쑥스럽기도 하고, 제대로 내 마음을 담아 이야기하는 것을 주저하는 경우가 많다. 동양이나 서양이나 이런 장면은 흔하게 생기는 경우다.

항상 필요는 새로운 비즈니스 탄생의 실마리를 선물한다. 상대방에게 선물을 주면서도 왠지 겸연쩍을 때를 대비해 색다른 뉴 비즈니스가 탄생한 것이다. QR코드에 내 마음을 담은 기능과 일반 쿠키를 합친 색다른 나만의 선물용 쿠키 전문점이 덴마크에서 탄생했다(https://qkies.de).

즉, 이 쿠키에는 선물하고 싶은 사람에게 개인 메시지나 카드 이미지 또는 영상까지 함께 담아 보낼 수 있다. 이는 쿠키에 새겨진 QR코드 때문에 가능하다. 사실 기존의 선물은 그저 제품 자체의 전달에만 그쳤던 것이 사실이다. 본래 선물이란 것은 감동과 즐거움을 줄 때, 선물로서의 의미가 있는 것 아닌가! 물론 메시지를 담은 카드를 함께 보내긴 하겠지만 말이다.

이 뉴 비즈니스는 기존 선물용 과자를 툭 하고 전달만 하는 것이 아니라 미리 전하고 싶은 내용을 QR코드에 미리 정성껏 담아 전달한다는 점이 가장 강력한 차별점이다. 또한, 하고 싶은 말이나 표현들이 담긴 영상을 QR코드를 통해 볼 수 있어서, 선물하고자 하는 사람에게 나만의 선물을 받았다는 느낌을 주기에 손색이 없어 보인다. 기존 선물용 과자 위에 QR코드만을 더하는 방식을 적용했기 때문에 가격도 생각보다 저렴하다. 선물 가격도 적당하고, 여기에다 얼굴 보고 이야기하기 힘든 나만의 선물 당사자에게 하고픈 이야기를 동영상으로 찍어 보낼 수 있으니 정말 최신에 나만의 선물 아닐까!

앞으로 QR코드에 콘텐츠를 담아 전달할 선물을 생각해보면 무궁무진할 것으로 보인다. 쿠키뿐만 아니라 간단히 먹을 수 있는 식품류에 모두 적용될 수 있기 때문이다. 이 내용을 보고 있는 당신은 새로운 사업거리가 마구 생겨나지 않는가?

쿠키와 관련해서 재미있는 이야기를 하나 더 해드리겠다.

쿠키 안에 각종 운세 메시지가 들어 있어, 미국과 영국·멕시코 등지의 중국음식점에서 매년 30억 개 정도가 팔리는 '포춘 쿠키(fortune cookie)'가 있다.

필자도 미국 여행을 할 때, 뉴욕에 있는 어느 중국식당에서 후식으로 그 행운의 쿠키를 먹었다. 내가 먹었던 포춘 쿠키는 "당신은 앞으로 여러 나라를 여행할 것입니다(You will travel far and wide)"라는 내용이 나와서 깜짝 놀랐던 경험도 있다. 이 포춘 쿠키를 먹었던 것은 1990년이었는데, 그 이후로도 계속 여행을 해서 전 세계 42개국, 94개 도시여행 경험을 했으니 이 쿠키가 정말 내 운명을 잘 맞춘 효험 있는 쿠키가 아닐까 생각한다.

그런데 많은 사람이 으레 중국에서 넘어온 것으로 알고 있는 이 쿠키의 유래는 뜻밖에도 '19세기 일본'이라는 주장이 제기되어 원산지 논쟁이 일고 있다고 <인터내셔널 헤럴드 트리뷴(IHT)>이 보도했다.

이 신문에 따르면, 도쿄 근교에 사는 일본인 여성 나카마치 야스코 씨는 6년 넘게 일본의 역사 문헌과 문학작품을 뒤지며 '포춘 쿠키'의 뿌리를 추적한 끝에 19세기 후반 일본에서 '포춘 크래커(fortune cracker)', '벨 크래커(bell cracker)'라는 이름의 쿠키들이 만들어졌다는 사실을 확인했다. 또 미국에서 포춘 쿠키가 등장한 1907~1914년 시점보다 훨씬 전인 1878년의 일본 책자에서 지금 미국 내에서 유통되는 포춘 쿠키와 똑같은 방법으로 쿠키를 만드는 그림도 입수했다. 정작 중국 내 음식점들은 이 쿠키를 주지 않는다는 점도 그의 주장을 뒷받침한다.

　다시 정리해본다.

　내 마음을 담은 선물을 전달하는 것을 쑥스럽게 생각하는 남성들이 참 많다. 그런데 내 심정을 글 또는 동영상으로 미리 만들어놓은 뒤, QR코드를 만들어 그것을 선물에 부착해서 전달한다면 정말 뜻깊은 선물이 되리라 예상된다. 아직 이런 선물을 받아 보지 못해서 그런지 필자도 이런 선물을 받아 보고 싶다. 아마 여러분도 마찬가지이지 아닐까 싶다.

재료도 내 마음대로,
친구에게 자랑도 가능한 가게가 있다고?

미국 뉴욕 맨해튼의 10대를 타깃으로 하는 색다른 햄버거 스토어가 개점했다. 이 스토어는 소셜 레스토랑(social restaurant)을 표방하는 햄버거 가게로서 사회공헌을 실천하는 브랜드다(www.4food.com).

이 햄버거 가게가 기존 우리가 알던 햄버거 가게와 다른 점은 두 가지가 있다. 첫째, 고객 개개인이 좋아하는 재료를 직접 선택해서 자신만의 햄버거를 디자인할 수 있다는 점이다. 지금까지 우리는 내가 먹고 싶은 햄버거 속에 넣고 싶은 재료를 고른 적은 단 한 번도 없었다. 그런 점에서 정말 획기적인 변신이라고 할 수 있다. 물론 샌드위치점에서는 내가 원하는 재료를 고르는 재미를 줘서 유명해진 '써브웨이'가 있긴 하지만 말이다.

둘째, 이렇게 내가 선택해서 만든 나만의 햄버거를 친구들에게 자랑할 수 있도록 시스템을 구축했다는 점이다. 10대 소비자에게 가장 중요한 마케팅 전략은 '자랑하기' 아닌가! 정말 주 고객의 주요 행동을 제대로 파악하고, 분석한 결과의 산물이라는 생각이 든다.

고객이 자신이 원하는 재료를 선택하게 만드는 영업방식은 '써브웨이' 가게에 가서 자신만의 샌드위치를 만드는 과정과 비슷해 보인다. 즉, 고객 자신이 스스로 디자인한 햄버거라는 전략을 내세운다.

이들의 주장이 근거가 있어 보이는 이유는 간단하다. 이 햄버거의 이름은 'W(hole)버거'라고 불리는데, 패티의 가운데가 도넛처럼 뚫려 있고, 이 공간에 고객이 원하는 재료를 넣을 수 있게 만들었다는 점이 기존 햄버거 브랜드와 차별된다. 이렇게 보면 도넛의 모양에서 본떴지만, 그 빈 가운데 공간을 고객이 원하는 재료로 채운다는 발상의 전환을 칭찬해주고 싶다.

우선 햄버거의 핵심이라고 할 수 있는 패티는 소고기, 양고기, 칠면조 고기 등 각종 고기부터 채식주의자를 위한 채소까지 선택의 범위가 넓다. 여기에 아보카도, 치즈, 감자, 시금치, 달걀, 심지어 연어까지 선택할 수 있고, 여러 가지 채소로 토핑을 골라서 올릴 수도 있다.

주문 가능한 조합으로 1억 4,000만 개의 색다른 햄버거가 탄생할 수 있다고 하니 나만을 위한 특별한 햄버거가 완성되는 것이다. 이 부분은 상당히 중요해 보인다. 자신만의 재료를 선택하게 만든다는 개념을 이해했다면, 국내에서도 이 시스템을 가져와 한국형 나만의 햄버거 브랜드가 탄생할 수도 있어 보인다.

이 햄버거를 주문하는 방식은 집에서 온라인 또는 모바일로 주문, 매장 내 직원에게 주문, 매장 내 터치스크린을 통한 주문, 매장 내 식탁 위에 비치된 아이패드 주문방식으로 설계했다. 그야말로 주문할 수 있는 지구상의 거의 모든 방법을 동원해서 고객마다 각자에게 쉬운 주문방식을 채택하도록 시스템을 구축했다는 점도 칭찬해주고 싶다.

여기에 SNS를 최대한 이용해서 친구들에게 자신만의 햄버거를 자랑할 수 있도록 시스템을 구축했다는 점은 특급 칭찬할 만하다. 페이스북, 트위터를 통해 어떤 조합의 햄버거를 만들어 맛있게 먹고 있다는 내용을 실시간으로 SNS를 통해 친구들과 공유할 수 있어 흥미를 유발할 수 있다는 것이 가장 큰 장점으로 보인다.

여기에 더해 매장 한가운데에 있는 큰 기둥에 붙은 LED 판에는 실시간으로 트위터 계정에 말을 걸면 자신의 메시지를 바로 볼 수 있도록 인테리어했다는 점도 10대 위주의 햄버거 브랜드임을 알려준다.

더욱이 햄버거를 주문하게 되면 이 회사는 25센트(약 300원)를 기부할 수 있도록 구매 시스템을 구축했다. 구매와 기부를 연결했다는 점은 이 회사 CEO의 남다른 기부문화의 생활화를 알 수 있게 해준다. 회사 경영을 하면서 오로지 이익만 추구하는 기업이 아니라 사회공헌도 생각하고, 지역사회의 발전도 생각하는 경영자의 자세와 철학을 본받아 바로 사업에 적용하는 대한민국 청년 CEO가 많이 나왔으면 좋겠다. 최근에 햄버거를 좋아하고 식사 대용으로 채택하는 소비자가 많이 늘어나고 있으므로 전략만 잘 세우면 기존 글로벌 햄버거 브랜드와 한판 대결을 제대로 할 수도 있으리라 예상한다.

참고로 국내 햄버거 시장의 현황을 살펴보면 상당히 시장은 우호적이고, 매출 볼륨도 점점 커지는 중이다. 세계적인 시장 조사기관인 '유로모니터'에 따르면, 국내 햄버거 시장 규모는 2013년 1조 9,000억 원에서 2018년 2조 8,000억 원으로 커졌다. 코로나19 이후 더 가파른 성장세를 보이고 있다. 2021년은 4조 원 규모로 커졌을 것이라는 예상이 지배적이다(<뉴시스> 2021년 12월 16일자). 국내 프랜차이즈 햄버거 매장 수를 보면 2021년 11월 기준, 맘스터치 1,343개, 롯데리아 1,330개, 버거킹 431개, 맥도날드 400여 개, 노브랜드버거 167개다. 충분히 새로운 햄버거 브랜드로 진출할 수 있어 보인다. 물론 '영철버거'처럼 일정 지역에서 브랜드 파워를 키운 다음에 전국구로 얼굴을 내밀면 될 듯 보인다. 이젠 국내 햄버거 시장도 새로운 브랜드가 나타나도 하나도 이상하지 않은 분위기다.

세상에서 가장 비싼 땅에
와이너리가 탄생했다고?

뉴욕 역사상 최초로 와인 양조장이 탄생했다. 시티 와이너리(City Winery)라고 불리는 도심 속 와인 양조장은 2008년 개점해서 지금까지 영업 중이다. 우리가 상식선에서 알고 있는 양조장은 도심에서 한참 떨어진 시골에 있는 것이 정설이다. 그런데 전 세계에서 가장 비싼 땅인 뉴욕 도심 중앙에 와이너리 스토어가 있다니 정말 놀랍지 않은가!

뉴욕의 심장부라 불리는 소호(SOHO)지역, 허드슨 스퀘어에 개점한 '시티 와이너리'라는 와인바에는 기존에 우리가 알고 있는 와인바와 와인을 제조하는 양조장, 그리고 음악 공연장까지 여러 가지 사업적 개념을 결합한 복합 스토어 개념으로 탄생했다(https://www.citywinery.com).

아무래도 21세기 뉴 비즈니스는 복합개념이 들어가야 제멋이 나는 것 같다. 이 시티 와이너리 양조장에서 고객은 자신이 좋아하는 포도를 직접 선택하고, 이를 이용해서 자신만의 맞춤 와인을 만들 수도 있고, 해당 양조장 겸 식당에서 멋진 식사도 즐길 수 있다. 여기에 뉴욕의 잘나가는 뮤지션을 초청해서 무료로 이른 저녁, 주중 공연을 운영하고 있다. 친구, 연인과 저녁에 달콤한 와인을 먹고, 멋진 음악을 들으면서 하루의 피로를 풀어낼 수 있는 공간이 전 세계 경제의 수도인 뉴욕에 있다니 생각만 해도 기분이 좋아진다.

우리가 알고 있는 도심에서 한참 먼 곳에 있는 와이너리의 개념을 도심 한 복판으로 끌고 온 이번 신사업 비즈니스 CEO의 상상력에 박수를 치고 싶다. 이 비즈니스의 특징은 장소적 특색만 가지고 있는 것이 아니라 고객이 나만의 맞춤형 와인을 만들고 소유할 수 있도록 시스템을 갖췄다는 점이다.

그렇다면 나만의 와인을 만드는 제조공정 과정을 들여다보기로 하자.

① 와인 제조에 사용할 원재료인 포도는 포도 산지로 전 세계적으로 유명한 캘리포니아, 오리건, 워싱턴, 뉴욕 등의 미국 본토 그리고 칠레, 아르헨티나 등 해외 유명 산지 포도밭에서 가져온다.
② 여러 종류의 포도 중에서 유료 개인 회원은 이 중 원하는 포도를 선택하고, 와인 전문가인 마스터 와인 메이커와 상담을 한다.
③ 이후 와인 제조 과정을 거치게 된다. 어느 정도 시간이 지나면 숙성된 나만의 와인이 완성되고, 이를 병에 담아 자신만의 이름을 스티커 형태로 붙인 와인을 소유하게 된다.

이 스토어에서는 네 가지 와인 오너십 제도를 두고 있어 눈길을 끈다. 최신의 경영이론을 접목한 이 가게 주인의 경영관이 놀랍다. 앞으로 회원제 고객 관리 시스템을 구축하려는 예비 창업가에게 좋은 정보다.

① 프라이머리 배럴 오너십(Primary Barrel Ownership) : 가장 기본적인 회원제로서, 회원비는 연간회비를 내야 한다. 와인에 쓸 포도 가격과 와인 병에 라벨을 붙이는 등 와인 제조에 필요한 기타 비용은 추가로 지급해야 한다. 프라이머리 회원은 와인 만들기뿐만 아니라 와인 강좌와 자신이 만든 와인을 다른 회원들과 바꾸어 마실 수 있는 혜택을 가진다.
② 배럴 셰어 오너십(Barrel Share Ownership) : 이 제도는 6명이 함께 와인을 공유하는 제도다. 회원비는 개인당 연간회비를 내야 한다. 포도 가격과 라벨링 비용을 분담할 수 있다. 프라이머리 오너십처럼 한 사람의 연회비가

부담하기 힘든 유료회원들이 십시일반으로 합심해서 가입할 수 있는 유료회원제도다.

③ 단체 배럴 오너십(Corporate Barrel Ownership) : 이는 기업체나 단체가 주로 가입하는 B2B 유료회원 방식이다. 연간 회원비가 별도다. 주로 기업 선물용으로 가입할 수 있다. 단체 회원은 개인 파티나 모임, 오프라인 이벤트 등을 할인받을 수 있다.

④ 코셔 오너십(Kosher Ownership) : 전통적인 유대교의 율법에 따라 와인을 만드는 과정을 포함하는 가입 방식이다. 연간 회원비가 제일 비싸서 가장 특별한 대우를 받을 수 있다. 최근에는 새롭게 멤버십 제도를 보완, 운영 중이다. 한 달에 한 병만 마실 수 있는 '익스플로러(EXPLORER)', 두 병을 마실 수 있는 '카너서(CONNOISSEUR)', 그리고 여섯 병을 마실 수 있는 '콜렉터(COLLECTOR)'라는 3단계 멤버십도 운영하고 있다.

도심에서 먼 와이너리에서만 맛볼 수 있었던 수준급 와인을 뉴욕 맨해튼 도심에서도 맛볼 수 있다는 점, 고객이 직접 나만의 맞춤형 와인을 만들 수 있다는 점, 그중에서도 책임 있는 회원제 관리시스템은 가장 칭찬하고 싶다. 나아가 거의 매일 지역 뮤지션들의 뮤직 페스티벌을 매장에서 즐길 수 있는 점도 매력적이다. 현재 뉴욕 본점을 비롯해 애틀랜타, 시카고, 내슈빌, 보스턴, 워싱턴 D.C. 및 필라델피아 지점이 있다.

이 뉴 비즈니스 사례를 보면 고정관념을 깨면 새로운 비즈니스가 탄생한다는 것, 그리고 와인 플러스 복합개념을 만들게 되면 복합스토어가 탄생할 수 있다는 정설을 증명해 보인다. 와이너리 + 와인바 + 뮤직 콘서트가 매일 진행되는 뉴욕 도심의 와인바 개념을 서울 도심에 가져와도 가능해 보이는 사업이라고 생각한다.

쉼터

해외여행 중에 만나게 되는
뉴 비즈니스 아이템

외국 여행 중에 향토 음식을 유심히 보고, 어떻게 수정하면 좋을지 연구하는 연습을 계속해야 한다. 그리고 우리나라 고급 시장을 지향하는 품목군을 미리 기억해놓자. 필자는 해외여행을 가게 되면 반드시 하는 행동이 있다. 바로 국내에 들여오면 성공할 만한 신제품이 뭐가 있을까 집중적으로 탐색하는 습관이다. 그런데 필자보다 더 열심히 신상품을 찾아내 국내에 첫선을 보여 큰돈을 번 사례가 있어 소개한다.

독일에는 여러 가지 가도(街道)가 있다. 로만티크 가도, 고성 가도, 동화의 배경 지역을 따라 여행하는 동화 가도까지. 유명한 고성을 따라 여행하는 고성 가도도 멋지겠지만, 가장 로맨틱한 도시들을 연결해놓은 로만티크 가도는 진정한 독일 소도시의 매력을 느낄 수 있는 루트다.

'로텐부르크'는 가본 사람들 모두에게 아주 깊은 인상을 주는 중세시대에 만들어진 요새가 발달한 도시인데, 건축 디자인이 상당히 앞선 느낌을 지울 수가 없다. 이 도시에 들어서면 마치 타임머신을 타고 중세 과거로 간 느낌이다. 마을 전체가 중세를 콘셉트로 한 테마파크 같은 느낌도 든다. 그래서 그런지 잠시 머무르는 동안 마치 중세 동화의 나라에 놀러 온 듯한 착각에 빠지기 쉽다.

로만티크 가도의 백미인 중세도시, 로텐부르크에는 유명한 상징과 특화 상품이 많이 있는데, 그중에 으뜸은 '스노우볼(Snowball)'로 불리는 과자다. 우리나라 서울 유명 백화점이나 지하철, 심지어 길거리까지 이 동그란 과자를 볼 수 있다. '망치로 깨 먹는 과자', '강남 과자' 등 다양한 수식어를 모은 독일 과자 슈니발렌이다.

해외여행을 하면서 눈에 띄는 상품이나 음식이 있으면 자료를 깊숙이 조사해볼 필요가 있다. 슈니발렌 과자가 단시간 내에 인기를 얻게 된 이유도 '망치로 깨서 먹는 과자'라는 콘셉트로 소개함으로써 세간의 이목을 집중시켰고, 달콤한 뭔가를 먹고 싶어 하는 현대인들의 욕구를 충족시켜 주었기에 빠른 인기를 선점한 것이다.

간단히 이야기하면, 슈니발렌 과자가 독일 로텐부르크 지방 고유의 과자이지만, 우리나라에 오면서 다른 이름과 형태로 판매되듯이, 우리나라에서만 제조, 판매되는 제품을 찾아내서 현지에 수출하거나 현지인들에게 좀 다른 형태로 판매하면 된다는 것이다. 물론 맨 처음 시장 반응을 보기 위해 쿠팡, 이베이 등을 이용하는 방법은 필수 코스다. 이렇게 손바닥 뒤집듯이 손쉽게 해외 직접구매 또는 해외 직접판매가 가능한 것은 당연히 IT 기술의 발달과 우리나라 국민이 점점 글로벌 시티즌이 되고 있기 때문이 아닐까.

식품 분야만큼 가치 소비가 더 있는가.
조금 비싸더라도 내 가치와 부합하면 되는 것 아닌가!

3-2

교육사업

운동장에는 경기 코치가,
경영에는 누가 필요할까?

새해가 되면 으레 새로운 각오로 열심히 공부하겠다고 작심을 하게 된다. 세계 그 어느 나라보다도 높은 우리나라의 공부에 대한 열의는 아마 1, 2위를 다툴 것이다. 잘못된 사교육의 광풍이 불기도 하지만, 그래도 믿을 것은 '사람' 하나 아닌가. 경제협력개발기구(OECD) 회원국 30곳 중 한국의 국내총생산 대비 공교육 비중은 17위지만, 사교육비 비중은 단연 1위를 차지하는 게 우리의 현실이자 구조적 모순이다.

우리나라 통계청이 발표한 '2019년 초중고 사교육비 조사 결과'에 의하면 2019년 국내 사교육비 총액은 20조 원이고, 학생 1인당 월평균 사교육비는 지난해 32만 1,000원을 기록하면서 학생당 월평균 '30만 원'을 처음으로 돌파했다. 더군다나 코로나19로 인해 심각한 '학습 공백'과 '교육 격차'가 생기는 중이다.

그렇지만 세계 여러 나라도 마찬가지 현상이 일어나는 중이다. 하지만 우리가 알고 있는 입시와 관련된 시장 말고도 색다른 시장이 계속 열리는 중이다. 그 색다른 시장 중에서 당신이 도전해볼 만한 시장이 분명 있다.

바로 홍콩에서 전개된 '비즈니스 코치' 사업이다. 간단히 말하자면 CEO의

모자란 분야를 개인 교습을 통해 일대일로 가르치는 비즈니스다.

홍콩과 중국 광둥(廣東)성 일대의 중소·중견 기업들에 'CEO 전담 비즈니스 코치(business coach)'가 인기다. 최고경영자(CEO)들의 자질과 역량을 강화하는 데 도움을 주는 일종의 '과외 교사'들이다. 이들은 대부분 미국 공인회계사(CPA)나 경영학 석사(MBA) 소지자 또는 대기업 근무 경력자로 고객인 CEO들과 맨투맨 관계를 맺고 서비스를 제공한다. 홍콩 성완(上環)에 있는 '액션 인터내셔널(AI)'의 경우 5명의 전담 코치들이 공동 사무실과 세미나실을 운영 중이다.

코치 1명당 고객은 평균 10~15명을 담당한다. 기본적으로 매주 1회 공장이나 기업체 현장을 찾아 1~4시간 동안 마케팅·리더십·재무관리·회계·인사관리 등 경영 전반에 걸쳐 최신 지식과 경험, 컨설팅을 전수한다. 고객들의 요구에 따라 코칭 분야와 시간 조정이 가능하며, 서비스 기간은 1년 정도라고 한다. 또한, 주말에는 고객들을 대상으로 '비즈니스 성공 아카데미'와 '단기 특별교육 프로그램'을 열어 고객 간 상호 네트워킹도 돕는다. 수입도 상당히 짭짤한 편이다. 10명의 고객이 있는 경력 2년 차 컨설턴트의 연간 수입은 줄잡아 100만 홍콩달러(약 1억 5,440만 원)가 넘는다고 한다.

여러분들도 다 알다시피 대통령에게는 여러 방면의 코치가 있다. '수석'이라는 이름으로 일하는 분들이 그들이다. 이처럼 회사를 경영하는 CEO에게도 코치가 필요한 세상인 것이다. 대부분의 CEO는 외로운 결단을 내릴 경우가 많다. CEO만큼 외로운 직업이 있을까 싶다.

그렇지만 이런 비즈니스를 함께 의논할 상대가 있다면 상당히 CEO 리스크를 줄일 수 있다고 본다. 지금까지 주위에 있는 사업하는 친구 또는 선배에게 문의했던 사항들을 해당 분야의 전문가에게 조언을 받을 수 있다면, 그 수업료가 전혀 아깝지가 않을 것이다. 왜냐하면, 21세기에는 잘못된 결정을 한 번이라도 하게 되면 회사의 운명과 자신의 운명이 뒤바뀔 만큼 의사 결정의 비중이 커졌기 때문이다.

우리나라도 암암리에 진행하고 있는 사업이라고 보인다. 강의와 집필을 많이 하는 유명 강사를 중심으로 이와 같은 사례가 진행되고 있다고 한다. 그러나 대부분 부동산 관련해서 개인 교습이 진행되는 것으로 보인다. 그런데 문제는 부동산의 경우, 컨설팅 이후에 문제가 될 확률도 높아서 상당히 심사숙고한 후에 의사 결정을 하기 바란다.

그리고 경영 분야 책을 저술한 전문가라는 사람의 경영적 역량을 증명하기에는 역부족인 경우가 많아서 전문가 선별이 이 사업의 핵심이라고 할 수 있다.

TV에 많이 나온 전문가가 곧 최고의 실력자는 아니기에 의뢰하려는 CEO에게 믿음을 줄 수 있는 정도의 내공을 갖춘 컨설턴트를 많이 보유하는 것이 이 사업의 핵심이다. 사실 경영 분야 책을 저술한 저자 중에 실력이 부풀려진 분들도 많기 때문이다. 이는 필자가 경영 분야 저자를 오프라인과 온라인상 가장 많이 만나본 경험에서 우러나온 말이다.

그리고 참고로 필자가 운영 중인 '김앤커머스'도 이와 비슷한 CEO 비즈니스 코치를 진행하고 있으니, 관심 있는 기업의 CEO들은 개인적으로 연락해 주기 바란다.

이번 사례는 비즈니스 관련 개인 교습 학원사업이라고 생각하면 맞다. 비즈니스 구루의 역할을 개인별로 해주는 것인데, 각 분야의 CEO가 모든 달란트를 지니고 있지 않기 때문에 전문가를 통해 배운다면 더 큰 사업으로 발전하고, 더 큰 그릇의 CEO로 거듭날 기회를 맞이할 것이다. 우리나라에서도 가능성은 대단히 크지만, 워낙 학력이 높은 컨설턴트가 많은 한국에서 이 사업이 궤도에 오르려면 대표 비즈니스 코치가 언론에 자주 등장해야 할 듯싶다.

남자도 차밍스쿨이
필요할까?

싱글에게 1년 중 가장 연인이 필요한 때는 언제일까? 크리스마스? 아니면 벚꽃 필 무렵? 옆구리가 정말 시리기 좋은 날씨면 으레 내게도 연인이 있으면 좋겠다는 생각을 한다. 하지만 자신의 속내를 잘 표현하지 못하는 분들이 참 많다. 이분들만을 위한 이색 학원이 있어 소개한다.

이번에 소개하는 해외 뉴 비즈니스는 연애가 숙맥인 남성만을 위해 작업을 가르치는 연애학원 사업 이야기다. 바로 남성용 차밍스쿨이다. 이성을 유혹하는 남성으로 변신시키는 '남성용 차밍스쿨' 사업이다.

미국에 여성을 유혹하는 기술을 가르치는 '남성용 차밍스쿨'이 등장해서 인기를 끌고 있다(https://www.charismaarts.com).

'카리스마 아츠(Charisma Arts)'라는 이 학원은 레스토랑, 카페, 서점 등에서 근사한 여성을 만났을 때 어떻게 하면 자연스럽게 접근할 수 있는지 등을 가르친다. 매력적인 이성을 발견하고도 제대로 말 한 번 못 붙여 봤거나 버벅대다가 퇴짜를 맞는 남성들을 위해 설립됐다. 미시간주 앤아버에 세워진 이 학원은 현재 뉴욕, LA, 샌프란시스코, 런던, 시드니 등 계속 지점을 늘리는 중이다. 이렇듯 해외 지점을 계속 늘리는 것을 보면, 이런 부류의 사업이 미국에서는 인정을 받은 듯 보인다.

이 학원의 교육 핵심은 '자연스러운 접근'이다. 낯선 이성과의 어색한 첫 만남에서 어떻게 하면 상대방을 편하게 만들 수 있는지 등을 알려준다. 즉 상대방을 경계하는 상황에서 여성들이 대개 어떤 반응을 보이며, 여기에 어떻게 대응할 것인지를 3일에 걸쳐 교육하는 것이다.

수강생들은 기본적인 이론 수업을 받은 뒤 시내 바 등에서 현장 실습을 하게 된다. 실제로 낯선 여성들에게 접근해 자연스러운 대화를 시도하는 것이다. 이때 강사가 이들의 대화 내용과 매너 등을 관찰한 뒤 다음 날 잘잘못을 지적해준다. 또 첫 만남이 이뤄진 뒤 전화 통화는 어떻게 해야 하는지 등도 배울 수 있다. 수업은 6명을 한 팀으로 뉴욕, LA, 샌프란시스코 등지에서 이뤄지며 3일간의 주말 캠프도 별도로 진행된다.

우리나라에서도 이와 같은 학원이 생긴다면 인기리에 원생이 많을 것 같다는 생각이 든다. 나쁜 쪽으로 생각하지 말고, 사회생활을 함에 있어서 옷매무새, 믿음을 주는 화법, 패션리더로 직장 생활하기 등 꽃미남 트렌드를 적극적으로 활용해서 남에게 제대로 된 나를 보여주는 기술을 배우는 학원이 더 적합하리라고 본다. 일종의 자기 자신에 대한 투자 방식이라고 볼 수 있다.

적은 돈을 들이고 큰 시간적인 손실 없이 요즘의 패션 트렌드와 전화 예절, 식탁 매너, 나아가 교양 있는 스피치 방법 등을 배울 수 있는 그야말로 정규학교에서 제대로 배우지 못했던 내용만 모아 가르치는 사설학원이 필요한 세상이 된 셈이다. 특히 글로벌 시민으로서 갖춰야 할 예의범절을 알아야 하는 세상이다.

여러분도 대부분 외국 여행 시, 해당 국가의 문화를 몰라 실수를 범했던 경험이 있을 것이다. 기본적인 매너와 에티켓을 젊었을 때 배워야 나중에 자손들에게도 제대로 알려줄 수 있을 것이다.

국내 정규교육 시간에 글로벌 에티켓 시간이 있으면 좋으련만, 입시밖에 모르는 현실 때문에 우리 아이들이 국제 바보로 키워지는 것은 아닌지 모르겠다. 사실 모든 예의범절, 그리고 나아가 자신만의 특징과 의견을 제대로 전달하기가 쉽지 않기 때문에 연습이 계속 필요한 것이다.

이런 비즈니스는 왕년에 도끼 빗을 뒷주머니에 꽂고 다닌 분, 무도장에서 명성을 날렸던 분들에게 노년을 위한 투자처라고 생각도 되겠지만, 사실 이런 사업은 상당히 글로벌한 예의범절을 가르치는 곳이어야 된다는 생각이 강력히 든다. 그래서 그저 작업의 정석뿐만 아니라 해당 남성만의 매력을 찾아내고, 이를 표현하고 전달하는 방법을 제대로 가르칠 수 있는 교양이 넘치는 분이 이런 비즈니스를 해야 성공하리라 본다. 학원사업이기 때문에 업의 개념을 제대로 해석하는 사람만 가능한 사업이다.

자, 결론으로 들어가자.

미국의 작업과 한국의 작업의 차이는 무엇일까?

20세기형 작업과 21세기형 작업의 차이점들을 함께 비교, 강의하는 과정도 흥미롭겠다는 생각이 든다. 가장 한국적인 작업의 정석을 가르치는 학원이 생기면 수강생으로 만원이 될 듯싶다. 남자가 여자에게 잘 보이려 하는 것은 당연한 본능 중의 하나가 아닌가!

이제부터 온라인 게임에서
이기고 싶다면?

필자가 누누이 이야기했듯이 '필요는 새로운 비즈니스를 탄생시킨다'라는 주장은 게임업에도 여지없이 적용된다. 스마트폰 탄생 이후 아이, 어른 할 것 없이 아주 간단한 게임부터 복잡한 다중게임까지 다양한 게임에 몰입하는 사람들이 늘고 있다. 당연히 게임의 레벨이 높아질수록 게임의 룰(rule)을 아는 사람과 실력 차이가 발생하게 된다. 여기에 더 나아가면 게임 속에 등장하는 도구를 유료로 사야만 제대로 된 게임을 즐길 수 있는 세상이다. 이때 내야 하는 구매비용도 만만치 않다.

이처럼 게임이라는 가상세계에서 일등을 향한 열정이 대단하다. 현실 사회에서 제대로 일등을 해보지는 못했지만, 가상세계에서만큼은 실력자로 자리매김하고픈 게이머 숫자가 생각보다 상당하다.

이런 게임 시장의 필요를 그냥 지나칠 리 없다. 각종 온라인 게임과 모바일 게임들을 유료회원에게 돈 받고 제대로 잘 가르쳐주는 온라인 학원이 비즈니스의 실체다. 온라인 게임에서 상대방에게 지는 것 자체를 용납하기 싫어하는 경쟁 몰입도가 높은 게이머들을 위한 뉴 비즈니스다.

최근에는 게임주와 엔터주를 중심으로 미래 먹거리로 급부상한 대체불가토큰(NFT)과 게임을 연계시켜 놓아 게이머들을 들뜨게 하고 있다. 게임에서 번

돈을 가상화폐로 바꿀 수 있는 게임을 내놓은 우리나라 대형 게임업체가 연일 뉴스에 오르내리고 있다.

이렇게 게임을 통해 돈도 벌 수 있는 세상이 됐기 때문에 누구보다 제대로 게임을 즐기고 싶은 소비자가 넘치는 중이다. 그러니 제대로 된 게임을 가르치는 학원이 있다면 유료 가입할 초보 게이머가 많지 않을까?

게임의 고수가 일대일 맞춤 레슨이 가능한 온라인 레슨을 통해 수강생의 게임 실력을 키워주는 온라인 비즈니스가 세계 각국에서 진행되고 있다. 최근 탄생한 모바일 게임은 다중게임, 즉 MMORPG 게임이 대부분이다. '대규모 다중사용자 온라인 롤 플레잉 게임(Massive Multiplayer Online Role Playing Game)'이라는 뜻이다.

이런 종류의 게임은 게임 속 등장인물의 역할을 수행하는 형식의 게임인 RPG(롤 플레잉 게임)의 일종으로서 온라인으로 연결된 여러 명의 게이머가 같은 공간에서 동시에 접속해 함께 즐길 수 있는 게임을 말한다. 당연히 함께하는 게임에서 누구 하나가 제대로 게임을 수행하지 못하면 게임에 끼워주지도 않을 것이다.

짧은 시간 내 고수의 실력을 갖추고 싶어 하는 사람들이 많으므로 이 비즈니스가 힘을 받는 것이다. 어느 정도 게임을 잘 이해하고 잘 플레이할 수 있는 실력자만 함께 즐거움을 나눌 수 있다. 당연히 게임을 잘하려면 많은 시간을 투자해야만 가능하지만, 연습할 시간이 부족한 게이머에게는 속성 레슨이 필요한 것이다.

우리나라를 비롯한 전 세계 게임 시장은 매년 지속적인 성장세를 이어가고 있어서 이 비즈니스의 성장성은 지속적일 것으로 보인다. 게이머들에게 평판만 좋다면 사업은 확대와 성장을 할 수 있을 것이다. 특히, 요즘은 60대 이상의 시니어들이 게임 앱에 몰입하는 경우를 종종 보아 알 수 있듯이 나이 든 고객층을 공략하는 방법을 1차로 생각할 수도 있어 보인다.

이 사업은 SNS에 강한 사용자들이 대부분이기에 좋은 평판만 만들 수 있다면 사업은 상당한 발전이 있을 것이다. 단계별로 다양한 고객층 신규 확보와 고정고객 유지전략이 중요해 보인다. 그런 측면에서 볼 때, 사업 초기에는 회원들에게 무료 레슨의 기회와 각종 할인 쿠폰 제공 등의 판촉 행사도 필수인 사업이다.

쉼터

미국 베이비붐 세대들이
좋아하는 상품

온라인 시장 전문조사기관인 이마케터(eMarketer)가 2009년 5월에 조사한 결과에 따르면, 베이비붐 세대들은 페이스북을 다른 어떤 SNS보다 좋아하는 것으로 나타났다. 소셜네트워킹을 하는 베이비붐 세대의 73%는 자신의 페이스북 프로파일을 유지하고 있지만, 3~4년 전에 유행했던 마이스페이스는 40%, 그리고 최근 인기가 급상승하고 있는 트위터는 단지 13%에 머무는 것으로 나타났다. 그래서 이런 페이스북에 열광하는 베이비붐 세대들을 위한 제품들로써 인기 있는 목록을 보면 다음과 같다.

① 고품질 렌즈로 제조된 확대기

데스크톱의 화면을 2배로 확대해 읽기 편리하며, 아울러 눈을 보호하는 스크린 역할도 한다.

② 큰 글자로 된 무선 컴퓨터 키보드와 마우스

노년층들이 거동이 불편하고 시력이 약하기 때문에 키보드의 글자를 크게 하고 무선으로 작동할 수 있어 어디에서나 편안하게 컴퓨터를 사용할 수 있다. 특히 가장 많이 사용하는 12개의 명령을 작동하는 키보드를 별도로 만들어 용이함을 더했다.

③ 관절 통증 완화 장갑

노년층들이 컴퓨터를 많이 하면 관절에 통증이 나타나기 쉽다. 따라서 손의 보온을 유지해 피의 순환을 도와 관절 통증을 예방하거나 줄이는 장갑이 필요하다. 장갑의 안감은 특수섬유라서 종일 장갑을 착용해도 땀이 증발해 손 피부를 건조하게 유지할 수 있다. 아울러 손에 편안하게 맞도록 조정할 수 있고, 손을 압착하지 않아 혈액순환을 방해하지 않는다.

④ 확대경 목걸이

노년층들이 휴대폰을 볼 때 항상 손쉽게 사용할 수 있도록 목걸이와 확대경을 접목한 상품, 수려한 디자인으로 4배까지 확대 가능하며, 은색으로 정교하게 제조해 목걸이로도 손색이 없다.

⑤ 큰 글자 컴퓨터 키보드 스티커

노년층들이 키보드를 잘 볼 수 있도록 큰 글자로 프린트된 스티커로 아이보리 바탕에 검은색으로 인쇄해 붙일 수 있다.

거의 모든 인기품목이 아이패드를 제대로 사용하기 좋도록 도움을 주는 제품군이다. 아무래도 우리나라도 아이패드 또는 삼성에서 만든 갤럭시 태블릿을 구매해 선물해 드리는 것이 가장 큰 효도가 아닐까 생각해본다. 신문 보는 수고를 덜어드리면서 활자를 좋아하는 부모님을 위한 선물로 제격이다. 특히 책 읽는 것을 취미로 하거나 새로운 콘텐츠를 SNS 등을 통해 입수하기를 원하시는 시니어층을 위한 선물로 선택된 품목들이다.

애플의 초기 공동 창업자인 워즈니악(Wozniak)도 아이패드가 시판하는 첫날, 줄을 서서 구매해서 어머니에게 선물했다는 뉴스를 보면서 우리나라도 어버이날 선물로 아이패드 형태의 컴퓨터 대용 기기가 주목받을 것이라고 예상해본다.

기존 교육 분야에서 보기 힘들었던 니치마켓을 잘 찾아보자.
꼭 대중적이지 않아도 된다. 왜냐하면 마니아층만 있으면 되니까 말이다.

모빌리티사업

두 남자와 트럭 하나로
사업을 시작했다고?

'두 남자와 트럭 하나', 이삿짐센터의 브랜드부터 재미있고 독특하다. 이 사업은 엄마와 두 아들이 합심해서 이삿짐센터 사업을 시작한 사례다. 두 아들이 고등학교에 다닐 때 창업했는데, 지금은 20여 년이 지나 두 아들은 장년이 됐다. 이를 가족 사업 또는 패밀리 비즈니스라고 할 수 있다(https://twomenandatruck.com).

알다시피 배달 사업, 택배 사업 그리고 이삿짐 대행 사업은 경쟁이 치열하지만, 시장 자체가 계속 커지는 시장이다. 당연히 경쟁사보다 좀 더 디테일한 서비스가 필수다.

이런 이삿짐 대행 사업 서비스는 엄마의 손길이 중요하다. 당연히 엄마는 디테일한 이사 부분에, 두 아들은 빠르고 힘이 필요한 배송 서비스로 승부를 봤다. 이삿짐을 푼 후에 벽에 못을 박아주거나 막힌 화장실 변기까지 뚫어주는 등 사후 서비스까지 디테일하게 신경을 써주게 되면 바로 좋은 입소문이 난다. 이 사례는 간단하다. 엄마는 아들들의 강점, 장점을 누구보다 잘 안다. 그래서 엄마와 함께하면 시너지가 날 수 있는 사업거리를 잘 선별할 수 있다.

즉, 이사라는 업의 개념을 다시 생각해보자. 이삿짐에는 큰 물건과 작은 물건이 혼재한다. 큰 물건은 힘센 두 아들이 잘 다루면 될 것이고, 작은 물건은 엄마가 잘 관리하면 된다. 물론 이사 후의 청소 및 청결을 위한 사후 서비스는 필수다. 이런 시스템을 누구보다 잘 구축하고, 브랜드 마케팅을 제대로만 한다면 프랜차이즈 사업으로 크게 성공시킬 확률이 높은 비즈니스라는 생각도 든다.

이렇게 엄마가 아들을 믿고 밀어주어 성공한 사례는 참 많다.

엄마는 컴퓨터에 미친 열한 살짜리 아들에게 학교를 그만두게 하고, 컴퓨터에 미친 아들은 나중에 '텀블러'라는 인터넷, 모바일 서비스를 개발해 '야후'에 팔아 27세에 벼락부자가 됐다. 엄마가 직접 아들을 고교 중퇴생이 되도록 했지만, 나중에 수백만 달러의 주인공이 되게 만든 것도 아들을 누구보다 잘 아는 엄마의 결단이 있어서 가능했다. 이처럼 20세기형 창업이 생계형 창업이었다면, 21세기형 창업은 가치 창조형 창업으로 바꾸어야 한다는 점을 다시 강조하고 싶다. 특히 레드오션이라 생각되는 산업 분야에서 업의 개념을 새롭게 해석하면 새로운 산업이 생겨난다.

샌드위치 배달에 성공한 뒤,
꼬마빌딩을 구입했다고?

이 사례의 여성 창업자는 아들과 창업해 집에서 만든 샌드위치를 주위 오피스에 근무하는 직원들에게 점심때 배달하기 시작했다. 그러던 사업이 점점 발전해 독립적인 레스토랑을 개점하게 됐고, 2003년에는 미국 스몰비즈니스 협회에서 수여하는 업체로 1위의 영광을 받기도 했다. 현재는 독립 건물을 구입해 레스토랑과 호텔업을 겸하면서 레스토랑 관련 다양한 비즈니스를 전개하고 있다(https://www.ladyandsons.com).

우리나라도 최근 사무실 밀집 지역에는 배달이 상당히 발달했다. 특히, 서울 여의도 증권회사에 근무하는 직장인들은 점심을 자주 배달시켜 먹는다. 오피스가 몰려 있는 여의도의 특성상 점심시간마다 붐비는 식당에서 줄을 서는 것은 불편하기 때문이다.

특히 최근에는 배달 서비스를 하는 외식 업체가 크게 늘어 메뉴를 골라 먹을 수 있다. '배달' 하면 중국 음식이 전부였던 예전과 달리 프리미엄 도시락부터 건강과 다이어트 효과가 있는 샌드위치 등 다양한 종류의 맞춤형 배달서비스가 큰 인기를 끌고 있어서 이 사례와 같은 신사업은 지속해서 발전하리라 예측된다.

여기에 오프라인 매장마다 인건비와 임대료 상승 등 늘어나는 비용 지출을 만회하기 위한 대안으로 배달 주문을 도입했고, 1인 가구나 혼밥족이 늘면서 혼자서 매장에 가기를 꺼리는 소비자들을 공략하는 데도 배달사업은 전망이 밝다.

우리나라에서 주요 배달음식 중 하나인 피자는 집과 사무실을 넘어 야외까지 배달 범위를 확대하는 중이다. 지리정보시스템(GIS) 기술을 기반으로 사용자 위치를 탐색하고, 최단 거리로 배달이 가능하도록 시스템을 구축한 것이다.

또한, 최근 코로나19로 인해 사람 간의 접촉이 꺼려지는 시대에는 간단한 음식배달은 필수 서비스라고 생각된다. 여기에 부가서비스까지 팔 수가 있어서 가게의 수입을 배 이상으로 증가시킬 수도 있다.

예를 들어, 미국 LA 할리우드 서쪽의 '엉클폴리'라고 하는 이탈리안 샌드위치 가게는 코로나19 사태가 터져서 아무도 가게에 오지 못하게 되자 음식배달을 늘렸다. 동시에 사람들이 식료품 쇼핑을 하러 나서는 것도 무서워한다는 걸 알게 되자 부가서비스를 새로 만들어 기존 사업에 더하게 된다. 즉, 창업자의 샌드위치 가게에 식자재를 납품해주는 업체의 부자재가 뛰어나니 이것도 배달해준 것이다. 그래서 이 샌드위치 가게는 기존 샌드위치뿐만 아니라 달걀, 채소, 빵 등과 같은 식료품들도 배달하기 시작해서 대박을 터뜨렸다. 재미있고 놀랍지 않은가!

이렇게 본업과 함께 유사업종을 더해 사업업종을 늘리는 것이다. 코로나19 사태가 거꾸로 부를 만들어주는 사업의 기회를 주었다는 점이 신기하다. 그러니 동네에 있는 상점 제품 중에서 고객들이 원하는 것들을 다 배달해줄 수도 있다. 이런 부가가치가 많은 사업으로 전환할 수도 있으니 벤치마킹하기 바란다.

더 나아가 구독경제 시스템을 배달사업에 접목을 시키자. 한 달 또는 분기별 구독을 홍보해서 많은 정기구독자를 확보한 상태에서 온라인 주문을 계속 받는 것이다. 이제는 주문받는 방식을 멀티형으로 구축해놓아야 할 복합형 비즈니스 세상이기 때문이다. 당신의 사업도 조만간 꼬마빌딩을 사서 더 큰 비즈니스로 발전할 것이라는 확신을 갖고 열심히 새로운 배달사업에 집중하기 바란다.

고령자들만을 위한
이사방식은?

21세기로 접어들면서 배송, 배달 관련 서비스의 경쟁력이 사업의 핵심이 되고 있다. 이번 사례도 배송 관련, 특히 이삿짐 비즈니스다. 그중에서도 고령자 실버 세대만을 타깃으로 한 니치마켓이다.

사실 고령자들이 이사할 일은 빈번하지 않다. 아마 제2의 라이프를 시작하려 할 때, 이사가 필수적으로 진행될 가능성이 크다. 즉, 자녀가 독립하게 되면 지금까지 살았던 집 사이즈를 줄여서 노후자금도 마련하고 경제적으로 살기 위해 이사를 선택하게 된다. 미국 같은 선진국의 경우, 고령자들만을 위한 지역별 양로원 겸 실버타운이 많이 발달했기 때문에 이사를 결정할 경우가 많다.

하지만 체력이 약한 이분들은 이사하는 것 자체가 너무나 힘든 일이 될 수밖에 없다. 무거운 짐을 들어 옮기거나, 비좁은 다락방이나 창고를 비우거나, AV 기기들을 연결하는 것 등 이사하는 과정에서 고려해야 하는 수많은 난제가 그들을 기다리고 있다.

그래서 이런 분들만을 위한 뉴 비즈니스가 탄생했다. 바로 고령자만을 위한 특화 이사 대행 서비스다. 이번 사례도 '필요는 새로운 비즈니스를 탄생시킨다'라는 첫 번째 명제 사례.

이 사업을 처음 시작한 스무스 무브(Smooth Move) 회사의 여성 CEO는 다른 많은 사업가와 마찬가지로 자신의 경험에서 사업 기회를 발견하게 된다. 그녀는 부모님이 조지아에서 미시간으로 이사하는 것을 도울 수 있는 특화된 업체를 찾아봤지만, 결국 찾아내지 못했다. 그래서 결국 자신이 직접 회사를 차린 사례다(https://wemoveseniors.com).

고령층을 대상으로 하다 보니 이사 대행 서비스 상품을 쉽게 선택할 수 있도록 기본 이사 코스와 이에 추가할 수 있는 두 가지 다른 선택권만 가능하도록 만들었다. 여기에 이삿짐을 트럭에 싣고 난 후 집을 청소해주는 서비스에서부터 새집에 필요한 제품을 대신 사주거나 커튼을 달아주는 것도 포함된다. 물론 전기제품류 설치를 포함해야 한다. 인터넷 선 연결하기, 전등 상태 확인 등 고령자들이 취약한 삶의 부분을 미리 점검해주는 서비스는 보이지 않는 배달업체의 경쟁력이 될 것이다.

서비스 가격이 다소 비싸다고 할지라도 서비스를 통해 시간과 돈을 절약할 수 있다. 이 회사는 고령자를 둔 자녀들이 일부러 부모의 이사를 돕고자 직장에서 허가를 받고 외근을 해야 한다는 사실에 주목해 고령자들에게만 광고하지 않고 '고령자들의 자녀'들을 고용하고 있는 법인고객들에게 광고하는 전략을 펼쳤다. 정말 광고 타깃을 제대로 똑똑하게 잘 선택했다.

역시 우리나라를 비롯해 기존 비즈니스를 세분화할 수 있는 세상이다. 이삿짐 대행 서비스 사업을 타깃 고객에 맞춰서 비즈니스 모델을 수정, 보완하면 된다. 하지만 고령자를 대상으로 하는 사업인 만큼 시니어 고객을 자신의 부모님처럼 생각하고 정성을 다할 준비가 된 창업자만이 이 사업을 진행할 수 있으리라 본다.

트럭 운전사를 위한
피트니스 센터가 찾아온다고?

전에도 필자가 늘 주장했듯이 세상의 흐름에 맞는 새로운 비즈니스를 소개하고자 한다. 21세기 소비자는 계속 움직이기 때문에 모든 서비스는 움직이는 소비자에 발맞춰 움직이는 서비스인 트렌비스(trenvice)를 제공해야 한다. 즉, '모바일 세상에는 움직이는 소비자가 타깃이다'를 기억하고, '이동하는 소비자'를 의미하는 트랜슈머(transumer)를 타깃으로 하는 이동 서비스에 제품만 올리면 된다.

그야말로 서비스 전쟁 시대다. 서비스의 질에 따라 기업의 브랜드 위상이 달라지고 판매량도 달라지기 때문에 기업은 서비스 제고에 온 힘을 쏟는다. 특히 점포 비용이 전혀 들지 않는 무점포 서비스 업종인 경우, 찾아가는 서비스 비즈니스는 발전에 발전을 기하고 있다. 무점포 창업 아이템은 큰 비용이 들지 않고, 창업자 자신의 영업력이나 노력 여하에 따라 투자 대비 고수익을 올릴 수 있다는 장점 때문에 외환위기 이후 크게 활성화된 창업 형태다.

하지만 생존율은 극히 낮다. 그 이유는 기술력이나 서비스 노하우가 충분하지 않은 상태에서 아이디어만으로 승부를 거는 경우가 많은 데다 투자비가 적다 보니 수익성이 떨어지면 창업자들이 금방 사업을 포기하기 때문이다. 업계에서는 무점포 창업의 경우 생존율이 20%대면 성공한 브랜드로 보고 있다. 그래도 찾아가는 서비스는 피할 수 없는 필수가 되는 메가트렌드 현상이다.

미국에서 트럭 운전사 등 24시간 맞교대 근로자를 위한 이동식 소형 피트니스 프랜차이즈가 주목받고 있다. 즉, 특수직업군만을 위한 피트니스 비즈니스다. 우리가 알고 있던 일반적인 헬스장에서 진행하는 비즈니스가 아니다. 지금까지 고객이 헬스장을 찾아와 운동하는 시스템이었다면, 이제부터는 모바일 세상이기에 움직이는 고객을 찾아가는 서비스가 적합한 세상이 된 셈이다.

즉, 고객을 찾아가는 피트니스 서비스다.

미국의 피트니스 프랜차이즈 업체 '스냅 피트니스(Snap Fitness)'는 새벽 3시에 출근하는 트럭 교대 근로자들을 주목했다. 남들보다 이른 시간에 근무를 시작하는 이들이 이용할 수 있는 피트니스나 프로그램이 없었기 때문이다. 이 회사가 가장 먼저 주요 타깃으로 삼은 고객층은 미국 전역을 돌아다니며 근무하는 대형 트럭 운전자들이었다.

알다시피 어느 나라나 마찬가지로 트럭 운전자들은 전국의 휴게소에서 30분의 점심과 휴식시간을 갖게 된다. 그러고는 식사 후 커피를 마시는 일 외에는 딱히 하는 일이 없다는 점을 눈여겨봤다. 여기에 새로운 사업의 기회가 있는 것이다.

그래서 이 회사는 미국 트럭 운전자들의 건강 증진을 위해 24시간 이동식 피트니스를 만들기로 했다. 미국 고속도로 휴게소 체인과 협업을 통해 10곳의 주차장에 트레일러형 이동식 피트니스를 설치한 것이다.

특별히 개조된 트레일러형 피트니스의 크기는 89㎡(27평) 남짓한 규모에 기본적인 운동기기를 모두 갖췄다. 내부에는 트레드밀(러닝머신), 스피닝(자전거 운동기구) 등 기본적인 유산소 운동기기부터 근력을 강화하는 웨이트 트레이닝 등 필수적인 운동기기를 갖췄다. 좁은 장소에 꼭 필요한 운동기기만 갖추되 회원제 피트니스의 고가격 정책도 포기했다. 월별 이용료로는 29.95달러(약 3

만 6,000원) 수준에 맞췄다. 정말 착한 가격정책이다. 많은 트럭 운전자들에게 운동을 통해 건강과 행복을 주기 위한 착한 가격정책으로 충성고객을 계속 늘리고 있다.

이제부터 이동식 피트니스, 즉 트랜슈머를 향한 트렌비스 시대가 열린 셈이다. 우리나라 고속도로 휴게소에도 이동형 피트니스 센터가 개점할 날이 곧 오리라고 본다.

버스 안에서 식사하는 레스토랑이
생겼다고?

미국 샌프란시스코에서 처음 선보인 버스 내 식사 비즈니스다. 현재는 뉴욕 등 대도시에서도 심심치 않게 눈에 띄는 새로운 형태의 비즈니스다.

즉, 버스토랑(버스+레스토랑, bustaurant)이다. 폐차에 가까운 그레이하운드 버스나 스쿨버스를 개조해 이층 버스로 개조한다. 한 대당 3,000달러(약 361만 원)에 구입해서 1만 달러(약 1,206만 원) 이상으로 개조비용을 들여 새로운 버스토랑을 만든다. 그야말로 움직이는 버스를 이용한 색다른 찾아가는 서비스다.

처음 이 사업을 시작한 창업가는 샌프란시스코 인근 나파밸리의 와인 트레인(https://www.winetrain.com)을 보고 이 사업의 영감을 얻었다고 한다. 그래서 원하는 어디라도 움직여 고객을 찾아가는 서비스를 전개할 수 있다고 말한다.

미국 나파밸리를 가본 사람이라면 이 내용을 잘 이해할 것이다. 참고로 나파밸리는 미국 서부 샌프란시스코에서 북동쪽으로 약 80㎞ 떨어져 있는 와이너리 집합소다. 길 양옆으로 포도밭이 있고, 그 사이사이에 근사한 와이너리들이 죽 이어져 나타난다. 이곳에서는 나파밸리 와인 트레인을 이용할 수 있는데, 빈티지 열차 안에서 포도밭 경치를 감상하며 와인과 요리를 즐길 수 있는 여행이다. 와이너리 투어를 신청하면 중간에 내려서 유명 와이너리들을 방문할 수도 있다.

이 버스와 레스토랑을 합성한 버스토랑에서는 이동할 때는 불을 이용한 쿠킹은 법으로 금지됐다. 그래서 반드시 버스가 정차됐을 때만 불을 이용해 식사를 만든다. 물론 후식 제공 시간에는 버스가 움직일 수 있다.

우리나라에 선보인 트럭을 이용한 푸드트럭과 비슷한 유형의 사업이라 보면 이해하기 쉽다. 버스를 변형시켜서 움직이는 레스토랑으로 만든 셈이다. 도로에 차려진 즉석 레스토랑으로 버스를 이용한 식당이다.

필자는 이런 생각도 해본다.

버스토랑에서 주문한 음식을 인근 주문자 회사까지 배달 로봇을 이용해서 찾아가는 서비스를 선보일 수도 있다. 그야말로 라스트 1마일(약 1.6㎞)의 배달을 어떻게 혁신할 것인지에 대한 해답이 될 수도 있다.

우선 버스토랑 서비스는 B2B 서비스로 진행한다. 회사 직원을 위한 사내 복지 목적으로 접근해서 진행하는 방안을 제안하고 싶다. 일정 공간에서 정차한 버스토랑에서 만든 음식과 음료를 로봇을 이용해 음식배달 서비스까지 해준다면 정말 재미있으면서 이색 배달 비즈니스가 될 수 있지 않겠는가! 만약 조리 과정까지 로봇을 투입시킬 수 있다면 금상첨화다.

또는 우리가 TV에서 자주 봤듯이 어느 연예인이 동료에게 커피를 사기 위해 커피 트럭을 보내는 이벤트를 대행해줄 수도 있겠다. 동료를 위한 버스토랑 선물 쿠폰을 만들어 홍보에 사용할 수도 있을 것이다. 마구마구 아이디어가 나오지 않겠는가!

우리가 잘 알다시피 푸드트럭 열풍은 미국 LA와 뉴욕에서 먼저 불었다. <뉴욕타임스>는 '명문 요리학교 출신 요리사가 푸드트럭에 진출하고 있다'라는 소식을 전했던 적이 있었다. 하지만 이제는 외식업계 관계자들은 버스와 레스토랑을 합친 버스토랑이 색다른 시장을 개척하리라 예상한다. 여기에 배달 로봇까지 투입해보자!

고객만 있으면 지구 어디든지
찾아가는 카페가 있다고?

모바일 세상에는 움직이는 소비자가 타깃이다. 이에 맞춰 '이동하는 소비자'를 의미하는 트랜슈머를 타깃으로 하는 이동 서비스, 그리고 대한민국 식음료 시장의 대명사인 '커피'를 결합한 움직이는 뉴 비즈니스를 알려드린다.

이제 세상은 모바일이 대세 중 대세다. 최근에는 인터넷 통신 산업의 발달과 함께 트랜슈머의 의미가 확대되어 이동 중에도 장소에 상관없이 노트북이나 휴대전화, 스마트워치 등을 이용해 자유롭게 쇼핑하거나 정보를 수발신하는 소비자가 넘쳐난다.

2021년에 현대경제연구원이 발표한 대한민국 커피 소비량은 시장 규모가 약 7조 원 수준이고, 커피 소비량은 세계 6위다. 대단하지 않은가!

그리고 '소상공인 진흥공단'의 통계에 따르면, 전국의 카페를 합치면 7만 7,000여 개에 달한다고 한다. 최근 우리나라 사람들의 음료 문화에서 큰 변화라고 한다면 거리 곳곳에 앞다퉈 카페를 개점하고 있다는 점이다.

점심 식사비보다 비싼 커피를 사고 손에 유명 카페 종이컵을 들고 산책하는 직장인을 보는 것이 다반사다. 그만큼 커피에 관한 사업여건은 상당히 우호적이라고 할 수 있다. 그리고 우리나라의 경우 카페를 부업으로 예상하는 주부들도 상당히 많다. 더 나아가 1인 창조기업인이라면 카페를 사무실로 겸해서 활용할 수 있으므로 30~50대의 1인 자영업자의 경우, 카페 경영에 상당한 관심이 있다.

여기에 최근에는 국내 커피 시장에 큰 변화가 일고 있다. 스타벅스 브랜드를 제외한 대부분 카페에서 제공하는 커피의 값이 상당히 저렴해졌다. 저가형 커피가 대세인 세상으로 바뀌고 있다. 코로나19로 인해 카페에서 머무는 시간도 상당히 줄어들었고, 대부분 소비자는 테이크아웃 방식으로 카페를 이용하는 경우가 늘었기 때문이다. 분명히 대한민국 카페 비즈니스에 변동이 시작된 듯 보인다.

그렇다면 지금까지의 카페 개념에서 진일보한 색다른 카페를 소개한다. 이른바 '움직이는 자전거 카페'다. 영국에서 가장 먼저 움직이는 커피 서비스 비즈니스인 바이크카페(Bikecaffe)가 탄생했다(www.coffeelatino.co.uk). 그리고 독일에서도 유사한 자전거 커피 사업이 진행 중이다(www.coffee-bike.com).

페달로 움직이는 친환경적인 움직이는 카페인 셈이다. 튼튼한 화물운반용 세발자전거를 사용하는 바이크카페는 배기가스 없이 움직이며, 커피 볶는 기계를 이용해 만든 여러 종류의 커피를 판매한다.

이 회사가 직접 제작한 세발자전거에 달린 움직이는 커피머신은 커피를 만들기 위해 빌트인 가스탱크를 이용한 가스로 움직이는 기계를 사용한다. 기본적으로 커피를 제공하지만, 인도식 차와 비스킷 그리고 다른 먹거리도 함께 판매해 매출수익을 올리고 있다. 하루 500잔까지 커피를 만들 수 있다고 하는데, 커피는 재활용 가능한 용기에 담아 판매함으로써 지구와 환경보호를 생각하는 개념 있는 사업을 진행함과 동시에 커피 찌꺼기는 다시 리사이클 처리된다고 하니 칭찬할 만하다.

무엇보다 가장 훌륭한 점은 바이크카페의 세발자전거는 경쟁 카페가 도저히 접근하지 못하는 보행인 지역이나 쇼핑몰 중앙에 위치할 수도 있으므로 보행자용 쇼핑몰, 역사적인 장소, 실외 이벤트, 실내 콘서트, 그리고 여러 사람이 모이는 모임 장소에 언제든지 달려갈 수 있다는 장점이 있어 상당히 모바일 세상에 이상적이라고 할 수 있다. 당연히 새로운 사업에 투입되는 투자비도 상당히 줄일 수 있는 장점을 지닌 모바일 세상에 가장 적합한 사업모델이다.

여기서 한 번 더 생각할 부분이 있다면, 아직도 카페 사업이 과포화 상태이기 때문에 성장 여력이 부족하다는 주장과 반대로 커피의 다양한 맛과 기호를 반영하면 시장 상승 여력은 충분하다는 주장이 엇갈리는 중이다. 여러분의 생각은 어떤지 궁금하다.

대한민국의 커피 소비량이 세계 6위라는 통계를 보신 바와 같이 다양한 기호와 종류에 대한 커피 선호현상과 새로운 브랜드에 대한 우호적인 환경은 앞으로도 상승할 여력이 충분하다고 본다. 우선 바이크카페는 재미있어 보여 소비자에게 더욱 친근하게 다가갈 확률이 높아 보인다. 단, 바이크족을 위한 카페와 혼동이 있을까 봐 걱정이긴 하다. 검색창에 '바이크카페'를 치면 오토바이를 타는 분들을 위한 카페가 나오기 때문이다. 필자가 이야기하는 바이크카페는 세발자전거 카페이므로 전혀 다른 개념이기 때문에 브랜딩할 때 주의가 필요하다.

자동차를 타고 가다가
마음에 드는 이성을 봤다면

눈앞을 스쳐 지나가는 새빨간 자동차의 운전석에 멋진 여성이 앉아 있다. '저런 여성과 한번 데이트해봤으면…' 하는 엉뚱한 상상을 해본 적이 있는 젊은 남성들이 꽤 있으리라 본다. 그런데 이런 헛된 꿈이라고 여겨지는 이 생각을 현실로 만든 뉴 비즈니스가 독일 프랑크푸르트에서 탄생했다.

이번 사례도 움직이는 자동차를 통한 새로운 비즈니스다.

고객은 움직인다. 그렇다면 당신이 제공하는 서비스도 움직여야 한다. 이 비즈니스의 운영방식은 아주 간단하다. 연인이나 결혼 상대자를 찾는 사람은 우선 이 회사가 만든 협회에 가입해 자신에 관한 각종 신상명세와 자동차 번호를 등록한다. 가입을 마치면 곧 흑색 바탕에 핑크빛으로 협회 직통 전화번호를 써넣은 스티커가 집으로 우송되며, 회원은 이제 스티커를 차에 붙이고 열심히 돌아다니면 된다. 길거리에서 마음에 드는 상대방을 발견했고, 상대방도 스티커를 붙이고 있으면 일단 새로운 인연을 만날 꿈이 현실로 서서히 다가오고 있는 것이다.

이제 남은 일은 가장 빨리 협회에 전화를 걸어 마음에 들었던 상대방이 탄 차 번호를 알려주는 것이다. 그럼 협회가 상대방을 소개해준다. 물론 이 비즈니스는 가입회비와 월간 회원 유지비로 유지된다. 소개 건이 늘어나면 늘어날수록 소개비가 계속 발생하므로 협회는 돈을 더 많이 벌게 되는 시스템이다.

이 사례는 약 20여 년 전에 독일에 나타났던 뉴 비즈니스였다. 이 방식을 최신의 시스템으로 바꾼다면 재미와 새로운 인연을 제공하게 되는 셈이다. 아날로그와 디지털의 절묘한 조화를 통한 움직이는 자동차 맞선 방식이 재미나 보인다.

독일뿐만 아니라 대부분의 나라에서 연인이나 결혼대상자를 찾으려면, 보통 결혼 알선업체나 데이트앱을 일반적으로 이용하게 된다. 하지만 이 비즈니스는 적어도 상대방을 자기 눈으로 확인하고, 차 종류, 차 색깔 등으로 1차 상대방의 기호나 경제 수준도 웬만큼 파악할 수 있으니 중매알선업체의 정보에 의존하는 성향에서 조금은 줄어들게 된다.

매일 바쁜 하루를 보내야 하는 직장인이라면, 시간에 쫓겨 이성을 만날 틈도 만만치 않은 사람들에게는 이 비즈니스가 솔깃할 수밖에 없다. 그것도 내 의지로 새로운 짝꿍을 찾을 수 있으니 말이다.

우리나라 차량 등록 대수가 총 2,300만 대(2019년 12월 기준)라고 한다. 국민 2명 중 1명은 자동차를 보유하고 있다는 뜻이다. 이젠 웬만한 가정에는 자가용이 한 대씩은 있다. 그러니 전에는 대중교통인 버스나 지하철에서 마음에 드는 이성을 만났으나 요즘은 자동차로 오가다 이성을 만날 수 있는 확률이 높지 않을까 싶다. 회원제 사업이니 가입비와 월 회비를 통한 사업 진행이 가능하다고 본다.

회원 가입은 철저하게 미혼자임을 확인한 후에 가입시키는 엄격한 절차가 필요한 사업이다. 왜냐하면, 청춘남녀 간의 데이트 알선은 좋은 일이지만, 유부남과 유부녀 간의 만남을 알선하는 것으로 전락해서는 안 되기 때문이다.

인터넷과 모바일의 광범위한 보급으로 인한 사회 병폐 현상 중 하나인 채팅을 통한 만남이 가정파탄으로 이어지는 사례를 들면서 가정의 소중함을 다시 한번 강조하고 싶다.

이 비즈니스가 독신자에게 아름다운 반려자를 만나게 해주는 구세주가 될지, 아니면 이를 악용한 나쁜 범죄 집단에 악용될지는 주최 회사의 철저한 시스템 구축과 운영관리의 묘미에 달려 있다고 보인다.

하지만 비혼이 주요 트렌드인 대한민국에서 이런 재미있는 만남을 주선해주는 업체나 협회가 나온다면 당연히 인기를 끌 것이다. 건전한 미혼남녀 간의 만남 수단이 여러 가지 형태로 이뤄진다면 좋겠다는 것이 필자의 평소 소신이기 때문이다. 단, 선남선녀만의 미팅이 주선되도록 주최 측은 사전 가입하려는 회원에 관한 엄격한 검증(신원 및 정신적 건전성 포함)이 필요할 것이다.

트렌드의 교차점에서
미래를 보는 열 가지 방법

    기업이 100년 넘게 장수하기 위해서는 어떻게 해야 할까. 결론은 시대의 흐름을 정확히 읽어야 하고, 그 흐름에 앞장서서 달려나가야만 한다. 그래야 100년 기업이 200년 갈 수가 있는 세상이다. 무엇보다 중요한 것은 메가트렌드(Megatrend)를 읽는 것이다. 그다음이 유명 선진도시에서 벌어지고 있는 마이크로트렌드(microtrend)를 파악하는 것이다. 즉, 메가트렌드와 마이크로트렌드의 교차점에 서면 미래가 보인다.

    1957년 미국 잡지 <포춘>이 선정한 '세계 500대 기업' 중 지금까지 생존해 있는 기업은 3분의 1에 불과하다. 대한상공회의소 자료에 따르면, 우리나라 100대 기업의 평균 수명도 27.2년에 불과하다. 그런데 대부분은 창업하면서 100년 기업을 꿈꾼다. 그렇다면 경제 불확실성과 주기적으로 찾아오는 경제 위기를 뚫고 기업이 100년 넘게 장수하려면 무엇을 어떻게 해야 할까.
    결론적으로 기업이 오래 살아남기 위해서는 시대의 흐름을 정확히 읽어야 한다.

    "메가트렌드의 거대한 흐름을 타면서 각 유명 선진도시에서 벌어지는 마이크로트렌드의 교차점에 서야 트렌드가 보인다."

한마디로 정리하면 메가트렌드 속 마이크로트렌드다. 이를 열 가지로 정리해봤다.

① 새로운 혁신적 스타일이 두 개 이상의 도시에서 동시에 등장한다면 트렌드일 가능성이 크다.

예를 들어, 한정판 스니커즈 비즈니스가 LA와 뉴욕 등 대도시를 중심으로 발전하고 있는 것이 대표적이다. 이는 대도시에 사는 우리에게도 바로 선보일 수 있는 사업인 것이다. 여기에 해당하는 사례는 정말 많다. 특히 패션과 관련해서는 비슷한 사례가 차고 넘친다. 최근에는 음식 관련 신상품이 유명 도시에 출시되면 바로 서울에서 만날 수 있게 된다.

② 주류에 대한 반작용으로 새로운 트렌드가 등장하기도 한다.

식당에 가면 당연히 정해진 가격표대로 비용을 지급한다. 하지만 '음식값은 해당 음식을 체험한 소비자가 결정해야 더 정확하지 않을까?'라는 반작용으로 등장한 것이 후불제다. 전 세계적으로 후불제를 시행하는 식당이 하나둘씩 나타나기 시작했다. 그런데 여기서 한 걸음 더 나아가 후불제가 정말 필요한 사업영역이 하나 더 있다. 바로 교육시스템이다. 이 분야는 정말 거품이 많은 분야다. 강의를 들어 본 후에 가격을 책정하는 후불제 방식이 필요한 세상이다.

③ 스타일의 변화는 종종 극과 극으로 움직인다.

명품에 취한 소비자가 있는가 하면, 가치 소비만을 하는 100엔숍 또는 1달러숍 마니아도 있다. 하지만 두 마니아층 소비자가 동일 인물일 수도 있다는 점을 기억하자. 명품을 꼭 사는 품목이 있고, 어느 품목은 SPA 의류업체에서 사는 앞서가는 소비자가 점점 늘어나고 있다.

④ 트렌드는 트렌드 세터와 함께 시작되고 보수적 소비자에서 끝난다.

늘 그렇듯 역사는 도전하는 사람에 의해 쓰인다. 세상의 변화를 이끌고자 하는 세력을 항상 찾아내는 노력을 기울여야 한다. 트렌드에 가장 앞선 소비 자층을 찾아내야 한다. 역사는 항상 도전하는 사람에 의해 만들어지기 때문 이다. 패션리더에 의해 새로운 패션이 진행되고 나면 맨 마지막으로 보수성향 의 소비자가 마지못해 그 흐름을 타게 된다.

⑤ 다양한 트렌드 세터들이 활동하는 도시일수록 트렌드 결정에 강력한 영향력을 발휘한다.

전 세계에서 가장 트렌드가 빈번히 발생하는 도시들을 아는가? 전 세계 트 렌드가 가장 활발히 움직이는 10대 도시를 소개한다. 북미에서는 LA, 샌프란 시스코, 뉴욕을 들 수 있고, 유럽에서는 파리, 런던, 밀라노를 추천하고 싶다. 그리고 아시아권에서는 도쿄, 요코하마, 홍콩, 상하이 등을 적극적으로 추천 하고 싶다. 불행히 '서울'은 트렌드를 선도하는 도시로 선정하지 못한다. 따 라가기 급급한 도시이기 때문이다.

⑥ 유명 인사가 트렌드 세터일 경우 그가 사용하는 제품은 트렌드가 될 가능성이 크다.

특히 연예인이나 인플루언서가 착용한 패션, 자주 가는 식당은 팬들의 극 성으로 트렌드로 자리를 잡았다. 그래서 셀럽(셀러브리티, 유명인)에 의해 만들어 지는 새로운 트렌드는 일반적인 현상이 되어가고 있다. 특히 최근에는 BTS가 대세 중 대세다.

⑦ 영화나 인기 드라마는 트렌드에 막강한 영향력을 행사한다.

미래 SF영화나 아카데미 영화상을 받은 할리우드 영화는 우리의 상상력 을 자극할 뿐만 아니라 미지의 세상에 대한 동경심을 유발해 IT와 과학의 발 전을 견인한다. 아직도 20여 년 전에 상영했던 SF영화 <마이너리티 리포트> 가 인구에 회자되는 것과 같다.

⑧ 트렌드 결정자들의 스타일과 취향을 안다면 시장을 한발 앞서 선점할 수 있다.

특히 MZ세대라고 불리는 젊은이들이 모이는 곳에 가면 그들의 취향과 스 타일을 파악하기 좋다. 그래서 이들이 주축으로 움직이는 소비트렌드를 알기 위해 각 기업의 마케팅을 하는 비즈니스맨들은 서울의 홍대 근처나 북촌에 자주 간다.

⑨ 많은 사람이 모방하는 것일수록 트렌드가 될 가능성이 크다.

뉴욕의 맛집이 전 세계 식도락가들을 자극해 후발 식당 셰프가 모방하게 만들고, 심지어 서울에 사는 소비자의 안방까지 배달해주는 서비스가 해당 도시에서 개발된다. 음식을 중심으로 전 세계 맛집 트렌드가 새로운 트렌드로 자리매김하기 시작했다.

⑩ 시장에서 영향력을 발휘하기 위해 정기적으로 신제품을 선보인다.

애플이나 삼성전자에서 출시되는 스마트폰과 IT 제품들은 새로운 트렌드다. 매년 1월, 미국 라스베이거스에서 열리는 CES에 국내외 유수 CEO들이 모이는 이유다. 모바일 제품의 변화가 가져올 우리네 삶의 변화가 커다란 트렌드로 자리매김을 할 확률이 높기 때문이다.

자, 오늘날 어떤 일들이 왜 일어나고 있고, 이런 흐름을 안고 돈 벌 기회와 위험 리스크는 무엇인지 알고 싶다면, 이 책의 내용을 몇 번을 다시 보면 유용한 힌트가 되리라 예상된다. 대한민국만큼 '트렌드' 관련 책이 연말마다 쏟아져 나오는 나라도 드물다. 세상은 1년 단위로만 변화하지 않는다. 1년 단위 경향이나 일시적인 유행을 파악하는 데 그치지 말고, 정확한 미래의 큰 시장 선점 기회에 최대한 접근해보기 바란다. 그래서 이 책을 가까이해야 한다.

모든 것이 움직이는 세상이다. 움직이는 소비자에게 움직이는 서비스를 원하는 시간에, 원하는 장소에서 제공해야 할 것이다.

3-4

여행 & 관광사업

오토캠핑장에
상존하는 문제를 해결하려면

캠핑이 아웃도어의 대세가 됐다. TV에서는 홀로 또는 여럿이 캠핑장을 이용하는 연예인을 대상으로 하는 프로그램이 인기다. 여기에 코로나19 확산으로 인해 사람 간의 거리 두기가 일상화된 세상에서 차박이나 캠핑은 더더욱 인기다. 이에 편승해 아웃도어 용품 매출 중에 캠핑용품의 매출도 덩달아 올라가고 있다.

그래서 추석 연휴에 무엇을 할지를 묻는 설문 조사를 보니 캠핑, 차박, 글램핑에 대한 선호도가 높게 나타났다. 캠핑, 차박, 글램핑을 떠나는 이유 1위는 '자연 속에서의 휴식을 즐기기 위해서'라고 답했으며, 2위는 분리된 장소에서의 안전한 여행을 즐길 수 있기 때문이라고 밝혔다.

그런데 한 번 더 생각해보자. 캠핑은 아웃도어에 강한 사람들만 가는 여가 활동인지 말이다. 필자처럼 요리도 못하고 손만 대면 뭔가가 망가지는 그래서 요리는커녕 밥도 제대로 못 하거나 텐트도 혼자 못 치는 사람들은 아예 캠핑을 가면 안 되는가? 물론 글램핑이라고 해서 모든 것을 준비해주는 방식도 있긴 하지만 말이다.

그런데 새로운 방식의 캠핑 시스템을 구축해서 판매하는 회사가 일본에 탄생했다. 일본도 국토가 좁기는 한국이나 매한가지다. 유원지는 시멘트 바닥이라 도시락을 먹기도 힘들고, 유명 온천지는 요즘 같은 시즌에는 1년 전부터 예약이 되어 있어 하루 2만 엔을 줘도 방이 없다는 곳 투성이다.

그런 일본에 값싼 레저로 자동차 캠핑장, 이른바 오토캠핑이 주목받고 있다. 그냥 오토캠핑장이 아니라 근처에 슈퍼마켓이 있는 오토캠핑장이 이번 창업 아이템이다.

간단히 말하면, 자동차 캠핑장을 개발하고 도심에 있는 중형 슈퍼마켓 규모로까지 확대한 매장을 곁들인 복합 비즈니스다. 오토캠프 슈퍼마켓 매장은 상대적으로 작지만, 드라이브의 즐거움과 값싼 매장에다 가족들과 자연 속에서 하루를 즐길 수 있는 캠핑을 세일즈 포인트로 더한 비즈니스라고 보면 이해하기 쉽다.

한 가족 4명이 1박 하기 좋도록 캠핑장을 구축해놓았고, 고속도로 인터체인지로부터 30~40분 거리에 위치한다. 이 캠핑장에는 샤워장, 목욕탕과 깨끗한 화장실도 갖췄다. 여기에 시내 도심보다 가격이 저렴한 상품으로 채워진 중형 슈퍼마켓을 함께 설치했다. 즉, 오토캠핑장을 설계하고 구축하는 비즈니스가 바로 일본에서 인기리에 진행 중인 뉴 비즈니스다(https://koa.com).

미국과 캐나다, 멕시코 등 600여 오토캠프 체인점포를 낸 미국 코아(koa)의 노하우를 도입해, 일본에서 처음으로 오토캠프 슈퍼마켓 체인점을 벌이는 중이다. 당연히 한국에서도 이 시스템을 구축한다면 정말 쾌적한 캠핑문화가 전개되리라 예상된다.

오토캠프 슈퍼마켓에는 캠핑에 편리한 인스턴트 식품 등 일반 상품은 물론, 호텔식 아침 식사까지 있다. 캠핑에 필요한 제품을 굳이 시내에서부터 차에 싣고 올 필요도 없다. 여기에 아침 식사를 주문하면 매니저가 핫케이크와 커피를 텐트까지 배달해준다. 이 비즈니스를 일본에 구축한 CEO 말을 빌리자면, 요리할 시간에 인근 관광이나 하이킹을 하는 사람이 더 많기를 바란다고 한다. 나아가 요리를 하고 난 쓰레기로 캠프가 더러워지는 것을 방지하고 싶다고도 했다. 정말 착한 생각이 좋은 비즈니스를 탄생하게 만든다.

지저분하고, 시설이 낡고, 가고 싶지 않은 화장실이 있는 기존 캠핑장에 대한 이미지가 있을 것이다. 이런 생각은 한국이나 일본, 모두 같을 것이다.

이처럼 낙후된 캠프장은 자연을 훼손하는 환경오염원으로 지목되어왔다. 그런 이미지를 불식시키고 싸고 깨끗한, 자연과 함께하는 캠프로 만든다는 게 경영 포인트다. 인건비와 시설비를 줄이는 방법은 간단하다.

운영책임자를 제외하고 직원들은 모두 현지에 사는 아르바이트 고등학생들이다. 또 겨울용 통나무집을 비롯한 숙박 시설 안에 별다른 집기가 없다. 아르바이트 학생들은 매뉴얼 내용 그대로 더러워지기 쉬운 부분을 집중적으로 청소한다. 지역에 따라서는 손님들이 자기 쓰레기를 되가져가게 하는 곳도 있다. 도회지에서 가깝다는 점도 손님을 모으는 포인트다.

이 회사의 캠핑장 입지 선정 기준에는 주변 자연환경이 좋은가, 주변에 관광자원이 있는가 등이 들어 있다. 별도로 호텔이나 펜션 등을 세우지 않아도 되고, 자연을 되도록 훼손하지 않으면서 관광지 근처에서 자고 쇼핑도 할 수 있는 복합캠핑장 기능이 제공 가능한 곳을 선정한다.

이웃 나라인 일본뿐만 아니라 우리나라도 코로나 이후 캠핑 시장이 빠르게 성장하고 있다. 국내 캠핑 시장 규모는 연 4조 원에 달하며, 연간 캠핑 인구는 700만 명 이상으로 추정된다. 당연히 캠핑 관련 연관 시장도 덩달아 커지고 있다. 하지만 문제는 캠핑장의 쓰레기 처리와 화장실이 정말 문제다. 매너 없는 캠핑족들이 늘어나면서 숯불을 피운 뒤의 숯을 그대로 놓고 간다거나, 음식물 쓰레기를 방치한다거나 해서 위생 문제와 악취 문제로 인근 주민들의 원성을 사고 있는 것도 사실이다. 그래서 이런 현실적 문제점을 사업으로 승화시킬 수 있는 뉴 비즈니스 사업가가 빨리 나오기를 바랄 뿐이다. 항상 문제가 있는 곳에는 해결점이 있기 마련이다. 현재 대한민국 캠핑장에서의 문제를 뉴 비즈니스로 승화시키기만 하면 된다. 기존 문제점을 풀어주는 솔루션을 제공하는 시스템만 제대로 갖추면 되지 않겠는가! 기존 캠핑장 운영회사와 협업을 통해 큰 사업으로 키울 수도 있다.

'5,000만 파운드를 트럭에 싣고 도주'한 은행강도 사건으로 돈을 벌었다고?

영국 사상 최대의 강도 사건을 테마관광 코스로 개발했다. 새로운 테마관광 코스의 발단은 영국 사상 최대의 은행강도 사건이다. 아니 실제 발생한 은행강도 사건을 관광상품으로 개발했다니 정말 그 발상의 전환적 사고가 부러워진다. 만약 같은 일을 대한민국에서 벌인다면 어떤 결과가 있을까?

영국의 한 현금보관소에서 약 5,000만 파운드(약 810억 원)가 털리는 무장강도 사건이 발생했다. 그런데 범인들의 수법이 영화 <파이어 월>과 너무 흡사해서 사람들에게 깊은 인상을 주고 있다.

사건의 개요는 2006년 2월 21일 오후 6시 30분(현지 시각), 런던 동남쪽 외곽의 켄트 지역에 경찰 복장을 한 괴한 둘이 퇴근하던 현금보관소 관리인을 차에서 내리게 해 손에 수갑을 채운 뒤 어디론가 끌고 가버렸다. 비슷한 시간, 차로 20분쯤 걸리는 곳에 있는 관리인의 집. 관리인의 아내와 아들은 "남편이 교통사고를 당했다"라는 경찰 복장의 또 다른 괴한 두 명의 말을 믿고 집을 나섰다가 이들에게 납치됐다.

관리인을 끌고 온 괴한들은 "협조하지 않으면 가족들이 무사하지 못할 것"이라고 협박했다. 예닐곱 명의 괴한은 관리인을 강제로 흰색 밴에 태운 뒤

22일 오전 1시쯤 그가 근무하는 현금보관소로 갔다. 강탈한 돈을 실어 올 흰색의 7.5t 트럭도 별도로 가져갔다. 마스크로 얼굴을 가린 무장 괴한들은 관리인을 협박해 열쇠로 현금보관소 문을 열게 한 뒤 안으로 잠입했다. 당시 현금보관소에는 경비 인력이 15명 있었지만, 주도면밀하게 계획된 이들의 범행에는 당할 수 없었다. 이 범인들은 납치한 민간인들을 해치지는 않고, 돈만 챙겨 달아났다.

이 엄청나게 무시무시한 범죄 사건을 테마여행으로 사업화한 것이다. '5,000만 파운드를 트럭에 싣고 도주'한 영국 은행강도의 사례를 관광상품으로 탈바꿈시킨 것이다. 영국 최대 은행강도 사건 현장을 둘러보며, 가이드로부터 범행 과정에 대한 설명을 듣는 관광상품이 등장한 셈이다. 이를 기획한 로즈&크라운 호텔의 지배인 말로는 돈을 강탈당한 현금보관소, 관리인과 그 가족들이 억류당한 창고, 용의자 2명이 붙잡힌 집을 포함해 사건의 주요 현장을 가이드와 함께 둘러보는 코스라고 한다. 아침과 저녁 식사가 포함된 하루짜리 관광상품의 가격은 100파운드(약 16만 원)다.

범죄현장 관광은 영국과 미국에서는 낯설지 않다. 이외에도 엽기 소설이나 범죄 드라마에 흥미를 느끼는 사람이나 추리소설 팬들을 노린 이색 상품들도 많다.

범죄현장을 관광상품으로 만들고, 또 이를 관광하러 오는 나라. 우리 입장에서 보면 이해가 잘 안 간다.

하지만 이런 범죄의 현장을 후대에 알려 동일한 범죄를 막을 수 있는 효과를 가져올 수도 있다고 본다. 특히 사람을 다치게 하거나 치명적이고, 정신적으로 미치게 만드는 범죄면 이를 피하는 방법 등을 가르치는 투어도 함께했으면 한다.

사회가 복잡해지면서 지능범죄가 늘어만 간다. 스스로 자기가 자신을 방어하지 못하면 언제든지 범죄의 당사자가 된다. 절대로 남의 일이 아님을 일

깨워주는 관광상품으로 승화시킨 영국의 호텔업자에게 박수를 보내고 싶다. 우리나라에서도 이런 부류의 사건을 여행상품으로 승화시켜 관광객을 모집할 수도 있으리라 본다. 색다른 여행을 원하는 여행객들이 상당히 많기 때문이다.

자투리땅을
테마파크로 만들 수 있다고?

    일본의 뉴 비즈니스 중 하이라이트는 유휴지 활용이다. 건물과 건물 사이에 몸 하나 겨우 들어갈 만한 공간에 10층 건물을 세워놓은 긴자거리의 부동산 이용실태를 보면, 일본은 정말 유휴지 활용에 전 세계 으뜸이란 생각이 든다. 도시 외곽의 노는 땅을 적절히 활용하는 능력과 각 지자체의 지역경제를 살리는 능력은 벤치마킹해 볼 만하다.

    일본에서 노는 땅을 활용하는 뉴 비즈니스로 주목받는 것이 테마파크형 복합형 쇼핑몰 사업이라고 할 수 있다. 별다른 용도도 없는 땅에 아이디어 하나로 많은 사람이 모여 먹고 즐길 공간을 만들어 파는 사업이다. 그중에서 대표적인 사례로 요코하마에 있는 '라면 박물관'을 들 수 있다. 이곳 이름은 컵누들뮤지엄, 일명 라면 박물관이다(https://www.cupnoodles-museum.jp/ko/yokohama).

    여기에는 여러 종류, 다양한 테마의 라면 팩토리 여러 개가 모여 있다. 입장객은 가고 싶은 팩토리를 찾아가면 된다. 이제부터 일본의 대표적인 테마 팩토리를 소개한다.

① 치킨 라면 팩토리 : 밀가루를 반죽해 면을 만들고 맛을 낸 후 '순간 유열 건조법'으로 건조하기까지의 공정을 이용해 '치킨 라면'을 손수 만들 수 있다. 세계 최초의 인스턴트 라면이 만들어지게 된 발명의 과정을 체험한 후, 갓 만들어진 맛있는 라면을 즐길 수 있다. 1식 800엔(약 8,000원)이다.

② 마이컵라면 팩토리 : 세계에 오직 하나밖에 없는 오리지널 '컵누들'을 만들 수 있다. 소비자가 직접 디자인한 컵에 4종류의 스프 중에서 원하는 스프를 고른 후, 12종류의 토핑 중에서 4개의 토핑 재료를 직접 고를 수 있다. 맛의 조합은 총 5,460가지가 나올 수 있다고 하니 정말 재미있는 라면 식사가 가능해 보인다. 1식 400엔(약 4,000원)이다.

③ 컵라면 파크 : 컵누들의 제조공정을 체험할 수 있는 놀이 공간이다. 스스로 컵누들의 '면'이 되어, 면 제조에서 출하까지의 생산공정을 어린이들이 온몸으로 즐겁게 체험할 수 있는 공간이다. 1회 체험요금은 400엔(약 4,000원)이다.

④ 인스턴트 라면 히스토리 큐브 : '치킨 라면'에서 시작된 인스턴트 라면의 역대 출시된 상품들을 전시한다. 약 반세기 전에 단 한 개의 제품에서 시작된 인스턴트 라면이 세계적인 음식문화로 발전해 가는 모습을 3,000점이 넘는 압도적인 수의 역대 발매상품의 전시로 표현한다.

⑤ 모모후쿠 극장 : 인스턴트 라면의 역사를 거슬러 올라가, 파란만장한 인생을 극복하고 세계적인 발명을 한 안도 모모후쿠(安藤百福)의 생애를, 'MOMOFUKU TV'라는 제목의 CG 애니메이션으로 보여준다. 안도 모모후쿠의 'Creative Thinking=창조적인 생각'의 원점이 되는 '6개의 키워드'를 재미있고 알기 쉽게 소개한다. 참고로 안도 모모후쿠는 1910년에 타이완에서 태어나 1932년에 일본으로 건너와 라면을 개발했고, 1948년에 일본 굴지의 라면 회사인 닛신식품을 설립했다. 1958년에는 세계 최초로 인스턴트 라면인 '치킨 라면'을 개발하는 데 성공함으로써 '일본 라면의 아버지'라고 이해하면 쉽다.

⑥ 누들바자(NOODLES BAZAAR) - 월드 면로드 : 안도 모모후쿠가 인스턴트 라면을 만들기 위해 떠난 '누들 로드' 여행 도중에 만난 세계 각국의 다양한 면 요리를 맛볼 수 있는 푸드 코트다.

⑦ 컵누들 유리구슬 코스터 : 공장을 이미지한 코스로서 4,000개의 B-다마(유리구슬)가 활주하는 윈도우 디스플레이형 콘텐츠다. 구슬의 속도감과 코스에 설치된 수많은 특수효과를 즐길 수 있다.

이 테마파크를 만든 사람은 잡지사 그래픽 디자인 책임자로서 지역의 명소가 될 재미있는 시설을 만들어달라는 부동산 개발회사의 의뢰를 색다른 테마로 성공시킨 사례다. 남녀노소를 막론하고 모든 사람에게 감동을 줄 소재를 찾다가 라면을 테마로 발견한 것이다. 라면은 돈이 있는 사람이든 없는 사람이든, 고령자든 어린이든 모두 즐기는 식품이기 때문에 수많은 관광객이 매일같이 방문하게 된다.

일본 라면은 우리의 것과 다르다. 우리나라도 라면이 간식으로 대단히 인기 있는 상품이 아닌가. 라면 제조회사가 주최해 전국에 있는 라면과 지금까지 생산됐던 각종 라면을 모두 모아 '형님 먼저, 아우 먼저' 라면 페스티벌을 개최해보면 어떨까.

호황인 거품 시대에는 디자인이나 크고 화려하다는 것만으로 사람이 몰려들고, 상품이 팔렸다. 값이 싸다는 이유만으로 팔리던 시대도 있었다. 그러나 이제는 그것만으로 소비자의 마음을 잡을 수 없다. 감동이 없으면 고객은 다시 찾아오지 않는다. 상품과 디자인, 감동을 한꺼번에 주는 종합적인 감각이 뉴 비즈니스의 요체다.

여기서 잠깐, 필자가 불평할 사항이 있다. 우리나라에도 테마박물관이 여럿 있는데, 필자가 방문한 모 테마관은 당연히 입장료가 있는 유료 테마관이었지만, 볼거리가 너무 없는 황당한 곳이었던 경험이 있다. 그 안에 들어가서 얼마나 실망했는지 모른다. 입장료를 받으려면 입장료 이상의 볼 것이 있든지, 아니면 교훈을 주든지 해야 할 것 아닌가!

21세기 소비자는 재미있는 볼거리를 원한다. 왜 미국 LA에 가면 유니버설 스튜디오를 가겠는가? 비싼 입장료를 내고도 그 이상의 값어치를 고객에게 주기 때문에 관광객이 끊이지 않는다. 우리나라에도 외국 못지않은 테마가 많다. 그 테마 중 하나를 잡아 박물관을 만들어서 입장료 이외의 수입을 올리길 바란다.

이 비즈니스를 소개한 이유는 간단하다.

전국 지자체가 직접 이런 기획력을 가지고 테마박물관을 만들 능력이 없다면, 여러분이 직접 아주 특별한 기획서를 가지고 가서 이들을 설득하길 바란다. 당연히 공동비즈니스를 제안하는 것이다. 전국 지자체마다 있는 자투리땅을 이용해서 '라면 박물관'을 세우거나 자동차 박물관을 세우는 등 새로운 지자체의 먹거리, 사업거리를 던져 주길 바라는 마음이다.

일본 요코하마에만 라면 박물관이 있어야 할 이유는 없다. 라면 주요 소비국인 대한민국에 라면 박물관이 하나쯤 있어야 하지 않을까 싶다. 일본에는 정말 많은 박물관이 각 지자체에 하나씩은 있다. 물론 대한민국 지자체에도 각종 박물관이 있을 것이다. 하지만 재미와 테마가 없는 것 같아 아쉬움이 있다.

새로운 테마를 가진 박물관 기획서를 가지고 지자체와 공동비즈니스를 기획, 제작해 우리 자손들에게 재미와 교양을 선물하자. 색다른 테마파크 사업은 새롭게 도전하는 젊은 창업가를 기다리고 있다.

비즈니스와 여행을
결합하면

우리는 늘 동경한다. 현실에서 벗어나고자 하는 노스탤지어!

지금까지 우리는 늘 유명한 여행지 중심의 여행상품에 식상했다. 새로운 비즈니스를 알아보기 위해 다른 나라의 시장, 백화점, 뒷골목을 돌아다니면서 발로 직접 뉴 트렌드 현장을 보고 싶은 욕구가 점점 강해진다. 이런 추세에 발맞춰 맞춤형 여행상품만을 설계해주는 여행사가 나타나기 시작했다.

앞으로 나올 사례는 한국관광공사 관련된 분들에게 가장 먼저 추천하고 싶다. 국가 차원에서 여행 관련 기업체를 도와줄 방안을 다시 곱씹기 바란다. 물론 현재 코로나 때문에 모든 여행이 잠정 중단됐지만, 곧 좋은 소식이 올 테니 미리미리 준비해놓자. 그동안 여행경비도 모으고, 체력관리도 열심히 하자.

일본 도쿄에 가면 3일에서 7일 단위로 도쿄에서 꼭 가볼 만한 곳과 새로운 매장을 아주 빡빡한 일정을 만들어 돌아보게 하는 패션투어가 있다. 1인당 비용은 조금은 비싼 요금이지만, 그만큼 알차게 꾸며져 있으므로 바가지 상혼에 휘둘리지는 않는다고 한다. 세계 곳곳의 스타일리스트와 디자이너들이 일본의 수도인 도쿄에서 일어나고 있는 최신 유행과 패션 명소를 알고자 하는 수요가 많아서 생긴 뉴 비즈니스다.

몇 년 전부터 시작된 새로운 여행 투어로, 짧은 방문 일정 속에서 혼자 도시여행을 하는 것보다 시간도 줄이고, 유용한 정보를 얻을 수만 있다면 당연히 요금이 높을 수밖에 없지 않을까. 이탈리아, 스페인, 미국, 중국 사람들이 주류를 이루고 있다고 한다.

이탈리아 밀라노까지 갈 수 없는 패션업계분들을 위해서는 추천할 만한 여행상품이다. 물론 우리나라에서도 금요일 밤에 떠나 월요일 아침에 돌아오는 무박 3일의 여행상품이 선풍적으로 젊은이들에게 인기를 끈 적도 있었지만, 공휴일에 돌아보는 것이라서 정보수집에는 한계가 분명히 있었으리라 본다. 그러므로 도쿄의 '패션투어'에 참석해 세계적인 디자인 회사의 멤버들과 어울려 서로의 명함도 교환하고, 세계적인 동 업계의 인맥을 넓히는 기회는 정말 귀한 기회임이 틀림없다.

하지만 지금은 일본 도쿄 패션보다 우리나라 K-패션이 전 세계를 달구고 있다. 이 상황을 최대한 이용하려면 우리나라에서도 패션투어를 기획해서 전 세계 여행객을 상대로 하는 비즈니스로 승화시킬 수가 있으리라 본다.

여기서 한 가지 더 한국관광공사에 부탁할 것이 있다.

대한민국 관광 주무 부처는 예전부터 마이스(MICE) 산업을 육성하고자 노력한 것으로 알고 있다. 세계 각국에서 마이스 산업을 통해 관광수지를 높이는 것을 보고 따라 하기 시작한 것이다. 마이스는 기업미팅(Meeting), 포상 여행(Incentive travel), 국제대회(Convention), 전시·박람회(Exhibition)를 아우르는 그야말로 '비즈니스 관광'이다. 다양한 행사와 시설 유치 등이 기본적으로 준비되어 있어야 한다. 하지만 우리나라가 주관이 되는 국제행사 중에 내실 있는 행사가 얼마나 되겠는가? 필자가 한국관광공사 사장이라면 내실에 집중할 것이다. 이런 대형 마이스 행사보다는 테마형 비즈니스 투어 등 중소형 비즈니스 관광사업에 적극적으로 도움을 주도록 정책 방향을 수정했을 것이다.

중소, 중견 관광업체가 판을 벌이는 테마형 관광상품을 도울 방법에 열중할 것이고, 거창한 비즈니스 관광사업이 아니라 관광기획력이 뛰어난 상품개발을 할 수 있는 여행사와 협업을 전개할 것이다.

누구나 다 알 듯 코로나 이후 앞으로 진행될 여행상품의 승부는 기획력에 달려 있다. 돈을 벌어들일 새로운 비즈니스를 창조해낼 수 있는 여행상품 개발은 개인의 부를 뛰어넘어 국가 부흥과 연결되어 있다. 굴뚝 없는 경제주체인 관광산업의 핵심이라고 할 수 있는 테마형 투어를 계속 개발해야 할 것이다.

지역 화폐를 만들어
관광객을 모집한다면

　세계 각국은 관광산업에 열심이다. 한 국가의 수익을 발생시키기 위해 수출 등의 무역수지 이외에 '관광'이라는 무역외수지를 높이기 위해 혈안이다. 그야말로 있는 자원과 국민을 제대로만 구성해놓으면 외국으로부터 달러가 계속 국가 금고에 채워지는 형상이기 때문이다.

　그런데 캐나다에서는 지역 화폐를 통한 색다른 관광객 모객전략을 세워 화제다. 그것도 아주 조그마한 외딴 섬에서 이런 커다란 관광전략을 수립, 집행하고 있다는 점이 특이하다.

　'솔트스프링' 섬은 천혜의 아름다움을 그대로 간직하고 있는 섬으로서 밴쿠버에서 4시간 거리에 있다. 이 섬이 유명한 이유는 자연경관보다는 이 섬에서만 통용되는 '달러'에 있다. 지폐의 앞면은 푸른 바다색 바탕에 산호와 조개껍데기가 그려져 있고, 뒷면에는 초록색 바탕에 원주민 여인들과 산이 그려져 있다.

　몇 년 전부터 이 화폐를 캐나다 달러로 환전할 수 있게끔 정부가 정해놓아 이 화폐를 가지고 섬에서 상품을 살 때만 사용할 수 있다. 이 화폐를 만든 이유는 이 섬을 국제적인 관광지로 만들기 위한 묘안으로 정부가 만든 화폐라는 점이다. 대단한 발상 아닌가?

그런데 관광객들이 이 화폐를 수집용으로 구매만 하지, 사용을 일절 하지 않고 본국으로 돌아간다고 한다. 이로써 '솔트스프링' 섬의 경제와 문화 홍보를 100% 달성하는 두 마리 토끼를 잡게 된 것이다.

알다시피 지역 화폐는 지역 경제 활성화에 도움이 된다. 지역 화폐를 도입하면 지역 내 소비가 촉진되고, 지역민이 쓴 돈이 외부로 빠져나가지 않고 지역 내에 재투자되는 장점이 있다. 그리고 물물교환의 매개라는 화폐의 기본 기능에 아주 충실하므로 국가 금융시스템이 흔들리더라도 지역경제를 안정적으로 관리할 수 있는 장점까지 지니고 있다.

하지만 이런 장점이 있는 지역 화폐도 발행과 회수 등 관리능력이 없으면 안 된다. 그래서 우리나라의 경우 지역 화폐를 발행하는 지자체는 없고, 대부분 지역에 남아 있는 전통 시장을 중심으로 지역에서만 활용 가능한 상품권을 사용한다. 하지만 이런 지역 상품권을 사려고 일부러 해당 지역에 놀러 가지는 않는다.

하지만 색다른 화폐에 관심을 가지고 국내외 관광객들을 모객할 수 있는 사례는 있다. 바로 서울 종로에 있는 '통인시장' 사례. 현금을 엽전으로 바꿔 시장을 돌아다니며 음식을 사 먹을 수 있도록 시스템을 만든 것이다. 해외 관광객들이 이 엽전을 구경하고, 고국에 가져가기 위해 방문하는 경우가 늘어난 것이다. 내국인 소비자도 이 엽전을 구경하기 위해 전통 시장을 일부러 찾아갔으니, 엽전을 통한 관광 효과가 남달라 보인다.

알다시피 가만히 앉아서 팔짱만 끼고 있으면 관광객이 저절로 오는 시대가 아니다. 요즘은 케이팝, BTS 덕분에 한국관광공사 체면이 조금은 올라갔는지 몰라도, 중앙정부와 지자체 여행 담당 부서가 힘을 합해서 여행상품과 지역 화폐를 만들어보는 것은 어떨까 싶다. 상당한 기획력이 있어야 하는 여행상품이다. 이번 사례는 상당한 울림을 준다.

유명 음식점을 벤치마킹하러
떠나볼까?

체험 여행이 대세다. 21세기 여행의 키워드는 당연히 '체험'이다. 그런데 단순한 이벤트성 체험이 아니라 제2의 인생을 살기 위한 비장한 체험 여행도 있다. 바로 단순한 경험을 넘어 보다 구체적 목표를 추구하는 창업 여행이다. 여러 체험 여행 중에 가장 현실적인 여행 유형에 속한다. 대부분 창업 여행을 다녀오고 나면 그 분야 준(準)전문가 수준까지 실력이 향상되기도 한다.

은퇴 후 대부분의 사람은 또 다른 일자리를 원하지만, 재취업에 성공하는 경우가 30%를 조금 웃돈다는 통계를 본 적 있다. 그만큼 재취업이 힘든 게 현실이다. 그래서 할 수 없이 창업을 준비하는 베이비붐 세대들이 늘어나고 있다. 하지만 최근의 창업 열풍은 20대부터 시작되는 경향으로 바뀌었다. 종신고용제도 무너졌고, 평생직장의 개념도 무너진 지 오래다. 각자도생의 환경에서 우리 가족의 평안한 삶을 위해 가장의 무게는 무겁기만 하다. 미리미리 나만의 창업거리를 찾아 떠나는 창업 여행이 이제는 전 연령대로 다양해졌다. 그래서 창업 여행이 다양하게 전개되는 중이다.

창업 여행이 대세가 되다 보니 자연스럽게 국내 여행업계가 이런 트렌드를 놓칠 리 없다. 우선 도쿄에서 '대박'난 음식점을 견학하며 성공 비결을 알아보는 창업 투어가 인기다.

　일본 신주쿠와 긴자를 중심으로 세계 최대의 요식업 시장을 자랑하는 도쿄 코스가 탄생했다. 하루 매상이 수백만 원에서부터 수천만 원에 달하는 음식점을 방문해 사장과 주방장으로부터 성공 노하우를 들으며 대표 음식을 시식하는 코스로 구성된다. 현지에서 실무자들이 설명해주는 고객서비스, 재료 및 메뉴 관리 등 여러 항목을 노트에 적느라 손과 눈이 분주하다. 성공한 창업 사례를 현지에서 직접 실무자가 조목조목 설명해주니 창업 벤치마킹하기에는 아주 좋은 프로그램이다.

　이런 창업 여행을 기획하는 국내 창업 여행 전문 여행사가 하나둘씩 늘어나고 있다. 일본 도쿄에 국한되던 지역이 오사카, 후쿠오카 등으로 확대되고, 상하이 또는 방콕으로 요식업이 발달한 도시로 퍼지는 중이다.

　필자가 유럽 여행 중에 만났던 수많은 젊은이 중에는 유럽의 베이커리를 배우기 위해 배낭여행을 온 경우를 참 많이 봤다. 앞으로 베이커리를 배워 동네에 베이커리를 창업하고자 하는 예비 창업가를 위한 유럽 베이커리 벤치마킹 투어가 탄생하길 바란다.

　이외에도 우리 주변에 늘 있는 식품 관련 벤치마킹 여행은 어느 한 품목의 장인이 운영하는 점포를 찾아가는 코스로 구성되어야 할 것이다. 물론 이런 여행을 떠나기 전에는 관련 분야 책을 통해 해당 업체에 관한 역사를 미리 공부하고 방문하는 것이 예의일 것이다. 또한, 고국에서 작은 선물을 미리 준비하고 해당 점포에 가서 귀중한 공부를 한 후에는 반드시 선물을 드리는 예의를 표현하는 과정도 전체 일정에 넣어 주면 좋겠다.

사업할 아이템을
배우러 떠나볼까?

세상에는 매년 많은 베스트셀링 아이템이 탄생한다. 그렇다면 이런 잘 팔리는 상품을 미리 알 방법은 무엇이 있을까? 트렌드 관련 책을 아무리 봐도 알 수 없는 것이 실물경제 아닌가! 이런 경우에는 특별한 여행을 한번 떠나보자! 현장을 알아야 제대로 된 창업을 할 것 아닌가!

종합 시장에 가서 지구상에 있는 제품들이 무엇이 있는지 알아본다

개인 수입으로 온라인 스토어에 팔기 위해 탄생한 중국 이우 시장은 창업 여행으로 인기다. 개인 무역부터 시작해봐야 큰 실패 없이 아이템 보는 눈이 키워질 듯싶다. 병행수입이 가능하므로 개인도 소량의 물건을 수입해서 국내 옥션 등 오픈마켓을 통해 판매하는 방식이다.

중국 이우 시장은 없는 게 없을 정도로 방대한 아이템을 보유하고 있는 도소매 시장이다. '이우 시장에 없으면 전 세계 어디에도 없다'라는 말이 있을 정도로 이우 시장은 방대한 규모와 최대의 상품을 자랑한다. 특히 주목할 만한

것은 제조사가 직접 운영하는 방식으로 매우 저렴한 단가의 제품을 소량으로도 구매할 수 있다는 이점을 가지고 있다.

창업뿐 아니라 무역에 관심 있는 분들이라면 이우 시장을 통해 새로운 개인사업의 기회를 만들어주기 위해 창업 여행이 진행된다. 새로운 사업 아이템을 찾는 예비 창업희망자들을 모아 중국 이우 시장만을 함께하는 여행이다. 이우 시장에 가서 개인적으로 소량 무역을 시작해보자. 조금씩 개인 무역에 자신감이 붙으면 이제부터 제대로 무역업 사업자를 내고 시작해도 실패를 줄이는 방법이다. 중국 이우 시장 여행을 통한 개인 무역 방식은 창업자의 개인 역량을 키우기 위한 전초전 성격이 강하다. 절대로 대량 구매, 대량 무역을 처음부터 시작해서는 안 된다. 스텝 바이 스텝이다.

각국의 전문 시장을 방문해서 연구하자

각국에 가면 전문 아이템만을 모은 시장이 반드시 있게 마련이다. 도매만 전문인 시장이 있는가 하면, 도소매를 병행하는 전문 시장도 있다. 예를 들어, 일본 도쿄에 가면 주방용품, 조리용품만 모은 '갓파바시'라는 전문 시장이 있듯이 말이다. 이 '갓파바시'시장을 가보면 알겠지만, 시장에 있는 여러 품목을 조사하다 보면 정말 시간 가는 줄 모를 것이다.

각국, 도시마다 남아 있는 도매 시장을 시장 조사하기 바란다. 창업가로 탄생하려면 현장을 제대로 알아야 한다. 그런 측면에서 도매 시장은 살아있는 정보를 많이 알 수 있는 장소다. 철저하게 밑바닥의 움직임을 알아야 한다.

도시 트렌드 여행에 참여한다

필자가 운영하는 '머니 트렌드 투어'는 해당 선진국 선진도시의 여러 트렌드를 찾아 떠나는 여행이다. 이런 여행에 참여하면 해당 도시에서 전개되는 독특한 라이프스타일을 발견하게 된다. 해당 국가에서 히트하는 상품과 소비자들의 라이프스타일 등을 우리와 비교하면서 자연스럽게 습득하게 된다. 또한, 함께 참가하는 여러 산업군에서 일하는 일행들과의 교류, 그리고 해당 지역에서 진행되는 숙제 풀기 등을 통해 자연스럽게 무엇이 주요 트렌드인지를 알 수 있게 된다. 주요 트렌드 속에 숨어 있는 히트 예감상품이나 서비스를 스스로 찾아낼 수 있는 능력도 길러지고, 나아가 히트 예감상품을 예측할 수 있는 능력도 키우게 된다.

마사지를 배우면서 여행에 참여한다

태국 전통 안마 비법을 전수받기 위해 떠나는 여행도 있다. 마사지와 스파의 나라로 불리는 태국에서 정통 마사지를 배우기 위해 떠나는 마사지 여행이다. 태국 방콕에 있는 마사지 스쿨에 등록하면 된다. 태국 전역에 마사지숍은 참 많지만, 정작 마사지를 제대로 배울 수 있는 곳은 드물다. 그런 의미에서 제대로 된 태국 마사지를 배운 뒤 국내에 돌아와 태국 마사지 스토어 창업도 가능해 보인다.

이런 마사지 학원의 강사는 태국인이지만, 수업을 받는 학생들은 전 세계에서 온다. 미국·프랑스·일본·영국 등 세계 각지에서 온 학생들이 2주일간 마사지 수업을 받는다. 이 코스를 마치면 기본 자격증을 딸 수 있다.

가족이나 애인을 위해 취미 삼아 배우는 초단기 코스도 있지만, 좀 더 긴 정규과정을 이수하면 전문 스파센터에서 일할 수 있는 자격증도 딸 수 있다고 한다.

알다시피 일본에도 수많은 마사지숍이 성업 중이다. 컴퓨터와 모바일을 온종일 사용하는 현대 도시인들이라면 누구나 있는 목 부근 결림 현상을 풀기 위해 마사지숍을 찾거나, 아니면 집에 있는 마사지기를 이용하곤 한다. 그런데 재미있는 것은 일본 도쿄에는 퀵 마사지숍이 많다는 것이다. 크게 세 종류를 서비스하고 있는데, 10분간 목이나 어깨 등 특정 부위에 마사지를 받는 방식과 등이나 넓적다리를 포함한 전신 마사지 코스(30분 정도), 그리고 발만 집중적으로 안마, 지압해주는 풋 코스(15분 코스)가 있다. 짧은 시간 동안 뭉친 근육만 풀어주면 되기 때문에 점심 식사 시간을 이용해서 퀵 마시지숍을 찾는 샐러리맨들이 많다고 한다. 1회 이용가격도 높지 않게 책정되어 있어서 쉽게 접근하도록 만들었는데, 일본 전역에 약 180여 개의 프랜차이즈 점포를 두고 있다.

우리나라에는 아직 대표적인 퀵 마사지 사업을 진행 중인 프랜차이즈 브랜드가 보이지 않는다. 우리나라에서는 아직은 '마사지'에 대한 나쁜 이미지와 편견이 존재하고 있으므로 더더욱 뉴 비즈니스로 도전해볼 만하다. 지금까지 어둡고 은밀한 사업의 이미지를 정반대로 만들어놓으면 된다. 밝고 쾌적하고 명랑한 비즈니스로 이미지를 바꿔서 진행한다면 좋겠다.

각국(태국, 중국, 일본 등)에서 정통으로 배운 전문가들을 모아 글로벌 마사지숍을 창업하는 방안도 가능성이 커 보인다. 고객이 스스로 나라를 선택해서 짧은 시간 마사지를 받는 퀵 마사지 방식으로 진행하는 방식을 추천하고 싶다.

스쿠버다이빙을 배우면서 여행에 참여한다

그냥 여행을 가는 것이 아니라 자격증을 따러 가는 여행이다. 일명, 자격증 투어다. '허니문의 명소'라고 불리는 필리핀의 보라카이와 세부는 황홀한 해변으로 유명하다. 여기 말고도 베트남의 나트랑(Nha Trang) 등 해변이 발달한 도시에는 색다른 자격증 여행이 있다. 이곳에서는 보트 세일링, 스쿠버다이빙, 스노클링 등 해양스포츠가 많이 발달했는데, 일주일 정도만 투자하면 스쿠버다이빙 자격증을 딸 수 있는 여행상품을 진행하고 있다.

바다에서 스쿠버다이빙을 즐기려면 정규과정을 이수하고, 이수 카드를 소지해야만 한다. 수영장에서 4~5회 실습을 하고 바다에서 4회 실습을 마치면 기본 자격증을 발급받을 수 있다고 한다.

최근에는 취업하기 위해 스킨스쿠버 자격증을 따러 필리핀에 다녀오기도 한다. 취미란에 스킨스쿠버 자격증을 적어 놓으면 매우 열심히 살아온 인상을 줄 수 있기 때문이다. 바로 스펙 경쟁에서 뒤떨어지기 싫은 젊은 세대도 이런 여행에 참여하는 경향도 있다.

요즘에는 다양한 취미를 보유한 현대인이 많아서 한국인 관광객이 많이 오는 해변에 스킨스쿠버 학원을 차리는 방법도 가능해 보인다. 당연히 친절과 안전을 무기로 고객 확보가 가능하다. 인근 호텔과의 제휴를 통한 마케팅 전략을 통해 신규고객을 계속 창출해낼 수도 있다.

스킨스쿠버와 관련해 여러 자격증 발급이 가능한 학원으로 현지에서 인정을 받은 후, 각종 여행상품을 개발한다면 여행도 하고, 자격증도 따려는 젊은 고객들이 끊이지 않으리라 생각된다.

굴뚝 없는 산업, 여행업은 상상력과 기획력의 보이지 않는 싸움터다.
누구보다 앞선 기획력을 목표 고객을 향해 전개해야 한다.

유통9단 김영호의 트렌드 창업 교실

(글로벌 라이프 트렌드 전략가 김영호와 함께하는 트렌드 창업)

선진도시의 트렌드를 알면 돈이 보입니다!
21세기형 창업 형태는 분명히 20세기형과 질적, 양적으로 다릅니다!
선진도시에서 21세기형 장사 테마를 발견했습니다!

왜 21세기에는 트렌드 창업교육이 필요할까요?
21세기에 들어서면서 사회가 급격하게 변화하고 있습니다.
우리나라는 베이비붐 세대들의 퇴직 대란이 시작됐습니다.
이뿐이 아닙니다. 대학을 졸업하고도 일자리가 없어 취업을 포기한 청년들이 너무 많습니다.
지금부터 나만의 사업을 준비, 시작해야 하는 이유가 여기에 있습니다.

하지만 어떤 창업을 하느냐에 따라 승패가 갈립니다.
20여 년간 선진도시를 시장 조사하면서 깨달은 진리가 하나 있습니다.
주식으로, 부동산으로, 코인으로 돈 버는 시대지만,

"트렌드를 모르고 창업을 했다가는 바로 망합니다."

대한민국 대표 유통 컨설팅 기관인 '김앤커머스'의 대표 유통9단 김영호와 함께
적은 돈으로 21세기 트렌드에 반보만 앞서는 창업을 제안드리려고 합니다.
이 내용은 대한민국 어디에서도 듣거나 보기 힘든 내용을 정리해서 전달해드리는 그야말로
'나만 알고 싶은 창업 노하우'입니다.

프로그램 내용

1. 교육명 : 유통9단 김영호의 트렌드 창업 교실

주요 내용

21세기 들어서 새롭게 변하고 있는 의식주(衣食住)의 트렌드와 추천 창업 아이템 20

2. 일정 : 매주 수요일 오후 2~5시(총 3시간)

(공휴일일 경우 순연됩니다)

3. 교육방법 : 줌(Zoom)을 통한 비대면 강의방식

4. 참가대상

· 예비창업자로서 성공 창업을 간절히 원하는 분(또는 단체)

· 이미 창업 후 1~3년 차에 있는 기창업자

· 25년 선진도시의 트렌드를 요약해서 듣기를 원하는 분(또는 단체)

· 집 한 채 값을 들여 얻은 귀한 정보를 알기 원하는 분(또는 단체)

· 시중에서 또는 인터넷에서 절대 알 수 없는 트렌드 핵심을 알고 싶은 분(또는 단체)

· 책이나 논문으로 건진 자료가 아닌 유통9단 김영호 대표가 직접 걸어서 눈으로 건진 귀한
  자료를 알고 싶은 분(또는 단체)

5. 참가비 : 문의 요망

6. 교재 및 특전 : 참가자 전원에게 저자 서적 《무배격-쇼핑의 미래》 +
'김앤커머스'가 기획, 제작한 '타이거창업노트' 1권을 무상증정 합니다.
우수 수강생에게는 대한민국 전 국민 부자 되기 프로젝트 제1탄인 '타이거리치다이어리(3년
형)'를 증정합니다.

7. 신청 : 전화 및 이메일 접수

김영호유통아카데미 TEL : 031-969-8532

E-mail : kimncommerce@naver.com

대박나는 스타트업을 위한

82가지 창업 아이템

제1판 1쇄   2022년 4월 5일
제1판 2쇄   2023년 11월 1일

지은이   김영호
펴낸이   최경선   펴낸곳   매경출판(주)
기획제작   ㈜두드림미디어
책임편집   배성분   디자인   얼앤똘비악earl_tolbiac@naver.com
마케팅   김성현, 한동우, 구민지

매경출판㈜
등록   2003년 4월 24일(No. 2-3759)
주소   (04557) 서울시 중구 충무로 2(필동1가) 매일경제 별관 2층 매경출판㈜
홈페이지   www.mkbook.co.kr
전화   02)333-3577
이메일   dodreamedia@naver.com
인쇄·제본   ㈜M-print   031)8071-0961
ISBN   979-11-6484-373-2   (03320)

책 내용에 관한 궁금증은 표지 앞날개에 있는 저자의 이메일이나
저자의 각종 SNS 연락처로 문의해주시길 바랍니다.